Keen · Die Lust an der Liebe

W0110342

Sam Keen

DIE LUST
AN DER LIEBE

Leidenschaft als
Lebensform

Beltz Verlag · Weinheim und Basel

Titel der Originalausgabe:
The Passionate Life · Stages of Loving
Harper and Row, New York 1983
Aus dem Amerikanischen übersetzt
von Günter Holl

CIP-Kurztitelaufnahme der Deutschen Bibliothek

Keen, Sam:
Die Lust an der Liebe : Leidenschaft als
Lebensform / Sam Keen. [Aus d. Amerikan. übers.
von Günter Holl]. – 2., durchges. Aufl. –
Weinheim ; Basel : Beltz, 1985.
Einheitssacht.: The passionate life ⟨dt.⟩
ISBN 3-407-85047-6

Lektorat: Heiko Ernst

2., durchgesehene Auflage, 1985

© 1984 Beltz Verlag · Weinheim und Basel
Gesamtherstellung: Beltz Offsetdruck, 6944 Hemsbach über Weinheim
Umschlaggestaltung: Klaus Linke
Titelfoto: Roland Birke
Printed in Germany

ISBN 3 407 85047 6

Inhalt

I. KAPITEL

Die Krise des Eros

DER APOKALYPTISCHE ORGASMUS

Unser letzter Liebesakt war traurig, gewaltsam und erfüllt von der Melancholie des Endgültigen. Zwei Jahre lang hatten wir uns an freien Abenden und gelegentlich an Wochenenden in aller Heimlichkeit getroffen. Nicht, daß wir „eine Affäre" gehabt hätten. Damals waren wir beide nicht verheiratet. Aber wir lebten in verschiedenen Welten. Sie war siebenundzwanzig, ein romantischer Freigeist, immer auf dem psychedelischen Trip. Mit Geist und Körper gab sie sich sofort dem vergänglichen Augenblick hin. Sie brauchte keine Versprechungen, zog keine Wechsel auf die Zukunft. Ich war einundvierzig, von Sorgen geplagt und schleppte die Ketten zerbrochener Hoffnungen und einer Ehe, die gescheitert war, hinter mir her. Ich nehme an, sie „liebte" mich mehr als ich sie, zumindest hatte sie weniger Vorbehalte. Ihr Herz zauderte nicht und kannte auch keine Bedenken. Hätte ich sie gebeten, sie hätte mich geheiratet. Ich tat's nicht.

Immer, wenn wir versuchten, uns auf die Welt des anderen einzulassen, entstand ein Mißklang dabei, als spielten zwei Radios gleichzeitig einen Bach-Choral und die Rolling Stones. So einigten wir uns schließlich darauf, uns im Exil, auf der Insel des Fleisches, zu treffen. Wenn uns die Lust packte, kamen wir zusammen, gingen ins Bett, aßen gemeinsam und gingen dann wieder unserer Wege. Wir taten so, als sei die Leere zwischen uns ein Niemandsland. Unser Abkommen war rational und für uns beide befriedigend. Mehr noch. Da wir unsere Beziehung so streng begrenzten, waren die kurzen Kontakte unserer Körper voller Hochspannung. Gewöhnlich kamen wir zusammen, versuchten vergeblich, ein Gespräch zu führen, während wir einander liebkosten, und strebten dann ungeduldig ins Bett. Es lief immer sehr gut; ein angestauter Strom brach sich Bahn, fegte alles weg, wusch die angesammelten

Trümmer fort, verteilte sich schließlich im Wüstensand und versikkerte. Wir waren einander für die Reinigung dankbar.

Doch je mehr wir die wachsende Erregung genossen und auf den Wogen des Gefühls schwammen, desto mehr ergriff uns die düstere Stimmung einer sprachlosen Gewalt. Irgend etwas in uns erkannte unser Abkommen nicht an. Unsere Vereinbarung, das Sinnliche vom Geistigen zu trennen, vergewaltigte unsere Sehnsucht nach dem Unbedingten. Das Gespenst der Bindung, die wir nicht anerkennen wollten, spukte herum, bis wir anfingen, einander für alles Fehlende zu hassen. Als das Betäubungsmittel unserer gemeinsamen Lust abgeklungen war, blieben wir beide mit unserem Schmerz allein.

Am letzten Abend flossen die Gefäße von Lust und Schmerz über. Immer wieder trieben wir es und hofften gegen das bessere Wissen, daß wir die Wunden, die wir einander zugefügt hatten, noch heilen könnten. In der Dunkelheit der Nacht zerstoben die Illusionen. Das Ende war gekommen. Es war Zeit für uns, getrennte Wege zu gehen, zu entdecken, wie sich Eros mit etwas Bleibendem, Ganzem, Heiligem vermählen ließ.

DER TOD DER LIEBE

> Grad und Art der Geschlechtlichkeit eines Menschen reicht bis in den letzten Gipfel seines Geistes hinauf (Nietzsche)[1].

Das zwanzigste Jahrhundert begann mit Nietzsches Lamento, daß Gott tot sei. Das *Time*-Magazin entschloß sich 1967, über den Todesfall zu berichten. Gegen Ende des Jahrhunderts zerfällt das Pantheon der Idole, mit denen wir den abwesenden Gott ersetzen wollten. Der Vernunft ist es nicht gelungen, privates oder kollektives Heil zu bringen. Wissen und Tatsachen haben uns überflutet, und im gleichen Maße ist die Weisheit geschwunden. Macht wurde angehäuft, und mit ihr die Neigung zum nuklearen Suizid oder Kosmozid. Kommunikationsnetze umspannen den Globus, aber sie haben das Mitgefühl nicht vergrößert. Neuerdings befindet sich auch der jüngste und hartnäckigste der Ersatz-Götter bei schlechter Gesundheit. Die Liebe in ihrer Dreifaltigkeit – Romanze, Ehe, Sex – ist ein sterbender Gott. Der romantische Mythos und die

Hoffnung auf das permanente happy end werden durch die Erfahrung kontinuierlich zerschmettert. Und die Sexualität, der wir uns in die Arme warfen, um uns für unsere Enttäuschung mit der Liebe zu entschädigen, bricht unter der Last unserer Erwartungen zusammen. Schon hat sich die Nachricht von unserer erotischen Unpäßlichkeit bei den Medien herumgesprochen, und wir konnten die Schlagzeile lesen: „Sex ist tot."

Warum?

Es gibt keinen besseren Ort, um mit unserer Suche nach dem Verständnis unserer erotischen Krise zu beginnen, als bei den Worten selbst.

Eine Binsenweisheit behauptet, daß unser Problem in der Vagheit des Wortes „Liebe" begründet liegt. Die Griechen hatten es wahrscheinlich leichter, denn sie konnten unterscheiden zwischen *agape* (eine göttliche Art altruistischer, selbstaufopfernder Liebe, wie etwa Mutter Theresas Dienst an den Verwundeten und Sterbenden von Kalkutta), *eros* (ein gieriges, sehnsuchtsvolles Verlangen, den anderen zu besitzen) und *philia* (brüderliche Liebe oder Freundschaft). In nur einem Wort, „Liebe", steckt eine Vielfalt von Sünden und Tugenden, die ganze Spanne zwischen Lust und Leidenschaft. Wir „lieben" unsere Frauen, unsere Kinder, unsere Autos und unsere Hunde. „Liebe" ist die Antwort auf alle Probleme, die nicht von der Wissenschaft lösbar sind. „Gott ist Liebe." „Was die Welt heute braucht, ist Liebe, nur die Liebe allein." Psychiater warnen uns, daß wir „lieben oder aussterben" müssen. Kein Zweifel, das Evangelium des Johannes ist theoretisch richtig. Liebe ist das A und O, der Morgen- und der Abendstern. Aber gerade die Universalität der Berufung auf Liebe scheint sie zu entwerten.

Nun, die englische Sprache ist dem Problem, *über die Liebe zu reden,* ebensogut gewachsen wie jede andere. *Roget's Thesaurus* weist mehrere hundert Spielarten der Liebe aus, unter anderem: Zuneigung, Freundschaft, Barmherzigkeit, Geborgenheit, Besitzergreifung, Freundlichkeit, Zärtlichkeit, Wohltätigkeit, Anziehung, Verträglichkeit, Sympathie, Kameradschaft, Verständnis, Vernarrtheit, Neigung, Hingabe, Schwärmerei, Abenteuer, Sentimentalität, Loyalität, Verzauberung, Faszination, Sehnsucht, Erotik, Respekt, Bewunderung, Leidenschaft, Verblendung, Enthusiasmus, Verführung. Unsere Sprache erlaubt uns, im Namen der Liebe die Spanne zwischen zarten Versprechungen und handfesten Abhängigkeiten, zwischen Lust und Vergötterung, zu durchlaufen, zu flirten oder ein Eheversprechen zu beschwören; zu mögen oder von jemand anderem besessen zu sein.

Das Problem der Liebe liegt in unserem Innersten, nicht auf unseren Zungen: es liegt in unseren Absichten, nicht in unseren Wörterbüchern. Wir mißverstehen die Liebe, weil wir uns entschlossen haben, der Macht zu huldigen; uns fehlt es an Mitgefühl, weil wir von Kontrollwut besessen sind; wir bringen die Gründe des Herzens zum Schweigen, weil wir uns für den Weg herzlosen Wissens entschieden haben, ganz gleich, wohin er uns führt; wir bewundern nicht, weil wir darauf beharren, daß jedes Ding und jede Person nützlich sein muß; wir wundern uns nicht, weil wir das Reale auf das Meßbare reduzieren; wir kümmern uns nicht, weil wir zu dem Glauben gelangt sind, daß es sich für einen Mann oder eine Frau besser verzinst, die Seele einzutauschen gegen ein Stück Teilhabe an der „action".

Die Geschichte vom Aufstieg und Fall der Liebe läßt sich in aller Kürze durch den Bedeutungswandel des Wortes „Erotik" zurückverfolgen. Sowohl der *Webster* als auch der allgemeine Sprachgebrauch definieren „Erotik" als „Hingebung oder die Neigung, sexuelle Liebe oder Begierde wachzurufen". In den Definitionen verwandter Worte steht immer der Aspekt sexueller Leidenschaft oder Begierde im Mittelpunkt. Betrachten wir aber die Wurzel *eros*, dann stellen wir fest, daß dieses Wort einfach bedeutet, „heftig lieben oder begehren". In der ursprünglichen Bedeutung findet sich kein Hinweis darauf, daß dieses Begehren ein spezifisch sexuelles sei.

Platons Mythos vom Androgynen vermittelt die ursprüngliche Bedeutung des Eros. Nach Platon gab es am Anfang drei Arten von menschlichen Wesen: Mann-Mann, Frau-Mann und Mann-Frau. Jede Einheit war Rücken an Rücken verbunden, hatte vier Arme, vier Beine und einen einzigen Kopf mit je einem Gesicht vorne und hinten. Diese Mischgeschöpfe konnten entweder aufrecht gehen oder Räder schlagen, aber sie konnten einander nie in die Augen sehen. Als Zeus beschloß, diese mächtigen Lebewesen zu teilen, um sie zu beherrschen, durchtrennte er jedes der Wesen in der Mitte von oben nach unten, so daß die so entstandenen Einzelwesen von da an unvollständig waren und ihre andere Hälfte zu suchen hatten. Jetzt werden wir also durch den Eros getrieben, durch eine tiefe Sehnsucht, uns wieder mit unserem fehlenden Gegenstück zu vereinen. Sexuelle Liebe ist nur eine der vielen Möglichkeiten, in denen der Eros danach strebt, uns mit dem Fehlenden zu verbinden.

Die griechischen Philosophen hielten den Eros für die treibende Kraft in allen menschlichen und nichtmenschlichen Dingen. Er war der Impuls, der alle Dinge nach Vervollkommnung sich sehnen und streben ließ. Das Samenkorn wurde erotisch dazu bewegt, ein Baum zu werden, genau wie menschliche Wesen durch den Eros dazu getrieben wurden, einsichtig zu sein und eine politische Ordnung zu schaffen, die so gerecht und harmonisch war wie die der Natur. Der Eros war nicht zu trennen von der Potentialität oder Verheißung (der Potenz oder Kraft), die in der Substanz aller Dinge schlummerte.

In der ursprünglichen Vision, die das Wort ins Leben rief, war erotische Potenz also nicht auf sexuelle Kraft beschränkt, sondern schloß auch die Triebkraft mit ein, die jede Lebensform von einem Zustand bloßer Möglichkeit in die Wirklichkeit drängte. Wenn wir „Erotik" auf ihre sexuelle Bedeutung eingrenzen, dann verraten wir damit unsere Entfremdung vom Rest der Natur. Wir bekennen, daß wir nicht mehr durch eine mysteriöse Kraft angetrieben werden, die Vögel zum Wandern oder Löwenzähne zum Sprießen bringt. Überdies setzen wir voraus, daß die Erfüllung, auf die wir zustreben, sexuell ist – die romantisch-genitale Verschmelzung zweier Personen. In diesem Buch wird Eros stets in seinem ursprünglichen Sinne verstanden, es ist der Versuch, unserem Denken über Liebe und Sexualität wieder eine Perspektive zu geben.

Die folgende Analyse beruht auf der Überzeugung, daß sich Liebe, Sexualität und Macht nur heilen lassen, wenn wir zur ursprünglichen Bedeutung von Eros zurückkehren: Wir müssen die Fleischeslust im Kontext einer Vision sehen, wie sie sich im Verlauf eines menschlichen Lebens entfaltet. Unser erotisches Gebrechen wird nicht durch Sex-Handbücher, Selbsterfahrungsgruppen, sinnliche Zentrierung, Techniken zur Stimulation der Nervenenden oder durch die Entdeckung eines vollkommenen Liebhabers zu heilen sein.

ROMANZE, EHE UND DER KAPITALISTISCHE TRAUM

Um verstehen zu können, warum wir den Eros auf seine sexuelle Bedeutung reduziert und ihn in unser Pantheon von vergeblichen Hoffnungen erhoben haben, müssen wir nachvollziehen, wie Romantik, Ehe und Sex an die Spitze der Werte aufrückten, für die wir Lippenbekenntnisse ablegen.

Wir investieren unsere Hoffnungen heute in die private Erfüllung durch Liebe. Wir erwarten von der Liebe, der süßen Liebe, daß sie uns von den Verletzungen und Enttäuschungen heilt, die uns in unserem öffentlichen Leben in Institutionen, Firmen und Bürokratien zugefügt werden. Freud sagte, und wir stimmen ihm weitgehend zu, daß eine reife Person in der Lage sein sollte, zu lieben und zu arbeiten. Wir glauben an diese Zwillingstugenden. Aber in Wirklichkeit ist unser Leben um die Arbeit herum organisiert, und die Liebe soll dafür sorgen, daß die Arbeit das Leben lebenswert macht. Bis vor kurzem konnte man die Amerikaner ohne sonderliche Übertreibung als fleißig, aggressiv, ehrgeizig und hoffnungslos romantisch charakterisieren.

Unsere Sehnsucht nach der Romanze bricht überall durch. Die folgenden Bekanntschaftsanzeigen aus einer Wochenzeitschrift bringen diesen Glauben an den romantischen Mythos zum Ausdruck[2].

IST DIE ROMANTIK TOT?

Ich glaube noch daran, daß erregende, romantische Beziehungen möglich sind, wenn zwei glückliche, auf einer Wellenlänge schwingende Menschen zusammentreffen. Ich bin ein gutaussehender, 31, Rechtsanwalt mit Freude an Kerzenlicht-Dinners, Kaminabenden, Wandern, Musik und Tieren. Ich suche eine gutaussehende Sie, die mit dem Leben, das sie sich selbst aufgebaut hat, glücklich ist und ihr Glück gerne mit jemandem teilen würde, der es zu schätzen weiß. Schreiben Sie unter ...

59 Jahre alter Mann sehnt sich nach der Reise auf Kolibrischwingen und hofft auf eine Frau, die auch praktisch genug ist, um sich bei der Rückreise mit um das Gepäck zu kümmern. Eine praktische Romantikerin, wenn es so etwas gibt. Schreiben Sie unter ...

Ein neuer Anfang. 26 Jahre alte Frau sucht nach schlechten Erfahrungen mit einem Partner, der sich niemals wirklich um meine Bedürfnisse kümmerte, einen liebevollen, aufregenden Mann für gemeinsame Vergnügungen wie Ballonfliegen, Floßfahren, Segeln, Sonnenuntergänge, Lachen, Strände, die Erkundung totaler Sinnlichkeit. Das Leben ist ja so kurz. Chiffre ...

Das gewisse Etwas. Liebevoller, sensibler, glücklicher Manager, 35, gutaussehend, 178, sucht dynamische junge Zwanzigerin, die das Leben liebt und bereit ist, ihre Träume mit diesem besonderen Mann zu teilen. Sie sind äußerlich und innerlich schön und haben Lust, eine engagierte Beziehung voller Liebe und Verständnis zu beginnen.

Dicke Beine. Rechtsanwalt, 48, 181, 170, sucht weibliches Wesen, 25 bis 45, größer als 175, sehr dicke Knöchel und Waden, schlanke Taille und Oberkörper. Terry, Chiffre ...

Die Romanze ist das Juwel in der Krone des Kapitalismus. Kratzt man an einem Ingenieur, einem Arbeiter, einem Modeschöpfer, so entdeckt man unter der Oberfläche einen Romantiker. Wir wachsen in der Erwartung auf, daß *es* eines magischen Tages so weit ist. Wir werden uns in jenen gewissen Irgendwen verlieben, der sich genau so in uns verlieben wird. Dann werden wir beide (nach der Überwindung von Anfangsschwierigkeiten) uns zusammentun und nie wieder allein sein. Wir werden alles füreinander sein: Liebhaber, Kameraden, Helfer, Ehegatten, Freunde, Beschützer, Ernährer; ein selbstgenügsames Paar, das kaum auf andere angewiesen ist. Das mit Vorortkomfort weich ausgepolsterte Liebesnest mag eine Zeitlang mit Grünschnäbeln gefüllt sein, aber die Romanze zwischen Ehemann und Ehefrau wird durch dick und dünn andauern, bis daß der Tod uns scheidet.

Natürlich ist der Traum ein Klischee. Wirklichkeitssinn und Scheidungsstatistiken sagen uns, daß nur sehr wenige Liebhaber lange glücklich zusammenleben. Die Romanze schwindet. Gleichwohl ist der Traum zählebig. Der *Lore-Roman* behält Jahr für Jahr seine treuen Leser. Hollywood schlachtet die archetypische Romanze aus, spielt sowohl in fetten als auch in mageren Zeiten in gefüllten Kinos Variationen auf das Thema der *Love Story*. Alte und junge Narren verlieben sich immer wieder aufs Neue und hoffen gegen vergangene Erfahrung, daß es das nächste Mal der/die „Richtige" sein wird. Selbst wenn wir das tatsächliche Scheitern der Romanze einräumen, jagen wir doch weiter stolz dem Ideal nach. Wir sind ziemlich sicher, daß unser Brauch, die Menschen „sich verlieben" zu lassen, sich ihre Partner auf der Grundlage privater Leidenschaften auswählen zu lassen, besser ist als eine pragmatische Eheanbahnung.

Wir können unser romantisches Ideal nicht aufgeben, weil es Teil eines ganzen Wertsystems ist, in dessen Zentrum unser Glaube an das Individuum steht. Jeder von uns hat theoretisch das Recht, sein persönliches Schicksal zu schmieden, und dazu gehört das Recht, den Partner selbst auszusuchen. Kurz gesagt: Die Liebesgeschichte wirkt in der westlichen Kultur als ein Mythos (oder als eine „regulative Idee", wie Kant formulierte). Sie ist eine motivierende Fiktion, die Energie und Sehnsucht der Psyche bündelt, und sie ist ein wesentlicher Bestandteil der kapitalistischen Ideologie. Die Verheißung, daß unser Leben durch eine romantische Liebe gekrönt wird, ist untrennbar mit der kulturellen Entscheidung verbunden, den Großteil unseres Eros – Energie, Zeit und Sorgfalt – in die Arbeit, die Anhäufung von Geld und Macht zu stecken. Die Romanze ist der Gral, der uns für unsere Rastlosigkeit entschädigen soll, die heilige Erfüllung, von der wir erwarten, daß sie unsere Entzauberung der Welt kompensiert. Sie ist eine halluzinierte Oase der Leidenschaft in einer Kultur, die ihren Werthorizont auf den Pragmatismus reduziert hat. Die *eine* Person soll das Vakuum der Einsamkeit ausfüllen, das sich aus dem Verlust der Gemeinschaft ergibt, der Liebhaber soll die Magie ersetzen, die aus der Natur verschwand, als Christus (mit Hilfe des Bulldozers) „den großen Gott Pan tötete", wie D. H. Lawrence schrieb.

Wir sind natürlich nicht die ersten Menschen, die sich verliebt haben. Nur die ersten, von denen die Romanze idealisiert und demokratisiert wurde, so daß sie zu einer inoffiziellen, aber sehr mächtigen Bedingung für ein erfülltes erwachsenes Leben wurde;

wir haben sie mit der Sexualität verknüpft und erwarten von ihr, daß sie die fortwährende Grundlage der Ehe sein soll.

Robert Brain sagt in der vorzüglichen Studie *Friends and Lovers:* „Die Verbindung von geistiger Liebe, frustrierter Sexualität und Ehe ist der besondere westliche Beitrag zur Evolution menschlicher Beziehungen"[3].

Eine kurze Geschichte der romantischen Liebe wird dies verdeutlichen.

Wir können ruhig davon ausgehen, daß irgendein Steinzeit-Romeo eine unmäßige Leidenschaft für eine neolithische Julia entwickelte. Unter den „Primitiven" von heute ist die Romanze kaum je die Norm, aber sie kommt durchaus vor. Margaret Mead beschreibt, daß die Menschen von Samoa vor- und außereheliche Romanzen zulassen und die Kultivierung erotischer Techniken fördern, sie mißbilligen jedoch streng Affären, die eine Gefährdung der sozialen Stabilität bedeuten könnten. In der Regel wird die Romanze um so weniger mit Empfindungen der Ausschließlichkeit, der Eifersucht und des Besitzanspruchs befrachtet, um so weniger als die bindende Kraft und *raison d'être* der Ehe gesehen, je weniger eine Kultur bezüglich der Sinnlichkeit und der vor- und außerehelichen Sexualität gehemmt ist. In den meisten Stämmen ist die Ehe eine viel zu ernste soziale Institution, als daß man sie den Launen individueller Leidenschaften überlassen könnte. Wer in romantische Raserei verfällt und den Stamm durcheinanderbringt, wird eher bemitleidet und getadelt, denn als Modell für heroische Leidenschaft hochgehalten.

Mächtige sexuelle und romantische Gefühle hat es schon immer gegeben; aber die Art und Weise, wie wir diese Gefühle bewerten, über sie denken, sie ermutigen, entmutigen oder kritisieren, hat sich im Laufe der Geschichte immer wieder verändert. Wie uns neuere Berichte über die antiromantische Stimmung während der Kulturrevolution in Rotchina gezeigt haben, ist das Laster der einen Gesellschaft die Tugend der anderen.

Sokrates verliebte sich in schöne Knaben, Sappho in Mädchen, Héloïse und Abélard ineinander. In der Frühzeit der westlichen Kultur tauchten hie und da Romanzen auf, aber sie wurden kaum

ermutigt. Die Griechen huldigten der Vernunft *(logos)*, liebten die
Ordnung der *polis* mehr als die ungeordneten Leidenschaften des
einzelnen und hielten die Romanze so auf kleinster Flamme. Ja, die
dionysische Orgie, in welcher der griechische Geist Exzesse zuließ,
war das Gegenteil romantischer Liebe. In der Orgie wurde die
ekstatische Leidenschaft durch die Verbindung mit einem *anonymen* Anderen freigesetzt. In der Ekstase legten die Partner die
Masken der Persönlichkeit ab und begegneten einander als reine
Ausdrucksformen überschäumender sexueller Energie. Die Orgie
streift gerade die Einmaligkeit der Person ab, die als Grundlage der
Romanze dient.

Die Romanze gedieh auch nicht in der Atmosphäre der christlichen Theologie. Vieles von der Sexualethik des westlichen Christentums war durch den gnostisch-manichäischen Dualismus
geprägt, der die Materie als entweiht, die Natur als Schöpfung eines
dämonischen Gottes (Demiurg), die Frauen als minderwertig und
die Sexualität als eine Fleischeslust ansah, die unterdrückt wurde
oder nur in der Ehe ausgedrückt werden durfte. Hätte sich Augustinus wegen der Liebe zu seiner Mätresse nicht so schuldig gefühlt,
dann hätte das Mittelalter anerkennen können, daß die sexuellen
Empfindungen eines der segensreichen Geschenke des Schöpfers
waren. Aber das Christentum verfiel in eine anti-erotische Haltung:
Es verherrlichte die Jungfräulichkeit, degradierte die Frau, kop-
pelte Sexualität mit Schuld, mißbilligte die romantische Liebe,
verleugnete das Fleisch und verdächtigte alle Sinnlichkeit. In theo-
logischer Terminologie kam das durch die Lehre von der Überlegenheit der *agape* (von den Christen als gottgegeben und selbstlos
definiert) gegenüber dem *eros* (den sie als unrein und lüstern
auffaßten) zum Ausdruck.

Unsere moderne westliche Vorstellung von romantischer Liebe
leuchtete in der Leidenschaften der Héloïse einen Augenblick lang
hell auf. Zehn Jahre nach ihrer erzwungenen Trennung schrieb sie
in Abélard:

> Kaum dem Mädchenalter entwachsen nahm ich das harte Los einer
> Nonne auf mich, und zwar nicht aus Frömmigkeit, sondern auf Euren
> Befehl. ... Ich kann keine Belohnung von Gott erwarten, da ich nichts
> aus Liebe zu ihm getan habe. ... Gott weiß, auf Euren Befehl wäre ich

Euch zu den wildesten Orten gefolgt oder vorausgeeilt. Denn mein Herz gehört nicht mir, sondern Euch[4].

Aber es waren die Troubadoure des französischen Mittelalters, deren ehebrecherische Liebesgesänge für adelige Damen die romantische Liebe idealisierten. Der ritterliche Troubadour verehrte eine entfernte, hochgeborene Frau, gewöhnlich die eines anderen, für die er Gedichte schrieb, der er sich aber nur selten sexuell nähern konnte.

Mit der industriellen Revolution wurden die Vorrechte des Adels von der wachsenden Mittelklasse beansprucht. Jedes Heim ein Schloß; jeder Mann ein König; jede Frau Königin für einen Tag. Jedermann beanspruchte das aristokratische Recht auf eine große Leidenschaft, auf Liebe und Tändelei. In viktorianischen Zeiten sollte die Sexualität (wie das Kapital) sorgsam gehütet werden, bis man sie mit Profit in die Ehe investieren konnte. Der Kapitalismus forderte eine Ethik des Triebaufschubs. Eros und Geld mußten akkumuliert, durften nicht leichtfertig verschwendet werden. So wurde das romantische Ideal von der Vorstellung verbotener Liebe und Sehnsucht geschieden, und das neue Konzept der romantischen Ehe trat ins Leben. Und so hoffte man, daß Liebe und Sex in der Unverletzlichkeit der Ehe für alle Zeiten glücklich zusammenleben würden. Uns wurde versprochen, wir müßten nur hart arbeiten und warten können, und dann fielen uns schon Liebe, Reichtum und Glück von selbst zu. Libido, Ich und Überich (die alten Feinde) würden sich gemeinsam harmonisch in einem auf Raten gekauften Vorstadthaus niederlassen und dort in sicherer Leidenschaft zusammenwohnen.

DIE SEXUELLE REVOLUTION: DIE NAHTSTELLE ZWEIER MYTHEN

Irgendwann in den Sechzigern verlor der romantische Mythos seinen Einfluß, und unsere Sexualmoral begann, sich zu verändern. Voreheliche Sexualität wurde anerkannte Praxis. Unverheiratete Paare lebten offen und ungetadelt zusammen. Erotische Minderheiten tauchten aus dem Verborgenen auf. Frauen nahmen die Pille und forderten das traditionell männliche Recht auf entspannte

Sexualität – „den Spontanfick", wie Erica Jong es später taufen sollte. Abtreibung wurde problemlos. Das Zeitalter der „Repression" war vorüber.

Die Veränderung in unseren sexuellen Gewohnheiten und Verhaltensweisen, die sich unter dem Namen „sexuelle Revolution" vollzog, wurde tatsächlich durch das Zusammentreffen zweier *entgegengesetzter* Mythen hervorgebracht: Durch den Mythos der Gegenkultur von der Rückkehr zur Unschuld und durch den Konsummythos der herrschenden Kultur.

Am Anfang war die sexuelle Revolution Bestandteil der aufblühenden Gegenkultur. Sie ging einher mit Drogen, Rockmusik, Kommunen, Protesten gegen den Vietnamkrieg und der Bewegung „Zurück zur Natur". Das Zeitalter des Wassermanns wurde in einer apokalyptischen Atmosphäre geboren, die durch das Damoklesschwert des Wettrüstens, durch die wachsende ökologische Bedrohung und durch den Vertrauensschwund gegenüber den herrschenden Institutionen aufkam – Regierung, Kirchen, Wirtschaft. Überall, wo die jungen Leute hinsahen, erblickten sie Verlogenheit. Da die Gesellschaft um sie herum zusammenbrach und keine sichere Zukunft in Aussicht war, machte es Sinn, das Kinderkriegen zurückzustellen, Sexualität und Fortpflanzung zu trennen und sich jedem Vergnügen hinzugeben, das der Augenblick gerade bot. Eßt, raucht Haschisch und vögelt, denn morgen sterben wir. Die jungen Leute waren, wie Thoreau ein Jahrhundert vor ihnen, der „Zivilisation" überdrüssig und machten sich auf die Suche nach etwas „Natürlichem", nach etwas Unschuldigem. Mit Hilfe von Drogen erkundeten sie die Wildnis, die direkt unter dem Firnis der Persönlichkeit lag. Tausende strömten aufs Land und schufen eine ländliche Renaissance, die in Tennessee, den Tälern von Oregon und Washington noch immer lebendig ist. Und sie tasteten auch nach der Sexualität, um zu sehen, ob sie einen natürlichen Leib und unschuldige Empfindungen entdecken konnten, die nicht durch die kapitalistischen, viktorianischen, romantischen Vorstellungen von der Sünde verseucht waren. Mit „befreitem" Sex wollten sie den Leib zelebrieren und gegen die Nekrophilie und Gewalt einer technologischen Gesellschaft protestieren, die alles Sensible den Abstraktionen opferte. Der Mythos der Gegenkultur suchte eine

Rückkehr zur Unschuld, zu einer Weisheit unterhalb der Über-
spitztheiten des Geistes. „Verliere deinen Verstand und komme zu
Sinnen", riet Fritz Perls. Im Sex wie in der „natürlichen Ernährung"
suchten sie eine neue Unmittelbarkeit, eine Berührung mit dem,
was ursprünglich, neu, spontan und rein war.

Aber ach, Unschuld ist so zerbrechlich wie schön. Die Erfahrung
zerschmettert sie. Die Jugendkultur rechnete nicht mit der Zeit,
dem Altern und den unausweichlichen Wandlungen des Eros.
Gleichgültig, wie rein das Herz oder wie unschuldig die Absicht ist,
die Vorstellung von Vergnügen ohne Folge, von Intimität ohne
Hingabe, von Sinnlichkeit ohne Überlegung ist eine Illusion. Die
Zeitstruktur und die *Conditio Humana* sind so beschaffen, daß
alles, was heute getan wird, die Zukunft belastet. Es gibt einen
unausweichlichen Zusammenhang zwischen heute und morgen.
Die Liebe der Gegenkultur produzierte ebenso viel Herpes und
Gonorrhöe und vaterlose Kinder wie die alte Spielart sexueller
Verantwortungslosigkeit. Sie besaß nur eine andere Rhetorik.

Die herrschende Kultur setzte schnell auf diejenigen Aspekte der
sexuellen Revolution, die sie kooptieren und für ihre eigenen
Zwecke nutzbar machen konnte, um den *status quo* beizubehalten.
Unter den Mitgliedern des Establishments wurde der Schnellfick
eher eine reaktionäre als eine revolutionäre Sache. In den Sechzigern entwickelten wir uns von einer Produktions- zu einer Kon-
sumptionsökonomie. Unsere Fabriken warfen eine Überfülle von
Gütern auf den Markt. Um das ökonomische Wachstum zu
garantieren, wurde es daher notwendig, die alte Ethik des Geldspa-
rens und des Triebaufschubs (mit der Funktion, die Akkumulation
von Kapital und Leidenschaft zu ermöglichen) umzukehren und die
Menschen zum Konsum, zur unmittelbaren Bedürfnisbefriedigung
zu überreden. Die Werbung lief auf höchsten Touren, um eine
endlose Reihe von Bedürfnissen zu erzeugen, die befriedigt werden
sollten. Wir gelangten zu der Überzeugung, daß wir nur glücklich
wären, wenn wir den Zweitwagen, den neuen Fernseher, das
modernste Gerät zur Vereinfachung des Lebens kauften. Die neue
Ethik hieß: „Gib aus, konsumiere, laß kein Bedürfnis unbefriedigt.
Tu's jetzt! Fliege jetzt, zahle später." Die Kreditkarte wurde zum
Ticket fürs Paradies. Schuldenmachen, was bedeutete, einen festen

Job zu haben und zu beweisen, daß man mit der Belastung von Krediten fertig wurde, indem man über die eigenen Verhältnisse lebte, erwies sich als der neue *rite de passage* zum Erwachsensein. Der neue Konsumbürger scherte sich nicht um die beliehene Zukunft, die nationalen Schulden, die ökologischen, sozialen, geistigen Konsequenzen der Verschwendung aller Ressourcen dieser Welt, um eine Ökonomie aufzubauen, in der das Bruttosozialprodukt jedes Jahr expandieren mußte. Die Zukunft würde schon für sich selbst sorgen.

So ist es nicht überraschend, daß die Kreditkartengesellschaft den Wegwerfsex übernahm. Keuschheit, lange Bindungen, Triebaufschub und die Disziplin des Sparens, um die Zukunft zu sichern, wurden durch Sex, schnelle Intimität und alles Mögliche ersetzt, was zwei oder mehr gleichgesinnten Erwachsenen angenehm erschien. Verschwendung (das viktorianische Wort für Orgasmus) wurde zur Philosophie einer inflationären Ökonomie. Alles expandiert, das Wachstum hat keine Grenzen. Nur die Verklemmten und die Ängstlichen halten sich zurück.

Die Unschuld der sexuellen Revolution wurde in den Dienst des herrschenden kulturellen Mythos gestellt. Das Schlüsselwort „natürlich" wurde zum neuen Werkzeug der Werbung, zum Instrument, um unsere Bedürfnisse so zu manipulieren, daß wir mehr kauften und an einem Lebensstil festhielten, der völlig von Experten, Wirtschaftsunternehmen sowie der Warenproduktion und -konsumption abhängig war. Die Produzenten etikettierten ihre verhunzten Nahrungsmittel als „natürlich". Shampoos und Zahnpasta, die in den chemischen Labors der Chemiegiganten zusammengebraut wurden, bekamen einen Schuß Honig, Joghurt oder Placenta und verkauften sich als „supernatürlich". So wurde auch natürlicher Sex das ganz große Geschäft. *Playboy* und *Cosmopolitan* und die Gläubigen der sexuellen Befreiung berieten ihre Kunden über Sex ohne Schuldgefühl, die Etikette für Affären im Büro, Techniken für die sofortige und andauernde Ekstase und multiple Orgasmen für alle. Die Verwendung von Sex in der Werbung wurde zur Gewohnheit. Frauen, natürlich sexy, und Männer, natürlich hochpotent, suggerierten uns, daß sich unsere erotischen Phantasien erfüllen würden, wenn wir nur das richtige

Deodorant benutzten, die richtige Zigarette rauchten und den richtigen Sportwagen fuhren. Der Typ Mann, der den *Playboy* las, wurde immer von zwei Frauen bewundert, weil er sich im richtigen Stil kleidete, den Wein mit der richtigen Temperatur servierte und keine sexuellen Schwächephasen hatte. Wir bemerkten kaum, daß die Werbefritzen ständig ihre Hände auf unseren Genitalien hatten. Sie verknüpften eine endlose Reihe von Produkten mit dem neuen sexuellen Heilsmythos. Indem der Sex die Romanze ersetzte, wurde er zum neuen Köder, mit dem die Waren verkauft wurden und der den Mythos der alten Kultur des Industriekapitalismus fortsetzte.

An sich ist die Werbung und der Versuch, die Menschen davon zu überzeugen, daß sie die Güter und Werte der industriellen Kultur konsumieren sollen, natürlich kein finsteres Komplott, sondern unausweichlich. Irgendwie „wirbt" jede Kultur für ihre Weltanschauung und fördert ihren Mythos. Im Vatikan wurde schon früh eine „Propaganda"-Abteilung eingerichtet, um das wahre Dogma zu verkünden. Im Mittelalter dienten die Statuen und Portraits der Heiligen dazu, die christliche Sicht der Realität zu empfehlen und attraktiv zu machen. Ein Bild des Heiligen Franz mit dem Heiligenschein war ein Pin-up, das für eine bestimmte Tugendvorstellung warb. Es war Propaganda, die darauf zielte, die Idee zu verkaufen, daß Agape dem Eros überlegen, daß Spiritualität dem Materialismus vorzuziehen und daß der Verzicht auf sexuelle Befriedigung der Weg zur größtmöglichen Glückseligkeit sei. Kirchenfenster und Kathedralen waren die Werbeträger für den gotischen Mythos, für die Vision der Realität als „eine große Kette des Seins", eine Hierarchie, in der das Übernatürliche dem Natürlichen, die Offenbarung der Vernunft, die Autorität der Kirche der des Staates, der Mann natürlicherweise der Frau und die Würde des geistlichen Lebens (Gebet, Gehorsam gegenüber der Kirche, Beichte) der säkularer Geschäfte überlegen war.

Die Industriegesellschaft benutzt die Werbeagenturen als ihr Propagandabüro und das Fernsehen als ihr Medium, mit dem sie Ikonen des Eros erzeugt. Die Heiligen der säkularen Vision – die Berühmten, die Schönen, die Mächtigen, die Sexidole – verbreiten ihre Sicht des guten Lebens. Gläubige Konsumenten können sicher

sein, daß die Sehnsucht des Herzens schließlich gestillt wird, wenn
sie die richtigen Kulthandlungen ausführen – das Produkt kaufen,
das dieses Jahr offiziell als „in" bestätigt wurde. Das stillschweigende Versprechen des „neuesten Modells" lautet: „Konsumiere
und sei zufrieden" – oder, in der alten Sprache, „Nehmt hin und
eßt, dies ist mein Leib". Dieser „Leib" dient uns als Elixier der
Unsterblichkeit oder als sein säkulares Äquivalent, das Status-
symbol.

Inmitten der sexuellen Revolution bemerkten wir kaum, daß der
Sex, wie auch das restliche Leben, immer mechanisierter wurde,
seinen Zauber verlor und in Kategorien beschrieben wurde, die den
Maschinen entliehen waren. Mit unschuldigen Absichten, aber
erschreckenden Resultaten, durchdrang der westliche Geist Liebe
und Sexualität mit seinem Mythos.

Zuerst wurden Liebe und Sex, wie Wert und Tatsache oder Geist
und Materie, voneinander geschieden. Liebe wurde zu einem
privaten, subjektiven Gefühl. Ihr kognitiver Status wurde geleugnet; man hielt sie nicht mehr für eine Art des „Erkennens". Die
modernen Wissenschaftstheorien wiesen Augustinus' Schlußfolgerung, daß wir nur erkennen können, was wir lieben, als sentimentalen Unsinn zurück. Sex wurde auf ein biologisches Phänomen
reduziert, das Wissenschaftler quantifizieren und in ihren Labora-
torien objektiv untersuchen konnten. Die Intensität und Anzahl
von Orgasmen wurde gemessen, die Phasen der Erregung auf
Standardmuster reduziert. Wissenschaftler reparierten mit ein
wenig Unterstützung durch sexuelle Surrogate sexuelle „Fehlfunk-
tionen", indem sie Techniken der sinnlichen Konzentration, der
Muskelkontrolle und die Grundlagen der Kommunikation lehrten.
Auf ein amoralisches, biologisches Phänomen reduziert, von
Schuldgefühlen und Geheimnis befreit, ließ sich das Einmaleins der
Sexualität problemlos meistern. Nach Kinsey, Masters und Johnson wurde der neue Beruf des „Sex-Therapeuten" geschaffen. Ohne
über die Natur des Eros nachgedacht zu haben (beispielsweise lasen
nur wenige Denis de Rougemonts *Liebe und das Abendland*,
Norman O. Browns *Love's Body* oder Herbert Marcuses *Trieb-
struktur und Gesellschaft*), fingen sie an, das ABC der sexuellen
Kommunikation zu lehren, und schmuggelten ohne böse Absicht

den westlichen Mythos in ihre Techniken ein. (Neuerdings üben die besten Sex-Therapeuten Kritik an solch naiver Wissenschaftsgläubigkeit und suchen nach Wegen, um Sexualität wieder mit Spiritualität zu verbinden.)

Die Liebe wurde entweder verleugnet oder in eine okkulte Sphäre entrückt, die so weit über der weltlichen Erfahrung lag, daß sie unerreichbar schien. Die Technophilen sagten, es sei bloß ein Phantasiewort für Fleischeslust, eine poetische Form, um über eine biologische Tatsache zu sprechen. So manches heranwachsende Mädchen wird durch das Argument verführt: „Komm schon, Liebling, stell' dich nicht so an. Sex ist was Natürliches wie Essen oder Trinken." Romantiker räumten ein, daß Sex eben Sex sei, hofften aber, daß das „Eigentliche", nämlich die Liebe, sie auf mysteriöse Weise überraschen würde. Die „Liebe" wurde oft völlig desexualisiert, spiritualisiert und als ein reiner Typ göttlichen Wahns definiert, der Heilige ergreift, den aber normale Menschen in ihrem täglichen Leben nur selten erfahren und der gewiß keine Relevanz für die *reale Welt* von Geschäft und Politik hat. So oder so, sie blieb so vage, unpraktisch oder mystisch, daß außer Erich Fromm nur wenige daran glaubten, die Kunst des Liebens könne gelehrt werden. In keiner Universität, Kirche oder Schule gab es im Lehrplan einen Kurs mit dem Thema „Wie wird man eine liebesfähige Person?". Durch Glück, Gnade – oder gar nicht – stieß man darauf oder es geschah. Pure Magie.

Mittlerweile wurde Sex, wie die anderen Tatsachen des Lebens, in den Schulen gelehrt. Die Schulbücher sterilisierten die Sexualität weitgehend durch die Verwendung einer neutralen wissenschaftlichen Sprache. Keine Wonne, kein Saft, kein Spaß, keine Andeutung der Ekstasen, die stattfinden können. Jede kurze Durchsicht der Sexgebrauchsanleitungen läßt den Verdacht aufkommen, daß die Sex-Ratgeber-Industrie fest in der Hand von Graduierten des *Massachusetts Institute of Technology* war. Der Liebesakt erforderte die Kenntnis der geeigneten Techniken und Stellungen. Anatomische Abbildungen erläuterten das Eindringen im einzelnen. Genitalingenieure erklärten den Winkel, das Kraftmoment, die Schmierung, die Häufigkeit, Spielarten der Stimulation und die

Natur der Nervenenden. Wer alles beherrscht, der kann Orgasmen haben – multiple, wenn nicht gleichzeitige.

Die Sex-Handbücher lehrten nebenbei auch das Evangelium der Jugend, das Bestandteil des technologischen Mythos ist: Sein bedeutet produktiv sein, lebenswert zu sein bedeutet zu arbeiten. Die Freude an der Sexualität blieb schönen Menschen vorbehalten, den *Playboys* und *Playgirls*. Der Eros war Sache der Schmalhüftigen und der Pfirsichhäutigen, der Luxuskörper, wie sie die Werbeseiten von *Glamour, Cosmopolitan, Penthouse* und, ja natürlich, *Ms.* zierten. Es kam wie ein Schock, als Simone de Beauvoir den Mythos bedrohte und uns erzählte, daß die Begierde auch noch das Fleisch der Alten erwärmte, daß Marlene Dietrich nicht die einzige Sex-Großmutter war und daß „die alten Lustmolche" nur Männer seien, die nichts vergessen hatten.

Wie erfolgreich ist der Handel mit Sex gewesen? Die Lawine von Büchern über Sex ist selbst ein starker Beweis dafür, daß die in Sex-Handbüchern eröffnete Perspektive nicht funktioniert; sie ist ein Index der Frustration, Enttäuschung, Angst und falschen Hoffnung. Unsere besessenen Anstrengungen, *den* Schlüssel zum Sinn des Lebens in der sexuellen Erfahrung zu suchen, sind das einem sterbenden Gott geweihte Potlatsch-Fest.

Wir müssen nur die Logik der Erfahrung untersuchen, um den strukturellen Widerspruch aufzuspüren, der im Mythos der sexuellen Erfüllung angelegt ist. Einerseits konzentrierte sich die sexuelle Revolution auf das individuelle Recht auf pure Sinnlichkeit. Als sie die Sexualität von Schuldgefühlen befreite, ermutigte sie uns auch, Sex von Liebe und Hingabe abzutrennen. Der Zusammenhang zwischen Liebe und Ehe wurde als genauso obsolet dargestellt wie eine Pferdekutsche. Man *kann* das eine ohne das andere haben. Die Proklamation des individuellen Rechts, Sinnlichkeit mit jedem beliebigen zu teilen, der einem gefiel, brachte die Vorstellung mit sich, daß befreite Sexualität ablösbar war von der Kontinuität des Füreinanderdaseins, von Folgen, von Kindern, von der Gemeinschaft. Derart befreit war Sex ein Spiel, ein Sport. „Sport-Ficken" wurde die neue Metapher, der austrainierte Sexualathlet das neue Modell.

Andererseits lautete das Versprechen der sexuellen Revolution, daß wir durch den großen Orgasmus von Schuld reingewaschen würden. Nach Wilhelm Reich galt der perfekte Orgasmus als das Elixier der Glückseligkeit, das Sinnbild für Freiheit und Authentizität. Sex sollte nicht nur Vergnügen bereiten, er gab darüber hinaus unserem Leben Sinn.

Offensichtlich wußte die eine Hand nicht, was die andere tat: Eine Erfahrung, die keinerlei emotionalen oder moralischen Inhalt hatte, wurde zum Sinnstifter erhoben, ein sicheres Rezept für die Schizophrenie. Wir traten ein in den *double bind:* Je mehr die Sexualität dabei versagte, den neuen Ansprüchen zu genügen, desto fanatischer verdoppelten wir unsere Bemühungen, es richtig hinzukriegen. Wir strengten uns verzweifelt an, „natürlich" zu sein, wir waren heiß darauf, kühl zu erscheinen. Warum, so fragten wir uns, schafft uns diese Sache, die wir von Furcht befreit und trivialisiert haben, denn eigentlich kein Zentrum? Die befreite Sexualität machte uns fast so verrückt wie die alte puritanische Auffassung. Es waren die zwei Seiten einer Medaille. Die einen zeichneten Sex als den Teufel, die anderen als Gott; die einen versprachen uns Glück, wenn wir verzichteten, die anderen, wenn wir uns hingaben. Beide logen.

Schließlich tauchte Sex immer häufiger im Zusammenhang mit Gewalt auf. Beziehungslose Sexualität und psychotische Gewalt waren Kennzeichen der siebziger Jahre. Die sexuelle Revolution ging Hand in Hand, oder Faust im Gesicht, mit der wachsenden öffentlichen Verherrlichung von Gewalt. Die Erwartung, ungehemmte Sexualität würde die Aggressivität verringern, erwies sich als falsch. Warum? Weil *die Reduktion der Gemeinschaft zwischen Personen auf die Berührung von Körpern, anonymen Sexualorganen und Nervenenden selbst schon ein Gewaltakt ist.* Die Berührung, die heilt, fühlt und schätzt den anderen als eine einmalige Person. Zu ihr gehört das stillschweigende Versprechen von Freundschaft, Mitgefühl und Respekt. Es ist kein Wunder, daß mittlerweile unsere Medien und Phantasien mit Bildern von blutverschmiertem Fleisch überquellen. In Film und Fernsehen sind wir Zeugen von Messerstechereien, Vergewaltigungen, Verstümmelungen, wir beobachten die sadistische Bestrafung des Fleisches.

Die Zeitungen überschwemmen uns täglich mit Horrornachrichten. Der Sadismus verkauft sich, weil er ein unbewußter Verzweiflungsschrei ist, der sich so übersetzen ließe: „Wenn ich nicht mehr bin als eine Maschine aus Fleisch, ein vom Geist getrennter Körper, dann zerstört das Fleisch, zerschmettert die Maschine." In der irrationalen Gewalt schreit der verbannte Geist nach Anerkennung, fordert der Eros zum letzten Mal, das Menschsein zu verwirklichen. Die Taten des entfremdeten Individuums verraten uns, daß wir einen neuen Sinn für alles Lebendige entdecken müssen. Die reduzierte Identität, die uns innerhalb des westlichen Mythos gewährt ist, reicht nicht mehr hin, um unseren Liebeswillen aufrechtzuerhalten. Die Geschichte hat uns an einen Punkt der Wahrheit und der Entscheidung gebracht: lieben oder sterben.

Als Wanderer im Niemandsland, enttäuscht von den alten Göttern, Moralvorstellungen, Ideologien, ermüdet vom Bürgerkrieg zwischen Geist und Körper, Mann und Frau, Nation und Nation, müssen wir zu Pilgern werden, müssen wir nach einer neuen Vision suchen und ein neues Bewußtsein entwerfen.

EROS, MYTHOS UND METAPHYSIK

Unsere erotische Krise ist nur ein Symptom für das tieferliegende Gebrechen, an dem die westliche Kultur derzeit leidet. Der westlich-ökonomisch-säkulartechnologische Mythos beginnt zu zerfallen; und er hört auf, uns zu formen, seine Sicht der Erotik ist nicht mehr befriedigend.

Yeats hat das Problem diagnostiziert, dem wir gegenüberstehen:

> Die nackte Anarchie beherrscht die Welt,
> Und blutig-trübe Fluten überschwemmen sie.
> Darin versinkt der Unschuldskult,
> Den Besten fehlt der Glaube, doch die Schlechten
> Sind voll von intensiver Leidenschaft.

Die Leidenschaften, die unsere heutige Welt beseelen, sind dämonisch geworden, und wir haben keine Vision psychischer Gesundheit. Wir haben viele Portraits von entstellten Antihelden, Männern und Frauen, die von Macht und Sex besessen sind. Der moderne Roman hat der Psychologie als Fallsammlung der pathologischen

Abweichungen den Rang abgelaufen. Aber uns fehlt eine Vision oder Wissenschaft von der gesunden Leidenschaft. Welche Formen der Leidenschaft können unsere Ganzheit wiederherstellen? Wohin müssen wir schauen, um einen Schimmer des leidenschaftlichen Lebens zu erhaschen, das sowohl die Psyche als auch die Politik heilen könnte?

Wollen wir wieder zu einer gesunden Leidenschaft gelangen, dann müssen wir die simple Vorstellung aufgeben, daß unsere erotische Enttäuschung aus dem Mangel an hinreichenden Informationen über richtige Sexualtechniken oder Kommunikationsfähigkeiten folgt, der an einem Wochenende in Esalen oder bei einigen sexualtherapeutischen Sitzungen zu heilen wäre. Beharren wir darauf, nur das Symptom zu behandeln, dann gibt es für die Krankheit keine Heilung. Wir müssen über nichts Geringeres nachdenken als unseren herrschenden Mythos und sein Menschenbild. Das Problem steckt nicht in unseren Genitalien, sondern in unseren Köpfen, in unserer Lebensphilosophie.

Der grundlegende Mythos einer Kultur, sei es die der Buschmänner, die der Marxisten oder die des modernen Amerikaners, ist wie eine Stechform, die auf den Teig der Erfahrung gedrückt wird. Er gestaltet jede Handlung, indem er die Metaphern, Bilder und Modelle bereitstellt, die unsere Erfahrung formen. Das mythische System bestimmt, ob man die Geburt als ein medizinisches Phänomen auffaßt, bei dem Ärzte das Sagen haben, oder als die Inkarnation einer Seele, die von einem Priester geweiht werden muß; ob der Tod das Ende des Selbst oder ein Übergang ins unsterbliche Leben ist; ob Krankheit eine Sache von Erregern oder eine Strafe dafür ist, daß man die Götter beleidigt oder ein Tabu verletzt hat. Es entscheidet auch, wann, wo, warum und mit wem wir schlafen und ob die Liebe ein Nebenprodukt der Fleischeslust oder ein Sakrament ist, das uns den besten Zugang zum Sinn des Lebens bietet.

Um die Entzauberung von Liebe und Sex aufzuheben, müssen wir herausfinden, wie der westliche Mythos unsere Körper und unsere erotischen Praktiken geformt und verformt hat. Dies setzt voraus, daß wir den fast unmöglichen Versuch wagen, unser Bewußtsein zu entmythologisieren. Haben wir das geschafft, dann können wir beginnen, die Elemente des leidenschaftlichen Lebens zu erforschen, die ganze Bandbreite der Liebe als Eros, Philia, Libido, Agape, Caritas, Mitgefühl, Zärtlichkeit, Bewunderung, Trost und Fürsorge.

Ein Hauptbestandteil des westlichen Mythos ist der Glaube, daß ein Mythos eine primitive und irrige Weise ist, über die Welt nachzudenken. Die Wissenschaft habe ihn ersetzt. Das Wort „Mythos" wird heute gemeinhin im Sinne einer Illusion oder einer Lüge verwendet, beispielsweise, wenn wir von den Gerüchten und Mythen über die Maschinen sprechen, die mit Wasser anstatt mit Benzin betrieben werden. Aufgeklärte moderne Menschen sind daran gewöhnt, die seltsamen Glaubensformen der Mayas und der Tassaday als mythisch aufzufassen. Unsere eigenen Glaubenssysteme betrachten wir dagegen als rational und in den Realitäten von Politik und Ökonomie verwurzelt. Wie der Religionsethnologe Joseph Campbell sagt: „Mythos ist immer die Religion der anderen."

Solange wir an dieser simplen Auffassung vom Mythos festhalten, werden wir keine Fortschritte machen. Ich werde den Begriff des Mythos in einem späteren Kapitel (6) genauer untersuchen. Vorläufig kann man einen lebendigen Mythos als eine Anzahl von Prismen beschreiben, durch welche ein Volk die Welt sieht. Oder genauer: *Mythos ist das System von grundlegenden Metaphern, Bildern und Geschichten, das die Wahrnehmungen, Erinnerungen und Ziele eines Volkes formt; es liefert die Begründung für seine Institutionen, Rituale und für die Machtstruktur; und es skizziert die Ziele und Phasen des Lebens.*

Ein lebendiger Mythos bleibt für die Mehrheit weitgehend unbewußt. Er ist *die* Realität, nicht das Symbol. Beispielsweise fragte ich einmal einen Hopi-Indianer, der an einer großen Universität Anthropologie studiert hatte, auf welche Zeit man die Entstehung der Hopi-Legenden über die Erschaffung der Welt datieren könne. Er sah mich seltsam an und antwortete: „Auf die Schöpfungszeit natürlich." Als gebildeter Mensch wußte er vom Mythos, aber als Hopi lebte er immer noch mythisch.

Doch in jeder Kultur durch- oder überschauen einige Menschen den Mythos. In primitiven Kulturen waren das die Schamanen, die

Medizinmänner, die vom göttlichen Wahn Befallenen und die mit einer natürlichen Neigung zur philosophischen Reflexion.

Diejenigen, deren amphibischer Geist sich sowohl innerhalb als auch außerhalb des Mythos bewegt, können als Geächtete oder als Metaphysiker bezeichnet werden. Mythos und Metaphysik sind in derselben Weise aufeinander bezogen wie Religion und Theologie. Der mythische Geist reflektiert nicht. Er lebt, ohne zu zweifeln, innerhalb eines Horizonts von kulturellen Bildern, Geschichten, Ritualen und Symbolen, genau wie sich der religiöse Mensch mit der Liturgie und der Glaubensstruktur seiner Kirche oder Sekte begnügt. Der metaphysische Geist reflektiert den Mythos und versucht, ihn bewußtzumachen. Er spielt mit den Geschichten und Bildern und hebt die Grundvoraussetzungen des Lebens ins Licht des Bewußtseins. In diesem Sinne ist Metaphysik die Religion des denkenden Menschen. Anstelle von Geschichten über Helden und Schurken hat sie eine Theorie über Gut und Böse. Aber sowohl Mythos als auch Metaphysik beruhen auf einer Hingabe an eine Sicht- und Handlungsweise und sind nicht bloß spekulative Spielzeuge für akademische Köpfe.

Ob nun unsere Vorliebe und unser Temperament mehr zum mythischen oder mehr zum metaphysischen Stil tendieren, wir können nicht umhin, das Abenteuer des Glaubens auf uns zu nehmen. Da menschliche Wesen Teile eines Ganzen sind, das niemals restlos erkannt werden kann, müssen wir notwendigerweise den Sprung in den Glauben wagen. Aufgrund unserer Unwissenheit sind wir mythische oder metaphysische Tiere. Jede Vision vom Sinn des Lebens, sei sie primitiv oder wissenschaftlich, antik oder modern, geheiligt oder säkular, ist mythisch oder metaphysisch.

Im zwanzigsten Jahrhundert ist es Mode gewesen, nicht nur den Mythos zu entzaubern (oder ihn entweder Jungschen Therapeuten, Religionsgeschichtlern oder Literaturprofessoren zu überlassen, die über James Joyce arbeiten), sondern auch vorzugeben, daß vernünftige und gebildete Menschen das Hindernis der Religion und das Abenteuer der Metaphysik umgehen könnten, wenn sie sich eng an beweisbare Tatsachen und überprüfbare Hypothesen halten. Als wir unsere Überzeugungen und Hoffnungen auf

Gewißheiten und Beweise reduzierten, haben wir uns selbst ver-
armt und getäuscht. Der moderne Antimythos reduzierte das
menschliche Leben auf eine Geschichte ohne Pointe, auf ein von
einem Idioten erzähltes Märchen, auf einen Prozeß ohne Zweck,
auf eine Reise ohne Ziel, eine Affäre ohne Höhepunkt (Godot
kommt nie), auf ein zufälliges Zusammenprallen geistloser Atome.
Das wenige Wissen, das wir vor unserer Tatsachenflut gerettet
haben, scheint uns nur Verzweiflung und Nihilismus zu lassen. Da
es keinen intrinsischen Lebenssinn gibt, sollten wir einen Sinn
konstruieren, für den es zu leben lohnt: einen Zweck. Unsere
kleinen Ideologien haben unsere großen Entweihungen hervorgebracht: Konzentrationslager, Gulags, wiederkehrende Massenver-
nichtungen im Namen irgendeines nationalistischen Idols. In dem
Prozeß haben wir kaum bemerkt, daß Ökonomie, Technologie und
Politik der neue Mythos und die neue Metaphysik geworden sind.
Wir haben Mythos und Metaphysik nicht umgangen, sondern nur
neue, bedeutungslose geschaffen.

Metaphysik und Mythenbildung sind ein Spiel, in dem ein
Ganzes aus Teilen geschaffen wird, eine Art und Weise, die
Fragmente des Lebens in eine Vision von Vollkommenheit zu
zwingen. Beim Spielen des Spiels nehmen wir irgendeinen wichtigen Aspekt der menschlichen Erfahrung und lassen der Phantasie
freien Lauf. Nehmen wir an, die Welt sei wie ein großes Tier, eine
Pflanze, eine Stadt, ein Artefakt, ein Geschäft, eine Schlacht, ein
Zufall, ein Traum, eine Maschine, ein Wettstreit oder eine Liebes-
beziehung. Jeder spielt das Spiel, bewußt oder unbewußt. Es gibt
keine Möglichkeit, nicht mitzuspielen. Da wir niemals das Ganze
sehen, es sei denn durch die verzerrte Brille irgendeiner begrenzten
Analogie, ist jede Perspektive mit Torheit durchsetzt. Logische
Positivisten und Theosophen müssen gleichermaßen vor jeder
Beweisführung entscheiden, wie sie diese geheimnisvolle, nicht
entzifferbare Welt interpretieren und wie sie in ihr leben wollen.
Und jeder Beobachter hat Vorurteile, ist ein Teil der beobachteten
Welt, ein Anwalt besonderer Interessen. Kein philosophischer
Astronaut ist in der Lage, den Kosmos zu verlassen, um mit
Gewißheit zu beurteilen, ob die Welt aus Atomen besteht oder ob
sie in den weichen Armen der Aphrodite ruht. Das ist die einzigar-

tige Welt jedes einzelnen von uns: Jeder Mensch muß ein einziges Leben auf Macht, Erkenntnis, Liebe, Arbeit, Unterwerfung, Trost, Abenteuer oder auf irgendeinen Clangott setzen.

DER WESTLICHE MYTHOS UND DIE EROTISCHE VISION: EINE VORSCHAU

Das erotische Verhältnis zur Maschine diktiert die Logik des westlichen Mythos. Hier sind seine Regeln und Glaubensartikel:

1. Die Realität ist quantifizierbar, meßbar, unendlich teilbar in grundlegendere und realere Einheiten.
2. Alles, was sich messen läßt, ist kontrollierbar. Alle Probleme sind lösbar.
3. Fragen, die man nicht beantworten kann, sollten nicht gestellt werden.
4. Wissen und Macht sind die beiden Säulen der menschlichen Identität.
5. Alles, was wir wollen können, können wir auch erreichen.
6. Zeit ist chronologisch, meßbar, quantitativ (wie Geld) und kann gespart oder verschwendet werden.
7. Alle Ereignisse sind folgerichtig; alle Ursachen liegen in der Vergangenheit; die Gegenwart ist die Wirkung aller vergangenen Ursachen; die Zukunft wird die Wirkung aller gegenwärtigen Ursachen sein.
8. Die Realität ist materiell, sie gehorcht Gesetzen und ist verstehbar.
9. Geist ist der Name für die am höchsten organisierte Materie.
10. Wissen besteht aus geordneten Fakten.
11. Menschliches Verhalten sollte von der Vernunft beherrscht werden.
12. Gefühl ist irrational; Sinneswahrnehmung, Intuition und Empfinden sind primitive, unreife Formen des Denkens.
13. Die vernünftigsten, mächtigsten und kontrolliertesten Individuen sind am wertvollsten und sollten eine Gesellschaft regieren.

14. Die Natur ist das unvollkommen geformte Chaos, das durch menschliche Ziele transformiert werden sollte (d.h. sie existiert, um Rohmaterial bereitzustellen).
15. Frauen sind weniger aggressiv, weniger rational, weniger wertvoll als Männer und müssen, wie die Natur, kontrolliert und von verantwortungsvollen Positionen ausgeschlossen werden.
16. Kindererziehung, Hausarbeit und Beziehungsarbeit sind weniger wichtig als produktive Arbeit.
17. Wohlstand wird geschaffen, indem man natürliche Rohstoffe zu Fertigprodukten verarbeitet; die Güterproduktion ist die Grundlage der Wertschöpfung.
18. Geld ist das Maß aller Werte.
19. Das menschliche Leben ist um die Marktgesetze herum organisiert.
20. In den letzten Dingen ist die Religion durch die Ökonomie ersetzt worden.
21. Die Hauptmotivation (Eros) des Menschen besteht darin, zu akkumulieren und zu konsumieren.
22. Bedürfnisse sind unbegrenzt manipulierbar.
23. Werbung und Propaganda sind die wichtigsten erotischen Wissenschaften der modernen Zeit.

Im westlichen Mythos sind es letzten Endes Wettbewerb oder Krieg, die die Welt in Gang halten. Wie Heraklit sagte, ist Krieg der Vater aller Dinge. Im Innersten besteht die Realität aus Konflikten: Jehova bekämpft die Göttin; der Mann strebt danach, die Natur, die Frau und seine eigenen undisziplinierten Gefühle zu beherrschen. Das Schwert und die Maschine sind die Mittel der Unterdrückung. Im Rahmen dieses Mythos wird Liebe als die künstliche Einschränkung unserer natürlichen Impulse zu zügelloser Aggression verstanden. Sie ist ein kulturell erfundenes Gefühl, das uns davon abhalten soll, einander umzubringen, so daß der Stamm überleben kann. Der Gesellschaftsvertrag ist eine Einigung zwischen Konkurrenten, die alle danach streben, das Eigeninteresse zu maximieren und das Gemetzel durch Zivilisiertheit einzudämmen. Die Beziehung zwischen Mann und Frau ist ein Waffenstillstand im Krieg der Geschlechter. Heutzutage erfordern die Sexualität oder

der Geschlechtsakt, wie andere Fabrikationsformen, die Beratung durch technologische Experten, Ärzte, Psychiater und Moralisten.

Im Gegensatz dazu hält der erotische Mythos daran fest, daß Liebe nicht primär etwas ist, das wir *machen* oder *tun,* sondern etwas, das wir *sind.* Wir definieren sie nicht so sehr, wie sie uns definiert. Bevor sie sich jemals als eine Tätigkeit oder ein Verhalten manifestiert, ist Liebe jener Impuls, jene Motivation oder Energie, die uns mit dem ganzen Gewebe des Lebens verknüpft. Eros ist das Verbindende in der ökologischen Gemeinschaft, innerhalb derer wir leben. Er ist nicht primär ein Gefühl, eine Entscheidung oder das Ergebnis eines Willensakts. Er ist die wechselseitige Verbindung zwischen Zelle und Zelle, Tier und Umwelt, ohne die es uns nicht geben würde. Die vorbestimmte Anziehungskraft des Penis für die Vagina, die wir als Sexualität zelebrieren, ist nichts als ein Sonderfall eines universellen Prinzips. Daher ist die Untersuchung der Liebe nicht primär eine soziologische, psychologische oder biologische Angelegenheit. Sie ist Sache der Ontologie – der Untersuchung des Seins. In der erotischen Vision ist Liebe, wie Paul Tillich sagt, „der ontologische Drang in Richtung auf die Wiedervereinigung des Getrennten". Die Liebe ist eher Voraussetzung als Schlußfolgerung unserer Suche. Die erotische Vision stützt sich auf die Annahme, daß wir unsere *Conditio* nur verstehen können, wenn wir bei der Liebe als dem zentralen Baustein anfangen, mit dem wir eine Metaphysik begründen können. Wir argumentieren nicht auf die Liebe hin, sondern von der Liebe aus. Gabriel Marcel formuliert die Grundlage einer erotischen Metaphysik:

> Liebe, im Unterschied zu Begehren oder im Gegensatz zu Begehren, Liebe, aufgefaßt als die Unterordnung des Selbst unter eine überlegene Realität, eine Realität ... die wahrhaftiger ich ist, als ich es selbst bin – Liebe als das Durchbrechen der Spannung zwischen dem Selbst und dem Anderen erscheint mir das zu sein, was man als wesentliche ontologische Gegebenheit bezeichnen könnte[5].

Die Philosophie, so Marcel, darf nicht beim künstlich isolierten Ego beginnen, bei dem denkenden oder zweifelnden Selbst Descartes', sondern bei dem Selbst, das innerhalb einer intersubjektiven Gemeinschaft existiert, einem Selbst, das bereits mit anderen Wesen verknüpft ist. In der Tradition der erotischen Metaphysik, die auf Augustinus und Platon zurückgeht, wird der Liebe die Priorität vor der Erkenntnis zugewiesen. Wir lieben, um zu verstehen. Die Aufgabe einer erotischen Metaphysik liegt nicht darin, die Existenz der Liebe nachzuweisen, sondern die Grundlage unseres Seins als menschliche Wesen zu formulieren, Worte, Bilder, eine Stimme für unsere schweigende Erkenntnis bereitzustellen, womit wir den erotischen Impuls entziffern können, der in unseren Genen und in der Intentionalität des Lebens selbst kodiert ist.

Die Tradition der erotischen Metaphysik ist beständig. Als der Mensch anfing, abstrakt zu denken, schien es ihm, als sei die Erfahrung von Liebe, Sexualität, Fruchtbarkeit der beste Schlüssel zum Verständnis der Natur der Dinge. Vulva und Brust waren die frühesten Symbole der erotischen Vision in neolithischen Zeiten, als Gott eine Frau war, die Mutter Erde hieß. Platon und Aristoteles sahen beide den Eros als den Beweger der Sterne, der Samenkörner und der Menschen. Später definierten christliche Theologen die höchste Realität – Gott – als Liebe. Im chinesischen Denken sollte das Wechselspiel zwischen Yin und Yang, den weiblichen und den männlichen Energien, für alle Veränderungen verantwortlich sein. Das ganze System des Kundalini-Yoga, wie es sich im Tantrismus findet, stellte die erotische Energie des Universums als eine Schlange dar, die sich an der menschlichen Wirbelsäule hinaufwindet und die sieben Körperzentren durchströmt. Hegel lieferte im neunzehnten Jahrhundert die vollständigste Darstellung der erotischen Tradition, indem er die Realität als Geist definierte und Geist als „Liebe, die sich selbst genügt". Herbert Marcuse sah jenseits der Entfremdung der westlichen Kultur die Möglichkeit einer Utopie, in welcher die Maschinen der Sache des Eros eher dienen würden als der des Thanatos (Tod). Norman O. Brown hat der erotischen Vision in seinem *Love's Body* ihre phantasievollste zeitgenössische Darstellung gegeben, wobei er zeigt, daß Phantasie, Sprache und Dichtung den menschlichen Leib mit dem Wesen der Liebe erfüllen. Keine auch noch so flüchtige Skizze wäre vollständig, ohne anzuerkennen, daß die heutige Frauenbewegung mit kräftiger Stimme für die erotische Vision kämpft. Susan Griffin zeigt in *Woman and Nature* und *Pornography and Silence*, daß die Spaltungen, die wir vorgenommen haben zwischen Geist und Materie, Kultur und Natur, Mann und Frau, Sex und Zärtlichkeit den Kern des pornographischen Denkens ausmachen. Wir sind nur zu heilen, wenn wir Wissen und Eros, den Intellekt und das sinnliche Wissen des Körpers wiedervereinigen.

VON EROTISCHER METAPHYSIK ZU EROTISCHER PSYCHOLOGIE

Dieses Buch folgt den Linien der existentialistischen Philosophen von Sokrates bis Heidegger und Marcel, die gesagt haben, daß unser primärer Zugang zum Sein, zu Gott oder zur Realität über die Untersuchung unseres eigenen Daseins zu erfolgen hat. Wir lesen die Weltgeschichte unausweichlich durch die Linse unserer eigenen Autobiographie. Die menschliche Psyche ist der Weg zu allem, was wir über das Jenseits wissen können. Daher können wir nur in dem Maße wissen oder darauf vertrauen, daß das Universum freundlich ist, wie wir uns selbst als Wesen erkennen, die durch den Impuls, Liebende zu werden, motiviert sind.

Einer der Gründe, warum die meisten Untersuchungen über Liebe so wenig erhellend sind, liegt darin, daß sie nur eine *einzige Bedeutung* von Liebe oder Sexualität erforschen wollen. Um zu verstehen, welche Rolle die Liebe in der menschlichen Psyche (und darüber hinaus) spielt, müssen wir die Vielfältigkeit der Liebe betrachten, wie sie sich während der gesamten Lebenszeit eines Menschen entfaltet. Ein menschliches Wesen ist, wie Heidegger sagte, über die Zeit hingespannt. Liebe ist für das neugeborene Kind etwas anderes als für den Greis. Wollen wir also den Eros als die Urkraft der Psyche verfolgen, die wandelbaren Imperative, Impulse und Motive untersuchen, die jede Phase im Lebenszyklus beherrschen, dann brauchen wir so etwas wie einen Zeitrafferfilm über eine ganze Lebenszeit. Unsere Definition des Selbst oder der Liebe läßt sich nur in Form einer Geschichte ausbuchstabieren: Man kann die Natur des Menschen nur definieren, wenn man die Geschichte unserer Entwicklung nacherzählt, wir müssen die Lüste und Sehnsüchte untersuchen, die uns auf verschiedenen Etappen des Lebensweges charakterisieren.

Die Methode dieses Buchs besteht darin, einen Lebensplan zu entwerfen, der die Wandlungen der Liebe im Verlauf einer idealen Lebenszeit nachzeichnet. Unsere Aufgabe ist, die Umrisse einer erotischen Entwicklungspsychologie zu skizzieren. Unser Zeitrafferportrait wird eine Lebenszeit, ziemlich willkürlich, in fünf Phasen unterteilen: Das Kind, der Rebell, der Erwachsene, der Gesetzlose und der Liebende. Durch Betrachtung der Umgangsweisen, Dispositionen und Entwicklungskräfte, die jede dieser Phasen beherrschen, werden wir eine Geschichte entfalten, die vermuten läßt, daß das Ziel, ein Liebender zu werden, in den menschlichen Genen kodiert ist, daß die ursprüngliche Realität, die uns vor allen kulturellen Mythen formt, Liebe ist.

Die Umrisse der folgenden erotischen Entwicklungspsychologie verdanken der Vision des menschlichen Lebens, wie sie sich in der tantrischen Vision des Kundalini-Yoga, in Bunyans *Pilgrim's Progress*, Daumals *Mt. Analogue*, der Reise des Helden, Kierkegaards *Die Krankheit zum Tode* und Norman O. Browns *Love's Body* findet, mehr als der zeitgenössischen Ansicht, die in Werken wie Eriksons *Identität und Lebenszyklus*, Sheehys *Passages* oder Levinsons *The Seasons of a Man's Life* zum Ausdruck kommt. Mein Interesse ist normativ, nicht deskriptiv, eher philosophisch als empirisch. Ein kurzer Blick auf das blutige Gesicht der menschlichen Geschichte und auf unseren gegenwärtigen Gewaltrausch reicht hin, um den Anspruch, daß menschliche Wesen *tatsächlich* durch Liebe motiviert sind, als Unsinn zu entlarven. Wenn wir Erbsen zählen, scheint Thanatos gegen Eros zu siegen.

Ein normativer Zugang fragt: Was ist das menschliche Potential? Worin besteht die Chance des menschlichen Lebens? Um eine Analogie zu verwenden: Empirische Untersuchungen von Entwicklungsstufen sind wie ein Bericht über den körperlichen Gesundheitszustand, der enthüllt, daß 63,2% aller Menschen regelmäßig an Erkältungen, Übermüdung und depressiven Anfällen leiden. Eine normative Studie befaßt sich mit der Idealgesundheit. Wer sind die Leute, die *nicht* krank werden, die begeisterungsfähig bleiben und Energie ausstrahlen, die zwar traurig, aber nicht depressiv sein können? Wie arbeitet das Immunsystem bei optimaler Gesundheit? Diese Fragen sind zentral für mein Nachdenken über psychosomatisch-spirituell-politisch-ökologische Gesundheit: Welche Bedürfnisse und Motive charakterisieren die verschiedenen Lebensphasen? Welchen Wandel durchläuft die Liebe, wenn ein Kind zum Rebell und dann zum Erwachsenen wird? Gibt es Formen des Liebens, die den normalen Erotikquotienten (EQ) des Erwachsenen überschreiten? (Sofern das Streben nach Erkenntnis für den westlichen Mythos zentral ist, sind wir daran gewöhnt, den Intelligenzquotienten zu messen; und wir erkennen gewohnheitsmäßig die Idee an, daß es Menschen mit überlegenem IQ gibt. Aber die Möglichkeit eines überdurchschnittlichen EQ – Erotikquotienten – haben wir wenig bedacht und weniger noch untersucht. Vielleicht fürchten wir die Forderung, die sie uns stellen würde, nämlich liebevoller zu werden.)

Die Methode dieses Buchs ist nicht nur biographisch, sondern auch autobiographisch. Mein Zugang zum Sein erfolgt über die Psyche: Mein Zugang zur Psyche erfolgt über *meine* Psyche. Die modernen Theorien über die Phasen des Lebens, wie die mystische Darstellung vom Aufstieg des Bewußtseins, die wir im *Tibetanischen Totenbuch* finden, oder Dantes *Inferno* und *Paradiso*, sind ganz persönliche Visionen. John Bunyans *Pilgrim's Progress* und Lawrence Kohlbergs Stufen der moralischen Entwicklung sind beide verkleidete Formen der Autobiographie. Keines von beiden läßt sich als universelle Wahrheit begründen. Wenn ich darauf vertraue und mir Mühe gegeben habe zu zeigen, daß die Intention, ein Liebender zu werden, tief in die menschliche Psyche eingraviert ist, handelt es sich dabei fraglos um meine eigene Vision, meine *apologia pro vita sua,* meinen persönlichen Versuch, mein Leben zu verstehen und zu feiern. Bei der Ausformulierung der Entwicklungsstufen habe ich mich einer Vielzahl von Zeugnissen aus unterschiedlichen Kulturen und Zeiten bedient. Oft greife ich aber auch auf meine eigene Erfahrung zurück, weil es nur eine einzige Fallgeschichte der psychischen Entwicklung gibt, die ich über ein halbes Jahrhundert mit täglichem intensiven Studium verfolgt habe – meine eigene.

Meine Erfahrung mit der Liebe teile ich nicht als Fachmann mit, sondern als Amateur, nicht, weil ich die Antworten kenne, sondern weil sich die Frage in mir festgesetzt hat: Ein Jahrzehnt lang habe

ich mich gefragt, was wir Modernen tun müssen, um eine leidenschaftliche Lebensweise wiederentdecken zu können. Jahrelang
plante ich, ein Buch über Liebe und Sex zu schreiben. Irgendwann
dachte ich, ich sei reif genug, um die Besteigung des Mt. Eros wagen
zu können. Aber nach siebzehnjähriger Ehe, zwei Kindern, einer
Scheidung, fünfjähriger „Erkundung meiner Sexualität" (wie man in
Kalifornien sagt), einer zweiten Ehe und einem „Herbstkind" bin
ich noch genauso fasziniert von der Vision, ein Liebender zu
werden, wie eh und je, aber immer noch kein Fachmann. Nachdem
ich jahrelang angestrebt habe, ein Liebender zu werden, verfüge ich
jedoch über gewisse Einsichten in Liebeshemmnisse, romantische
und antiromantische Illusionen, Sackgassen und Prokrustesbetten.
Als Grünschnabel weiß ich wenig über Höhenflüge, aber ich kann
einige Ratschläge dazu anbieten, wie man mit den Flügeln schlägt
und mit minimalen Verletzungen aus großen Höhen fällt. Häufige
Mißerfolge können ein Stück Weisheit hervorbringen. Ich fühle
mich ganz wie jene Leute in Indien, die zur Universität gegangen
sind, aber ihr Examen nicht bestanden haben, und sich vorstellen als
„Surgit Singh, M. A. (Durchgefallen)". Die Auflistung der menschlichen Erfahrungsbereiche, die im Widerspruch zur Liebe stehen
(die Perversionen des Besitzes, der Paranoia, der Furcht, des
Hasses, des Machtstrebens und der Selbstzentrierung), hat mir
zumindest geholfen, das Gelände zu sondieren, auf dem wir die
Bedeutung der Liebe aufspüren können. Ich werde also häufig die
erste Person Singular verwenden, aber nicht als die Stimme der
Autorität, sondern um zu sagen: Hier ist, was ich bis jetzt auf
meiner eigenen Reise gefunden und gesehen habe. Das Portrait
eines vollendeten Liebenden zeichne ich nicht als philosophisches
Selbstportrait, sondern als den Versuch, ein flüchtiges Bild von der
Hoffnung zu gewinnen, die mich ködert, ich selbst zu werden.

WARNUNG: THEORIEN KÖNNEN IHRE PSYCHISCHE GESUNDHEIT GEFÄHRDEN

Philosophen, Psychologen, Soziologen und besonders Ökonomen
sollten gezwungen werden, ihre Theorien mit Warnschildern zu
versehen. Jede Theorie wird in der Absicht erdacht, zur Klärung

der Vision beizutragen. Verdunkelt sie, dann sollte man sie aufgeben. Leider neigen wir eher dazu, Theorien in Glaubensbekenntnisse zu verwandeln, als sie Spielzeuge bleiben zu lassen, die uns helfen, Muster zu erkennen.

Faire Warnung. Die Vorstellung vom Lebensweg als einer Stufenfolge beruht auf einer der ältesten religiös-psychologischen Metaphern – das Leben als Reise. Eine Stufe ist Bestandteil eines Entwicklungsprozesses, der ein Ende, ein Ziel, ein *telos* hat. Gibt es auf dem Lebensweg Stufen, dann muß es auch eine Reise geben, die man zurücklegt – einen Punkt, einen Zweck, einen Bestimmungsort, auf den sich der Prozeß zubewegt. Sowohl *Passages* als auch *Seasons of a Man's Life* sind letzten Endes deprimierend, da sie die Logik ihrer eigenen Metapher nicht ausführen. Sie beschreiben Stufen und Bewegungen, die keine Pointe haben. Beide verlieren sich und finden keinen kreativen Zugang zum Alter, weil sie sich weigern, irgendein Ziel, ein Telos im Greisenalter zu suchen, das als ein Triumph der menschlichen Kraft und nicht als ein Niedergang der Vitalität anzusehen wäre. Wenn wir die Idee von Stufen und Reise verwenden, müssen wir der Logik unserer Metaphern folgen und fragen, wohin und warum wir reisen. Ist das Leben eine Reise, dann kann der Tod zwar das Ende des Lebens, aber nicht sein Telos sein. Die These dieses Buchs lautet, daß die Entfaltung des Eros die menschliche Reise gestaltet. Wir altern, um Liebende zu werden.

Die Metapher der Reise hat jedoch Implikationen, vor denen wir uns hüten müssen. Reise erinnert, wie Etappe, an eine lineare Bewegung, eine Abfolge von vorher und nachher. Das bringt uns in die Versuchung, die Kindheit vom ersten bis zum zwölften, die Jugend vom dreizehnten bis zum zwanzigsten Lebensjahr anzusetzen und so weiter. Daraus folgt im moralischen Sinne, daß das Leben einer Annäherung an ein Ziel oder der Besteigung eines Bergs gleicht. Zu gegebener Zeit kommen wir *dort* an, am Ende. Dann werden wir abgeschlossen, vollständig, vollkommen sein. In gewissem Sinne ist das Leben jedes einzelnen linear. Zwischen Geburt und Tod bewegen wir uns auf den Neunzigsten zu, wie ein Pfeil in eine Richtung fliegt. Daher sind lineare Denkweisen geeignet, vieles vom Leben der Psyche zu beschreiben. Aber in den Tiefen des Unbewußten gibt es keine geraden Linien, keine Zeit, kein Vorher und Nachher. Erinnerung und Vorahnung rücken zusammen. In Träumen und Phantasien sind Vergangenheit, Gegenwart und Zukunft gleichzeitig präsent. Wenn wir an diese zeitlose Dimension unseres Seins denken, ist der Kreis als Bild besser geeignet als die Linie. Ist das Leben eine Reise, dann keine Pilgerfahrt, sondern eine Odyssee, in der man die Heimat verläßt und wieder zu ihr zurückkehrt. Wir gehen in die Zeit hinaus und kehren immer wieder zum selben Ort zurück. Obwohl wir, wie T. S. Eliot zu bedenken gibt, nach der Rückkehr den Ruhepunkt kennen, den wir besser nie verlassen hätten, erscheint uns die Heimat fremd. Der Kreis deutet an, daß es im menschlichen Leben keinen Fortschritt, vor allem keinen moralischen Fortschritt gibt. In den Tiefen der Psyche eines Heiligen spielen noch der Mörder und der Wahnsinnige ihre Rolle. Die ursprünglichen Impulse zum Guten und zum Bösen sind uns immer so nahe wie die archaische Dimension unseres eigenen Unbewußten. In diesem Sinne gibt es keinen Aufstieg, noch nicht einmal in Form einer Spirale, keine höheren und niederen Tugenden, keinen Fortschritt auf dem Weg, ein Liebender zu werden. Ein Kind kann liebevoller, stärker durch den Eros motiviert, offener sein als ein Erwachsener. Bei unserer Reise kann es sich darum handeln, Rückwege zu dem zu finden, was wir einst wußten, aber vergessen haben. In der platonischen Tradition ist Eros ein Rückblick oder eine Wiedererinnerung des Selbst, ein Bemühen (wie auch Zen sagt), das Gesicht zu entdecken, das wir vor unserer Geburt hatten.

Eingedenk des Werts und auch der Gefahr von Metaphern der Entwicklung und der Reise habe ich den Stufen des Kindes, des Rebellen, des Erwachsenen, des Gesetzlosen und des Liebenden keine chronologischen Daten zugeordnet. Es gibt offenbar Fortschritte des Bewußtseins, und wir legen die Kindlichkeit weitgehend ab, wenn wir irgendwann in den Zwanzigern erwachsen werden. Aber die Motive des Kindes wirken als infantile Gefühle noch während der zweiten Lebenshälfte lange in uns weiter. Entsprechend beseelt die Intuition des Liebenden auch schon das Kind und zieht den Erwachsenen über die Grenzen der Stammesidentität hinaus.

Ich will versuchen, die Metaphern für die erotische Vision ins Gleichgewicht zu bringen, und schlage folgende Möglichkeiten für das Nachdenken über die „Stufen" des Lebens vor:

Umgangsformen; Stile des Erkennens, des Liebens und des In-der-Welt-Seins;

erotische Einstellungen; die Yoga-Asanas oder Haltungen, die wir in der Beziehung zum Selbst, zu anderen und zur Welt verwenden; .

musikalische Themen, die sich zu einer Sinfonie verweben; die für jede Stufe zentralen Themen werden in der vorausgehenden Stufe antizipiert und bleiben als mitschwingende Nebenthemen in späteren Stufen erhalten;

Blickpunkte oder Perspektiven, von denen aus wir unsere Erfahrung interpretieren können;

Impulse, Nervenkreisläufe, kodierte Muster oder Dispositionen, die jeweils eine gegebene Stufe unserer psychischen Entwicklung beherrschen;

ein Farbspektrum, das auftaucht, wenn das reine Licht des Eros durch das Prisma eines individuellen Lebens gebrochen wird;

eine Stillebenfotografie aus einem Film über den Prozeß, ein Liebender zu werden.

Alle Karten des menschlichen Lebens sind aus Metaphern zusammengesetzt. Alle Metaphern sind enthüllend und ungenau. Um von den Erfahrungen anderer zu profitieren, müssen wir uns in der Kunst üben, mit Metaphern zu spielen, Bilder zu übersetzen, auf die Bedeutung zu lauschen, die unterhalb des Un-sinns von Geschichten oder Mythen liegt. Bewußtsein ist Poesie. Wir vermischen unsere Metaphern, um Orthodoxie, Buchstabengläubigkeit und Tyrannei zu verhindern.

Ich lade Sie zu einer Geschichte ein,
 einer Lebenskarte
 einem Film
 einer Entwicklungspsychologie
 einem sinfonischen Experiment
 einer Erkundung von Liebesmöglichkeiten
 einer Reise, einer Odyssee, einer erotischen Pilgerfahrt.

II. KAPITEL

Das Kind

KINDHEITSERINNERUNG: LIEBE ALS GEREIFTE UNSCHULD

Im Anfang finden wir das Ende; in unserem Ursprung unser Ziel; in der Krippe unsere Eschatologie. Um zu erfahren, wohin wir gehen, müssen wir herausfinden, woher wir kommen. Gabriel Marcel erinnert uns daran, daß „Hoffnung eine Erinnerung an die Zukunft ist". Liebende werden wir nicht, indem wir Macht oder Wissen anhäufen, sondern indem wir uns an die Konspiration (= zusammen atmen) von Fürsorge und der Geschichte der Leidenschaft erinnern, durch die wir erschaffen wurden. Wir erforschen die Kindheit nicht, um herauszufinden, wer wir waren, sondern um zu entdecken, was wir noch werden können. Unsere ursprüngliche *Conditio* ist immer gegenwärtig. Die Vergangenheit vergegenwärtigt sich in den Gesichtern derer, die heute lieben und hassen.

Erotische Philosophen raten uns, zur Begegnung mit der Welt zurückzufinden, die wir kannten, bevor wir unsere Charaktermasken aufsetzen. Jesus: „Wenn Ihr nicht werdet wie die Kinder, werdet Ihr nicht in das Reich Gottes eingehen!" Nietzsche: „Unschuld ist das Kind und Vergessen, ein Neubeginnen, ein Spiel, ein aus sich rollendes Rad, eine erste Bewegung, ein heiliges Ja-Sagen. Ja, zum Spiele des Schaffens, meine Brüder, bedarf es eines heilgen Ja-Sagens"[1]. Freud wußte, daß das „polymorph Perverse", die kindliche Fähigkeit zur promiskuösen Lust am ganzen Körper, im Unbewußten jedes Menschen schlummerte. Es erschreckte ihn. Susan Griffin sagt uns: „Wenn wir ein Kind lieben, lieben wir die menschliche Natur, bevor sie durch die Kultur umgestaltet wurde. Genau das meinen wir mit ,Unschuld' und ,Naivität'; nicht, daß ein Kind keine sexuellen Empfindungen hätte, nur ist dieses Empfinden noch nicht durch den kulturellen Haß auf und die kulturelle

Angst vor Natur verfälscht, und die kindliche Idee des Selbst ist noch nicht zu einem demütigenden Bild verformt worden"[2].

Durch Rückkehr *(Metanoia)* fangen wir neu an. Das Grundprinzip des spirituellen Lebens lautet: Alle Tugenden oder Gnaden, durch die wir geheilt werden – Vertrauen, Hoffnung und Liebe – beruhen auf erfahrener Unschuld, auf der Offenheit für das Neue, auf der Bereitschaft, sich überraschen zu lassen. Erneuere deine Kindheitserinnerungen, und du wirst Bruchstücke einer alten Karte finden, die dich zu einem Schatz führt, der in deiner Zukunft verborgen liegt. Werde dir deiner Vorgeschichte bewußt, deinem *sine qua non,* den Bedingungen, ohne die es dich nicht gäbe.

EINE PRIMORDIALE LIEBESGESCHICHTE

Wo beginnt meine oder Ihre Geschichte? Wenn ich die Wurzeln meines Seins zurückverfolge, an welchem Punkt unterscheide ich dann zwischen *meinem* Selbst und dem Boden, in den ich gepflanzt wurde? Wann kann ich erstmals sagen *„Ich* bin"?

Ich könnte mit der Geburt des Selbstbewußtseins anfangen. Eines Tages, als ich neun Jahre alt war, lief ich die Court Street in Maryville, Tennessee, hinunter. Nahe dem Fuß eines Hügels, fünf Meter von einem Apfelbaum entfernt, auf einem Teil des Gehwegs, der glatt genug zum Rollschuhlaufen war, wußte ich plötzlich und mit blendender Klarheit, daß ich anders war als meine Eltern, meine Brüder und Schwestern und meine Spielkameraden. Das Selbstbewußtsein stieß auf mich nieder wie ein Falke. *Cogito ergo sum.* In gewissem Sinne könnte ich den Ursprung meines Selbst in diesem Zeitpunkt ansetzen.

Aber mein Bewußtsein lag schon in einer von Natur und Kultur geschaffenen Wiege, lange bevor ich um mich als eine „separate" Person wußte. Ich war weder Vater, Mutter, noch der Baumeister meines eigenen Seins. Kein Self-made-Mensch. Ich wuchs wie ein Samen im Humus, der aus den Residuen von Generationen kompostiert war. Ein Nexus von Lebendigen und Toten schuf das Gewebe meines Geistes und meines Körpers. Meine Individualität wurde aus einem Lebensnetz geboren, das zu verwickelt war, um entwirrt werden zu können. Wenn ich an den Kontext zurück-

Die Psyche des Kindes

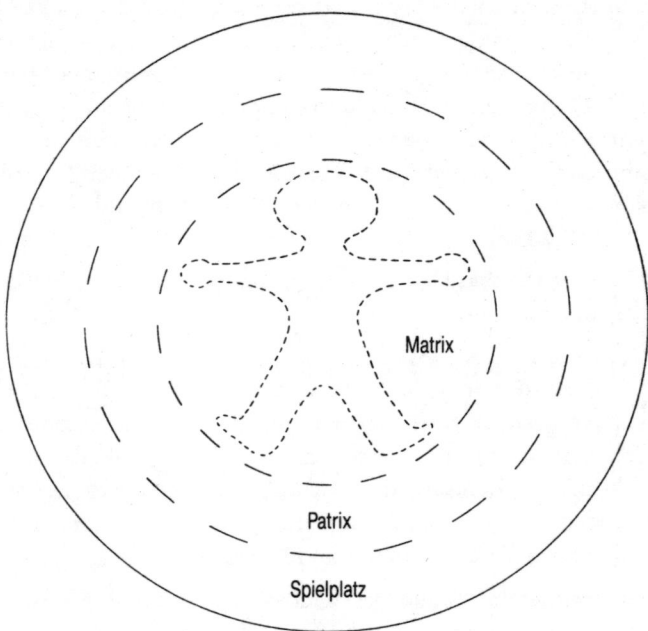

denke, der mich schuf, kann ich nur schlußfolgern, daß ich meine Geschichte mit folgender Behauptung beginnen muß: Ich wurde geliebt; deshalb bin ich. Wie Martin Buber sagte: „Im Anfang war Beziehung."

Der Stoff und die Muster, aus denen wir bestehen – Atome und Blaupausen, in den Genen kodiert –, sind seit dem Beginn der Zeit im Werden. Astronomische Geschehnisse, Natur, Gott, Evolution – irgendeine ungeheuerliche Kraft – schufen einen Ort namens Erde, der für meine Entwicklung außergewöhnlich günstig war. Meine Pilgerfahrt begann vor Äonen an der primordialen Wasserscheide der Evolution. Alle Informationen, die sich in Jahrmillionen von Experimenten angesammelt haben, sind in der Substanz jedes „unschuldigen" Kindes verwoben. Der Mutterleib, dem ich entrissen wurde, war über alles informiert, was vorausgegangen ist. Das Wissen der Reptilien ist in meinem Rückenmark kodiert. In meinem Stammhirn unterweist die instinktive Sicherheit des Clans der Säugetiere meinen Körper in den Strategien des Kampfs und der Flucht. Die Fische, die sich ihren Weg durch Wasserwelten bahnten, bis sie mühsam aufs Festland kriechen konnten, trugen zur Herausbildung meiner Augen und Lungen bei. Und so könnte man fortfahren, die Genealogie meines Körpers zu verfolgen, bis wir zur Großhirnrinde kommen, wo Worte und Bilder einen Spiegel des Selbstbewußtseins erzeugen, in den ich blicken und mich fragen kann, wer ich bin.

Wie sollen wir diese Vorgeschichte beurteilen, die der Prolog zur Geschichte jedes einzelnen ist?

Zwei Perspektiven: Für den objektiven Blick des strengen Wissenschaftlers (der in jeder Psyche steckt) ist die Evolution des Lebens eine Sache von Versuch und Irrtum, ein Problem der „natürlichen Selektion", bestenfalls ein Zufall, das Resultat des gleichgültigen Schicksals, das mit unbeständigen Atomen Würfel spielt. Oder sie ist eine Saga vom Triumph selbstsüchtiger Gene, die sich als tüchtig genug erwiesen zu überleben.

Dem staunenden Auge des Kindes (das bei den Ältesten und Weisesten ungetrübt bleibt) scheint es, als habe irgendein geschickter Gott einen kosmischen Wandteppich gewoben, in dem jedes Leben Bestandteil eines Plans ist, den unsere kurzsichtigen Augen nicht in seiner ganzen Größe erfassen können. Selbst angesichts der Mängel, der Schrecken der Zeit, der unauslöschlichen Zeichen des Bösen, ist der unschuldige Geist dankbar für den bittersüßen Kosmos, der uns nährt und verschlingt.

DIE UMSCHLIESSENDE MATRIX: DER SCHOSS DER LIEBE

Wenn ich einen willkürlichen Anfang meiner persönlichen Geschichte herausgreifen müßte, würde ich den Augenblick der Befruchtung wählen. Eines kalten Märzabends in Scranton, Pennsylvania, gaben sich Vater und Mutter den Lockungen des Eros hin, und ein beharrliches Sperma erkämpfte sich seinen Weg durch eine Million Zufälle in ein wartendes Ei, um eine Liebesaffäre zu vollenden, die mich zur Folge hatte. Dreiundzwanzig plus dreiundzwanzig Chromosomen umarmten einander, gaben sich das Ja-Wort und reisten gemeinsam ins Innere des Schoßes. Eine Vielzahl von Zellen bildeten eine Kommune, ein Gemeinwesen, in dem sich Gehirn, Herz und Leber zu einem harmonischen Körperstaat vereinigten – ein Junge.

In utero gibt es kein Ich und Du, kein Subjekt oder Objekt, kein Selbst und Umwelt. Keine Grenzen. Keine In-dividuen. Nur Mutter-und-Kind, vollständige Symbiose. Durch Millionen Blutgefäße der Placenta erhält das Kind von seiner Matrix Information und Nahrung. Im Fruchtwasser taucht eine Insel auf, ein kleines, vom Wasser umspültes Selbst im kosmischen Meer. Die Schnüre, die Mutter und Fötus verbinden, erschaffen allmählich das neue und getrennte Wesen.

Die erste (und letzte) Welt ist der Schoß. Das einzige Paradies, das wir wiedergewinnen können, ist eines, das wir verloren haben. Freud sagt uns, was jeder Sohn weiß, aber zu vergessen beschlossen hat (und vielleicht hat keine Tochter es ganz vergessen): Wir sehnen uns danach, in den Schoß zurückzukehren. Wir sind also zur Absurdität verdammt, denn wie kann ein Mensch wiedergeboren werden? Natürlich nur solange, wie wir nicht auf das Kind im Inneren hören, das die Welt als eine größere, umschließende Matrix wiedererkennt.

Die moderne Hysterie (*hyster* = Gebärmutter) entspringt der Leugnung, daß wir im Schoß des Seins leben. Wir wollen unsere Hilflosigkeit und Abhängigkeit nicht wahrhaben. Wir klagen die Natur an, sie sei so launisch wie die Geschichte, so kriegerisch wie Nationen, so mechanisch und herzlos wie die Maschinen, die wir geschaffen haben. Sie hat uns zurückgewiesen, verlassen, ausgesetzt. Wir sind nicht in eine fürsorgliche Matrix eingeschlossen. Allein, ängstlich, ausgesetzt, insgeheim beschämt, sind wir gezwungen, ein System zu erzeugen, eine kontrollierte Umwelt, einen mechanischen Komplex, ein Bollwerk, um ihre feindlichen Absichten zu durchkreuzen. Sie hat blutige Zähne und Krallen. Kein Wunder, daß wir uns an ihr rächen wollen – sie gebrauchen, mißbrauchen, beherrschen, vergewaltigen, schänden. Solange wir uns weigern, uns als Saat im Schoß der Zeit zu fühlen, werden wir die Natur, das Weibliche und alles, was in unserer Psyche hilfsbereit und unvorhersehbar ist, weiterhin verachten und beargwöhnen.

GEBURT: LIEBE ALS TRENNUNG UND WIEDERVEREINIGUNG

Zur gegebenen Zeit wird die Einheit von Mutter und Kind durchbrochen. Die Reise der Individuation beginnt. Kontraktionen. Krämpfe. Die Gewalt und der Schmerz der Trennung. Das Geburtstrauma. Von diesem Augenblick an wird der Archetypus der Geburt für alle Zeiten tief in den menschlichen Organismus eingraviert sein. Jede Krise, in der die Psyche in eine größere Welt gezogen, geschoben und gezwungen wird, findet ihren symbolischen Ausdruck im Trauma und im Triumph der Geburt. Ohne immer wieder neu geboren zu werden, gibt es keine Reise, keinen Geist, keine Liebe. Mythos und Religion lehren die Kunst der Geburtshilfe. Um die Logik der Liebe zu erkennen, muß man den Prozeß der Geburt studieren.

Die Überwindung von Engpässen ist gefährlich. Im Geburtskanal befindet sich das Kind, im Übergang zwischen Matrix und Welt, in Todesgefahr. Die Umstände, die gegen sein Überleben sprechen, scheinen erdrückend zu sein. Wie kann ein so kleiner und so unerfahrener Reisender dem übermächtigen Angriff und Druck widerstehen? Wie kann er den Mut und das Wissen haben, die paradiesische Geborgenheit des Schoßes hinter sich zu lassen und die lebenslange Arbeit des Atmens aufzunehmen? Doch meistens geschieht das Wunder. Jeder von uns hat schon einmal das Schattental des Todes durchquert und ist dem Ruf des Abenteuers ins fremde Land namens Zeit gefolgt.

Die Geburt schafft Distanz. Ein Raum tut sich auf zwischen Ich und Du. Eine Leere öffnet sich zwischen Matrix und Kind. Das Selbst wird aus dem Nichts geboren – *ex nihilo*. In der Leerstelle zwischen Mutter und Kind, zwischen Objekt und Subjekt, entsteht, wenn die Nabelschnur durchtrennt wird, ein neues Wesen, das für alle Zeiten auch durch seine Trennung definiert ist. Die Geburt lehrt uns, daß wir allein sind. Sie flößt uns die Furcht ein, daß wir verlassen werden könnten, sie gibt uns die Hoffnung, mit der Grundlage unseres Seins wiedervereinigt zu werden. Liebe und Wissen werden geboren, wo wir sie am wenigsten erwarten, in der Krippe des Nichts, im leeren und angstbesetzten Raum, der uns von unserer Matrix trennt. Augenblicke nach der Geburt betrachten Mutter und Kind einander als intime Fremde. Beide spüren die vollzogene Trennung. Ihr früheres nahtloses Zusammensein ist durchbrochen worden. Jetzt müssen sie lernen, miteinander zu sprechen.

BINDUNG: LIEBE ALS EIN-FLEISCH-SEIN

Bei natürlichem Ablauf der Dinge wird der Trennungsschmerz der Geburt unmittelbar danach geheilt. Die Mutter nimmt das Kind, das noch durch die sauerstoffreiche Nabelschnur mit ihr verbunden ist, an ihre Brust. In ihren Armen wird durch die Berührung der Haut, den Geruch des Atems, den Klang der Stimme, das ermutigende Lächeln, den Rhythmus des Wiegens, die Resonanz des schlagenden Herzens, den Geschmack der Brust, eine komplizierte Verbindung gewoben. Es gibt ein unmittelbares hormonales und sinnliches Wissen. Das ist *meine* Mutter. Der Schlüssel paßt ins Schloß. Unser erstes Erkennen ist Wiedererkennen.

Schon *in utero* wußte das Kind etwas über den Geschmack, den Geruch und die Geräusche der Mutter. Bei der Geburt wird die vertraute Information um das Muster des Gesichts bereichert. Ein Neugeborenes ist auf unmittelbares Wiederkennen des Gesichts programmiert und wird neunzig Prozent seiner Wachzeit mit der Konzentration auf die Mutter verbringen. Joseph Chilton Pearce sagt uns: „Der Aufbau dieses Gesichtsmusters ergibt den Eckstein, auf den nach der Geburt das gesamte Begriffssystem gestützt wird, die Konstellation, an der sich die ganze restliche kindliche Erforschung der Mutter orientieren wird"[3]. Das geliebte Gesicht ist die erste visuelle Schablone, der Ausgangspunkt auf der Karte – um den herum alle Erkenntnis organisiert werden wird. *Es ist der* axis mundi, *die Weltachse, die erste mythische Stätte, die das Zentrum der Welt markiert.* Später werden das Gesicht und die Arme durch neue mythische Wesen ersetzt – ein Liebhaber, eine Braut, eine

Kirche, ein Stamm, eine Bezugsgruppe. Die Sicherheit bei der Erforschung der fremden neuen Welt bezieht das Kind aus dem Wonnegefühl beim Lächeln der Mutter.

An der Mutterbrust lernen wir unsere erste Philosophie – die Philosophie der Vertrautheit, der Verwandtschaft und der Freundlichkeit. Die Welt ist das, was uns verwandt und freundlich gesinnt ist. Wir gehören zusammen; Isolation ist Tod, Bindung ist Leben. Genuß wurzelt in wechselseitiger Abhängigkeit; ich erschaffe die Matrix neu, die mich erschafft; Begehren ist wechselseitig; die Lust, die ich empfange, wird ausgeglichen durch die Lust, die ich gebe. Halten und Gehaltenwerden, Lust, Nahrung, Liebe empfangen und geben sind ununterscheidbar. Wie bei einer Pflanze oder einem Tier ist unsere erste Erkenntnis sprachlos. Real ist, was wir berühren. Dinge machen Sinn, weil wir riechen, sehen, hören und schmecken. Leichte Veränderungen der Muskelspannung oder im Rhythmus und Klang der Atmung telegrafieren Nachrichten über entfernte Geschehnisse. Wenn die Arme, die mich hielten, weich und warm waren, traute ich der Welt. War die Brust, an der ich lag, sorgenvoll, dann wußte ich, daß ein namenloser Schrecken drohte. Der erste Katechismus des Fleisches lautet: Mutter ist ängstlich; also ist die Welt gefährlich. Oder, Mutter ist ruhig, also ist die Welt sicher.

DIE INFORMIERENDE PATRIX: LIEBE ALS FÜRSORGE UND DAS ENTSTEHEN DES CHARAKTERS

Schon während wir von der Mutter umsorgt und gepflegt werden, formen uns die Werte, Bedeutungen und Mythen der Kultur um uns herum. Die Sprache prägt unseren Geist. Unser nacktes biologisches Sein ist von Ritualen umwoben. Wasser und Feuer taufen uns für den zweiten Schoß – den künstlichen Schoß der Kultur.

Traditionell haben wir die Natur als mütterlich, die Kultur als väterlich gedacht. Die Mutter verknüpft uns durch die stillschweigende, sexuelle, instinktive Erkenntnis unseres Körpers mit dem Rhythmus der Natur. Der Vater und die Stammesältesten sind die Hüter des abstrakten Wissens, der Traditionen und Zeremonien, welche die Mythen zelebrierten und die Machtstruktur wie auch die Ideologie des Stammes hochhalten. Sie schaffen den kulturellen Schoß, den wir die Patrix nennen können und ohne die wir nicht menschlich wären.

Der in dieser Art, die Geschichte zu lesen, enthaltene ideologische Sexismus ist nicht zu übersehen. Unsere Sprache lügt: Es hat immer Frauen gegeben, die wußten, und Männer, die liebten. Männer sind Bestandteil der Matrix für das Kind, und Frauen helfen, die Patrix zu schaffen. Beide Geschlechter spinnen ein Netz der Fürsorge um das Kind, lehren es Sprache, Traditionen und *Know-how*.

Da wir durch eine Patrix geformt und in-formiert werden, treten wir nicht als anonyme Wesen ohne Namen und Geschichte ins Leben. Wir werden als Erben des riesigen Treuhandfonds einer Gemeinschaft geboren. Ich wurde von Anfang an aufgenommen und initiiert in die Geheimnisse der Keen- und McMurray-Clans. Kultgegenstände – eine alte Pistole, eine zerlesene Bibel, eine Pfeilspitze, Fotoplatten von meinen Vorfahren – gaben mir eine heroische Vergangenheit zum Nachahmen. Familie, Sippe, Clan, Stamm waren die Linsen, durch welche jeder von uns zuerst die Welt sah. Unsere Perspektive ist familiär und nicht neutral. Unsere Augen erfassen die Welt als ein Schmidt, ein Cohen, ein Kosinski. Jedes ethische Erbe ist eine Historie der Fürsorge, die in den tausend überlieferten Geschichten, Legenden, Erzählungen zum Ausdruck kommt.

SCHULD UND SCHAM: GRENZEN DER LIEBE

Ein Kind muß in einem Garten der Unschuld leben. Nur in der schützenden Matrix und Patrix kann es stark werden, indem es Abhängigkeit erfährt und das Urvertrauen erlernt. Zusammen mit der Fürsorge, die es empfängt, absorbiert ein Kind jedoch auch die Werte, Meinungen, Vorurteile, Haßgefühle und Gewohnheiten der Familie und des Clans. Von Anfang an wird es darin unterwiesen, zwischen Gut und Böse zu unterscheiden. Die Familie ist die erste Kirche und Schule. Die Anspannung und Entspannung von Muskeln, Lächeln und düstere Blicke lehren Vaters und Mutters

Philosophie von Richtig und Falsch. Ein Lächeln zeigt uns, daß wir etwas Gutes getan haben und belohnt uns dafür. Ein Stirnrunzeln oder eine ärgerliche Stimme, mit der darin angedeuteten Drohung, uns zu verlassen, bedeutet uns, daß wir etwas Schlechtes getan haben und uns in gefährlicher Nähe eines Tabubereichs aufhalten. In der gesamten Kindheit werden wir konditioniert, wir lernen, uns fraglos dem dualistischen Wertsystem der Familie und der Gemeinschaft unterzuordnen – du darfst und du darfst nicht, Gut und Böse.

Ob wir amerikanische Methodisten oder Buschmänner der Kalahari sind, wir werden durch ein System von Geboten und Tabus geprägt. Die von der Verlassens- oder Strafandrohung verursachte Angst hält uns innerhalb eines unsichtbaren elektrischen Zaunes. Das Gewissen, eine unbewußte, durch Scham und Schuld verstärkte Barriere, zwingt uns in vorbestimmte Grenzen. In der Kindheit bleiben wir innerhalb des Kreises familiärer Liebe, weil wir aus Furcht vor den Schrecken, die im unbekannten Dunkel lauern können, von der Wärme und dem Licht des heimischen Herdes angezogen werden. Richtig oder Falsch, Gut oder Böse, Gehorsam oder Ungehorsam, Liebe oder Liebesentzug, Anerkennung oder Schuld, Billigung oder Scham – sie bilden die Grenzen, innerhalb derer die Psyche des Kindes Sicherheit, Vertrauen und Mut findet.

Wir müssen das Dilemma, das in der elterlichen Liebe enthalten ist, klarsichtig und unsentimental beurteilen. Noch das geborgenste Kind, das von glücklichen Eltern klug aufgezogen wird, muß für das Geschenk der familiären Liebe einen hohen Preis zahlen. Die Arme, die uns halten, formen unseren Charakter, bevor wir einen freien Willen haben. Die Autoritäten prägen unserer Psyche ihre offiziellen Mythen ein, bevor wir versuchen, unsere eigene Geschichte zu entwickeln. Die Bande, die uns Sicherheit geben, schränken uns auch ein. Liebe baut das Gefängnis des Charakters.

Die lange Zeit der Abhängigkeit, die für die menschliche Kindheit typisch ist, sorgt dafür, daß wir alle das Erwachsenenalter leicht oder stark schizophren erreichen. Jeder von uns hat einen Charakter, einen Panzer, eine Reihe von konditionierten Reaktionen, vorgeformten Meinungen und unüberprüften Werten, eine Maske oder Persönlichkeit, die wir in Anwesenheit unserer Eltern und Altersgenossen tragen. Aber im Verborgenen unseres privaten Selbst gibt es auch einen inneren Bezirk, in dem sich unsere Psyche zu entwickeln beginnt. Auf diesem Spielplatz schmecken wir zum ersten Mal die Freiheit, und wir entdecken, daß unser Sein nicht endgültig durch die Regeln der Gemeinschaft festgelegt ist.

DIE SINNE ENTDECKEN DEN GENUSS: DIE WELT ALS ABENTEUERSPIELPLATZ

Ein Kind entdeckt die Freiheit zuerst im Spiel. Eines legendären Tages verläßt das Kind Matrix und Patrix, um die jenseits liegenden Wunder zu erforschen.

Ich beobachte Jessamyn, meine sieben Monate alte Tochter: Sie liegt sicher in den Armen ihrer Mutter. Ihr Blick fixiert zuerst das Gesicht und schweift dann hinaus, um einen Teddybären zu erfassen. Ihre Fingerchen kneten die Brust und greifen dann aus, um die Beschaffenheit von Gegenständen zu prüfen. Sie berührt und kostet alles, was in ihrer Reichweite liegt. Ohne die Erlaubnis der Kirche verkehrt sie oral mit Fingern, Löffeln, Kissen, dem Schwanz des Hundes. Ihre Augen, Hände, Sinne und ihr Geist erzeugen eine Dialektik von Bindung und Erkundung. Sie bewegt sich erst *mit* und dann *weg von*. Je sicherer sie sich fühlt, desto waghalsiger sind ihre Erkundungszüge. Nach jedem Ausflug in die Wildnis kehrt sie zum Bekannten zurück, zu Mutter. Sie ist schon beides, Siedler und Nomade, und sie wird beides bleiben, solange sie lebt.

Jedes Kind beginnt den Weg zum Bewußtsein als ein Bündel aus fünf Sinnesorganen auf der Suche nach einer Welt. Lange bevor die Großhirnrinde behauptet: „Ich denke, also bin ich", erfährt der Körper vermischte Sinneseindrücke aus Freude und Schmerz und behauptet unter Lachen und Tränen: „Ich empfinde, also bin ich." Wir fügen unser Weltbild zusammen, indem wir mit Sinneseindrücken spielen. Das Kind sitzt in der Mitte eines magischen Theaters, das mit einer kaleidoskopischen Vielfalt unbekannter Dinge gefüllt ist, die undeutliche Eindrücke in den Sinnen hinterlassen. Dann gerät ein deutliches Objekt ins Blickfeld und wird vom verwirrenden Spiel aus Licht und Schatten, Farbe und Form, Temperatur und Gewebe unterschieden. Was ursprünglich nur der Mutterbrust ähnlich oder unähnlich war, wird zu einer Decke, auf der man (anders als bei der Brust) kauen und an der man ziehen kann.

Jeder Teil des kindlichen Körpers ist eine erogene Zone, jeder Sinn ist ein Organ des Verkehrs. Der Mund genießt die Brust, die große Zehe und die Rassel gleichermaßen. Die Augen weiten sich, um jede Bewegung oder Farbe aufzunehmen. Die Ohren erfreuen sich an allen Klängen, außer plötzlichen oder schrillen. Die Haut genießt Berührungen. „Kitzle mich!" verlangt Jessamyn ohne Worte. „Mach's nochmal. Mehr Küsse." Am Anfang, bevor sie dazu erzogen werden, Schuld- und Schamgefühle zu haben, genießen Kinder alles, was sich gut anfühlt. Sie haben den Körper noch nicht in private (erotische) und öffentliche (empfindungsarme) Teile aufgespalten. Ihr aufkeimender Geist wird geformt durch die Abenteuer ihrer genußsüchtigen Sinne. Vor dem Fall in die Kultur ist das undressierte Kind, das noch in der Tiefe jeder Psyche existiert, ein schamloser Hedonist.

Neuerdings behaupten Psychologen und Philosophen, daß Spielen schließlich eine ziemlich ernste Sache sei. Kleine Schimpansen könnten den Eindruck erwecken, als tollten sie nur herum, als hätten sie viel Spaß am Balgen und Knurren, aber in Wirklichkeit erlernten sie die grausame Kunst des Kampfs und der Verteidigung. Jungen und Mädchen, die mit Gewehren und Puppen spielen, übten sich nur in den sozialen Rollen als Krieger und Mütter. Zweifellos liegt in dieser Perspektive Wahrheit, besonders bei Affen. Wir lernen durch Nachahmung. Die ganze Welt ist eine Probebühne oder zumindest ein Teil davon. Durch Kaufmann- oder Doktorspielen lernen wir die Tatsachen des Lebens. Es gibt Spiele, die uns darauf vorbereiten, unsere Rollen als Erwachsene auszufüllen – Doktor, Rechtsanwalt, Kaufmann. Spiele verstärken die Gebote einer Kultur. Fußball lehrt die orthodoxen Tugenden: Wettkampf ist das Spiel; Gewinnen ist das Ziel; Zusammenarbeit ist das Mittel zum Zweck. Aber in der menschlichen Persönlichkeit ist auch ein angeborener und nahezu unzerstörbarer Begriff des Spiels angelegt, der uns befähigt, alle Schablonen, Moralvorschriften, Masken und Mythen zu überschreiten, die uns die Kultur auferlegt. Im Spiel der Sinne schlüpft das Kind durch die Grenzzäune der Kultur. Durch Fühlen, Riechen und Schmecken findet es heraus, ob und in welchem Maße die Welt sinn-voll ist. Solange wir einen Körper haben, können wir uns ins Allerheiligste der Erfahrung zurückziehen. Die Sinne sind private Orakel. Wenn wir sie befragen, entdecken wir eine heilige Bindung, die stärker ist als die bindenden Verpflichtungen und Mythen des Stammes. Dieses Band verbindet uns mit dem Leben selbst. Berührung, Geschmack, Geruch, Gesicht, Gehör verknüpfen uns mit den Schwingungen, aus denen unsere Welt entsteht. Das Kind, das seinen eigenen Körper, Spielzeuge, Freunde berührt, genießt schamlos das reichhaltige Buffet der Sinneseindrücke, es entdeckt ein asoziales Selbst (einen Prototyp des Gesetzlosen).

Das Spiel der Sinne und der Phantasie ist das Geheimnisvolle, das Elixier, ohne das unsere Rollen zu Gewohnheiten werden, ohne das die Persönlichkeit zur Fassade, der Charakter zum Charakterpanzer, die Kultur zum Gefängnis wird.

Wenn ich die Freiheit preise, erinnere ich mich an die Wildheit, die war und immer sein wird, dort drüben nämlich, genau auf der anderen Straßenseite, außerhalb des Blickfeldes beobachtender Augen. Wir überquerten die Court Street und schlüpften durch ein Loch im Zaun, ließen Gott, gute Manieren, Reinlichkeit und alle Tugenden presbyterianischer Kinder zurück. In dem Moment, wo wir außer Sichtweite waren, wurden wir zu Heiden. Nach einem kurzen Stück den Weg hinunter machten wir halt, zogen unser gestohlenes Päckchen Camel aus dem hohlen Baumstumpf und rauchten. Und husteten. Den ganzen Tag spielten, stritten, kämpften, klauten wir wie Wilde, wir bauten Burgen und badeten, fischten und sonnten uns. Als die Sonne unterging, schlüpften wir wieder durch den Zaun zurück, prüften, ob unser Atem noch nach Tabak roch, setzten die Maske der Zivilisiertheit auf und gingen zum Abendessen nach Hause.

Schon als Kind wußte ich, daß ich etwas anderes und mehr war als die Summe der Gebote, Bilder und Ideale, die ich bejahte, um die Liebe meiner Eltern und die Anerkennung meiner Umwelt zu gewinnen. Die unersättlichen Sinne und die promiskuöse Phantasie sind niemals durch die gezähmte Persönlichkeit zu befriedigen. Irgendeine rastlose, namenlose Energie trieb mich aus dem Garten der Kindheit.

III. KAPITEL

Beschädigte Kindheit und die Perversionen des Eros

WIR SIND ALLE PERVERS

Ein Kind ist ein fleischgewordenes Versprechen. Jedes Kind hat das unveräußerliche Recht auf liebevolle Geborgenheit, ein Recht darauf, freundlich in eine fürsorgliche Kultur initiiert zu werden, das Recht, in den Bezirken der Sinne und der Phantasie frei spielen zu dürfen. Das Kind hat ein organisches Recht auf behütetes Wachstum. Dieses Recht, das nirgends gesetzlich verbrieft ist und sich nicht durch abstrakte Gründe beweisen läßt, ist unserem angeborenen Sinn für das Heilige eingeprägt. Paradoxerweise wird unsere Gewißheit über das Heilige der Kindheit jedesmal erneuert, wenn wir es entweiht sehen. Das mißhandelte und gequälte Kind ruft in den meisten Menschen eine instinktive moralische Empörung wach: Bei allem, was heilig ist, darf dieses Kind nicht so behandelt werden. Wunden sind stumme Zeugen für das gebrochene Versprechen der Liebe.

Jede Gemeinschaft und jede Epoche kann einen eigenen Katalog der vielfältigen Tragödien anlegen, welche die Körper der Kinder quälen, ihre Seelen pervertieren und ihre natürlichen Rechte vergewaltigen. Aussetzung und Tötung ungewollter Kinder waren die ersten Formen der Geburtenkontrolle. Bis die Gesetze gegen Kinderarbeit in Kraft traten, waren Kinder gezwungen worden, zwölf und vierzehn Stunden täglich in Fabriken und Minen zu arbeiten. Sie wurden als kleine Erwachsene angesehen, die man oft hart bestrafte und sexuell mißbrauchte. In China wurden die Füße der kleinen Mädchen gebrochen, die Zehen zurückgebogen, um die Füße „schöner" zu machen. Schmerzhafte Initiationsriten waren bei primitiven Stämmen die Regel. Erst seit kurzem stellen wir die Ansicht in Frage, Kinder seien der Besitz ihrer Eltern.

Selbst in unserem relativ gemäßigten Jahrhundert erreicht kein Kind das Erwachsenenalter ohne Narben. Millionen von unterernährten Müttern bringen Babies zur Welt, die schon durch Proteinmangel genetisch verstümmelt sind. Ein Großteil der Kinder in „zivilisierten" Ländern wird in Krankenhäusern geboren, wo man die Mütter unter Drogen setzt und ihnen die Babies routinemäßig wegnimmt, um sie in eine Kinderabteilung zu legen. Der Schrekken, den wir am meisten fürchten, allein und verlassen zu sein, ist die erste Erfahrung der meisten modernen Geburten. Viele Kinder werden von ablehnenden oder ängstlichen Müttern geboren und sind vom Tage ihrer Geburt an unerwünscht. Die meisten Kinder der Mittelklasse leiden darunter, daß sich die Väter rar machen, die zu sehr mit „wichtigen" Dingen beschäftigt sind, um sie in die Arme zu schließen, die zu ernst sind, um spielen zu können. Zahlreiche Kriege bringen Verwundungen, Chaos und den Verlust eines oder beider Elternteile mit sich. Selbst jene Kinder, die in privilegierten und normalen Bedingungen von Eltern aufgezogen werden, die sich sorgfältig um ihre Bedürfnisse kümmern, werden durch Mängel oder Übertreibungen geschädigt. Einige werden so fest in überbesorgten Armen gehalten, daß es ihnen schwerfällt, den verkrüppelnden Abhängigkeiten zu entkommen; die Arme werden zu Gefängnissen. Kinder ehrgeiziger Eltern werden häufig durch Scham, durch immer neue Fehlschläge bei dem Versuch, unerreichbaren Normen und perfektionistischen Idealen gerecht zu werden, verkrüppelt. Wieder andere, von Eltern großgezogen, die ohne Hoffnung, Glück oder Ideale leben, leiden an einem Motivationsmangel, an innerer Leere. Ihr höchstes Ziel ist, gerade so durchzukommen.

Die Mythologie sagt uns, daß jede Kindheit beschädigt war. In gewissem Maße sind wir alle pervers, neuotisch, sündig, unvollkommene Exemplare. Das Versprechen der Kindheit ist in keinem von uns eingelöst. Der Mythos vom Sündenfall portraitiert uns alle als Verbannte. Unser Eros, unsere Motive, Wünsche und Antriebskräfte sind entstellt. Das Paradies ist verloren. Die Geschichte ist die Geschichte unserer Versuche, den Schaden wiedergutzumachen, den Weg nach Hause zu entdecken, wo wir noch nie gewohnt haben, eine Einheit wiederherzustellen, die wir nur in Fragmenten erahnen.

Die meisten Menschen, seien es Linke oder die schweigende Mehrheit, reagieren negativ auf die Andeutung, daß wir alle pervers sind. Zu sagen, daß wir pervers sind, ist aber kein menschenfeindliches Urteil, kein Grund zur Verzweiflung. Im Gegenteil, unsere Unvollkommenheit anzuerkennen, ist die Grundlage der Demut. Wir alle sind irgendwie verdreht. „Pervers" bedeutet wörtlich „falsch herum gedreht". Wir machen viele falsche Drehungen, setzen unsere Reise in abwegiger, oft qualvoller Weise fort. Keiner von uns verkörpert das ganze menschliche Versprechen vollständig. Als Individuen sind wir eher ideosynkratisch und real als normativ und ideal. Das voll verwirklichte, universell erotische menschliche Wesen existiert nur als unerreichbares Ideal oder als Archetypus. Aber das Ideal kann uns eine Karte an die Hand geben, die in die Richtung unseres Werdens weist.

Das Urteil, wonach ein Motiv, eine Handlung, ein Lebensstil pervers geworden ist, besagt, daß irgendeine Tugend, die in einem (früheren) Kontext völlig angemessen war, unzeitgemäß und damit unpassend geworden ist. Sich an Mutter oder Vater zu klammern, ist eine Vorbedingung für die Gesundheit des Kleinkindes; aber über die Kindheit hinaus passiv abhängig zu bleiben, bedeutet, an zu viel des Guten zu leiden. Wir Reisenden in der Zeit haben die Tendenz, die Tugenden, die uns in der Vergangenheit dienten, auf die unbekannte Zukunft auszudehnen. Wir reagieren immer mit Lösungen von gestern auf neue Situationen. Wir gehen niemals gleichmäßig durch die Phasen des Lebens, wie es die Philosophen gerne von uns hätten. Auf jeder Stufe erstrecken wir uns über die ganze Treppe. Das Kind übt bereits, ein Erwachsener zu sein und kündigt durch seine Unschuld die Weisheit an, die erst im Herbst des Lebens ihre Früchte trägt. Jeder Erwachsene jongliert mit reifen und kindlichen Motiven, entscheidet sich zwischen „rebellischen Gefühlen" (wie Wilhelm Reich formuliert) und angemessenen Empfindungen.

In dem Maße, wie wir beschädigt sind, werden wir eher durch unsere Versagensangst als durch unser Vertrauen in die eigenen Fähigkeiten motiviert. Wir verrennen uns eher in das, was fehlt, als in das, was gegeben ist, in die Vergangenheit eher als in die Gegenwart, wir wühlen in der Wunde, anstatt die Gaben zu genießen. Was wir „Liebe" nennen, wird zur (vergeblichen) Suche nach dem, was uns (nach unserer Vorstellung) fehlt – ein Vater oder eine Mutter, die uns genügend lieben würden. Das Vakuum ist die Ikone unserer Sehnsucht. Je mehr wir einen Liebhaber, eine Ehefrau, einen Ehemann, ein Kind, einen Beruf, eine Ursache, ein Ding oder eine Droge für den Versuch einspannen, die Leere auszufüllen, desto mehr wird dieses „Liebesobjekt" zu einem Ersatzziel des Eros, zum Idol, das uns unausweichlich enttäuschen wird und das wir schließlich hassen werden.

Keiner von uns wird also jemals ganz mit dem Versprechen und dem Schmerz der Kindheit abgeschlossen haben. Ein Liebender zu werden, setzt voraus, daß man die einzigartigen und allgemeinen Formen kennenlernt, in die der Eros in uns entstellt wurde; wir müssen das beschädigte Kind und all die Irrwege erkennen, auf denen wir versucht haben, das Vakuum in unserem Herzen auszufüllen. Eine östliche Religion bezeichnet das als die Aufgabe, den Schleier des Maya zu lüften und die Gesetze des eigenen Karma zu erkennen. Die westliche Religion spricht von Reue und Bekehrung. Die Psychoanalyse konfrontiert uns mit einer säkularen Technik, das Unbewußte bewußt zu machen. Gleichgültig, welche Sprache oder Technik wir übernehmen, die Aufgabe besteht darin, sich darüber bewußt zu werden, wie der Fehler der Kindheit weiter wirkt, zu erkennen, wie unser Charakter oder unsere Person die kindlichen Motive überdeckt, die in den verborgenen Winkeln des Unbewußten überlebt haben. Wir müssen immer wieder zur Nahtstelle zwischen unserer ursprünglichen und unserer gestörten Kindheit zurückkehren, um unsere Hoffnung und unsere Enttäuschung gleichzeitig im Bewußtsein wachzuhalten. Dann beginnen wir zu erkennen, wie gedankenlose Gewohnheiten unsere glücklichen Stunden in dumpfe Routine verkehren, wie unsere Liebesbeziehungen die Texte unvollendeter Dramen wiederholen, die wir einst mit Mutter und Vater aufführten, wie unsere ermüdenden Anstrengungen, erfolgreich zu sein, gut abzuschneiden, vergebliche Bemühungen sind, das anerkennende Lächeln von „dem Gesicht" zu gewinnen. Unsere Beschädigung zu verstehen, bedeutet, eine doppelte Vision zu sehen: (1) unser Charaktertyp, Persönlichkeitsstil, unsere Abwehrmechanismen, Abhängigkeiten, neurotischen Muster sind das Ergebnis der Perversionen des Eros – ein äußeres und sichtbares Zeichen einer inneren und unsichtbaren Ungnade oder Krankheit; (2) das Wesen dessen, was wir sind, *ist* Eros, Gnade, Wohlbefinden.

Die Heilung des Eros, die Entfaltung der persönlichen Geschichte, bewegt sich im Kreis. Die Spirale beschreibt eher als der Pfeil die Bewegung des Geistes. Je tiefer wir in die Freiheit, ins Neue, in eine gewählte Zukunft eindringen, desto mehr müssen wir die Tore zum inneren Bezirk der Vergangenheit offenhalten.

DER ANHEDONISCHE ZIRKEL UND DIE BINDUNG AN DEN SCHMERZ

Wenn wir an erotische Perversionen denken, kommt uns der Fetisch in den Sinn. Wird ein Mann nur sexuell erregt, wenn er einen Frauenschuh sieht und berührt, oder eine Frau nur durch einen Mann, der nach Knoblauch riecht, dann ist klar, daß der Eros irgendwie falsch zentriert wurde. „Normale" Menschen werden durch die eher bizarren Fetische ein wenig abgestoßen, belustigt und aufgereizt. „Sonderlinge" und „Freaks" sind für die Gemäßigten ein Trost. Der Witz über den Mann, der sich stimuliert, indem er an Fahrradsätteln riecht, gibt denjenigen von uns, die nur heterosexuelle Obsessionen haben, die Sicherheit, daß wir uns bei guter erotischer Gesundheit befinden. Was bedeutet es also, wenn wir nur von Frauen mit großem Busen oder von großgewachsenen, gutaussehenden, wohlhabenden Männern oder von jemand, der uns ein Gefühl der Überlegenheit oder Unterlegenheit gibt, „angetörnt" werden?

Der beschädigte Charakter der Kindheit macht aus uns allen Fetischisten. Wenn wir ins reifere Alter kommen, haben nur noch wenige von uns die Fähigkeit, leidenschaftliche Liebe für einen Angehörigen des gleichen Geschlechts oder sogar für Menschen zu empfinden, die sehr verschieden von uns selbst sind, Alte, Häßliche, Sonderlinge. Wir hängen an unserer Klasse, unserem Clan, unseren Ebenbildern. Schließlich begehren wir die stereotype

Schönheit von Modellen der Männlichkeit und Weiblichkeit, die uns von den Medien präsentiert werden – Liebesgöttinnen und Sexsymbole. Nur selten empfinden wir die mit Staunen gemischte erotische Erregung, wie kleine Kinder sie erleben, wenn sie eine Blume, eine Schaukel oder einen Schaukelstuhl sehen.

Die Wurzeln unserer Perversität – verkorkste, gewaltsame oder fehlende Bindungen – sind leicht genug aufzudecken, aber kaum zu entwirren.

Beginnen wir bei einer Perversion, die so verbreitet ist, daß wir sie für einen normalen Zustand halten – *anhedonia* (die Unfähigkeit, Lust zu empfinden oder glücklich zu sein). Ein Anthropologe von einem anderen Stern, der die Lebensweisen der Erdenbewohner studierte, würde wahrscheinlich unsere Gewohnheit, Krieg zu führen, unsere Neigung zu chronischer Angst und Sorge, unsere Tendenz, durch Schuld und Scham motiviert zu werden, unsere Arbeitsbesessenheit, unsere Erzeugung von Streß und psychosomatischen Krankheiten registrieren und schlußfolgern, daß die menschliche Rasse in den Schmerz verliebt ist. Selten der Mensch, der drei Tage ununterbrochenen Glücks ertragen kann! Wir fühlen uns zutiefst bedroht – nicht vom Höllenfeuer, sondern von den Wonnen des Paradieses. Die Welt ist zweifellos reich genug an Rohstoffen, um uns allen Lust, Wohlstand und Frieden zu garantieren. Statt dessen entscheiden wir uns für überflüssiges Leid. Wir produzieren einen Mehrwert an Schmerz, der größer ist, als uns durch unsere biologische Natur auferlegt wäre. In Wahrheit sind wir nicht *homo sapiens*, die weise Spezies, sondern *homo analgesia*, die Spezies, die, ohne das Bewußtsein zu verlieren, Schmerz und Lust gleichgültig ertragen kann.

Warum wollen wir anhedonisch sein? Die Gründe sind komplex und vielfältig. In dieser Reflexion über die Entwicklung zum Liebenden werden wir immer wieder die Perversitäten entwirren, den Eros von seiner Verknüpfung mit dem Schmerz befreien. Im Augenblick müssen wir uns mit einem ersten Schritt begnügen, der nicht das „*Warum*" erklären, sondern zeigen wird, *wie* wir zu Anhedonisten werden.

Gehen wir zurück zum Anfang unserer Lusterziehung – die schützenden Arme unserer Eltern. Ein üppiges Angebot an Erfahrungen wird zu der einzigen Erfahrung der Bindung verdichtet, die entsteht, wenn ein Kind liebevoll gehalten wird: das wechselseitige Vergnügen, das Eltern und Kind empfinden; das stillschweigende Wissen um Sicherheit und Zugehörigkeit.

Bedenken wir nun, was geschieht, wenn uns keine liebevollen Arme beweisen, daß die Welt freundlich gesinnt ist.

Ein Gleichnis. In einem heute berühmten Experiment nahmen Harry und Margaret Harlow junge Rhesusaffen und isolierten sie in Käfigen, wo sie andere Affen sehen, aber nicht berühren konnten. Filme über die kleinen Affen zeigen, was man als „gebrochene Herzen" bezeichnen könnte. Als die Affen physisch erwachsen wurden, waren sie scheu und lethargisch. Sie schaukelten vor und zurück wie hospitalisierte Kinder. Oft bissen sie sich aufs Grausamste selbst. Wurden sie mit einem anderen Affen, der ebenso einsam aufgewachsen war, in einen Käfig gesteckt, dann zeigten sie sofort Furcht; sobald sie einander berührten, entbrannte ein Kampf. Ohne jegliche Berührung aufgewachsen, waren sie jetzt krankhaft verängstigt, entsetzt über die Wünsche ihres Organismus, von der Lust an der Berührung ausgeschlossen. Erhielten sie die Gelegenheit, wollten sie sich nicht paaren. Mütter, die es doch taten, mißhandelten ihre Jungen, vernachlässigten, bissen und töteten sie auch manchmal.

James Prescott und Robert Heath trieben das Experiment noch einen Schritt weiter und suchten nach einer physiologischen Ursache für das Verhalten. Veränderten Isolation und Berührungsmangel nur das Verhalten von Affen, oder wirkten sie sich auch auf deren Gehirn aus? Ihre Forschungsergebnisse legen nahe, daß das Kleinhirn (das Bewegungen koordiniert) unterentwickelt war, weil es nicht durch das normale Wiegen und Liebkosen stimuliert wurde, wie es dem Kind von seiner Mutter zuteil wird. Und wenn das Bewegungszentrum unterentwickelt ist, welche Auswirkungen hat das auf die Gefühlszentren des limbischen Systems? Besteht, so fragte Prescott, eine (für jeden Dichter offensichtliche) Beziehung zwischen der Fähigkeit zur Motion (Bewegung) und zur Emotion? Heath entdeckte Verbindungen zwischen dem Kleinhirn und dem limbischen System.

Prescotts und Heaths Arbeit[1] liefert eine teilweise Antwort auf die Frage nach den Ursachen der *anhedonia* und unserer perversen Liebesaffäre mit Gewalt und Schmerz. Wenn die Entwicklung der Dendritenketten (= Verästelungen der Nervenzellen) im limbischen Gehirn von Kleinhirnreizen abhängt, dann entwickeln Kinder, denen es am Wiegen und Schmusen fehlt, nicht den Nervenapparat, der für eine problemlose Lusterfahrung erforderlich ist. Da es nur wenige reizbare Lustzentren gibt, die überhaupt „funktionieren", entwickelt die deprivierte Person einen unersättlichen Lusthunger und hat Schwierigkeiten, diesen Hunger je zu stillen. „Stellen Sie sich diese Menschen so ähnlich wie Diabetiker vor", erläutert Prescott. „Solange der Diabetiker regelmäßig seinen Insulinvorrat erhält, ist alles bestens. Nehmen Sie ihm das Insulin weg, dann stellen sich alle möglichen Arten von physischen und emotionalen Störungen ein. Ganz ähnlich wird ein Kind, dem es an körperlicher Nähe fehlt, im späteren Leben ein außergewöhnliches Zuwendungsbedürfnis entwickeln, das in der Alltagswelt der Erwachsenen kaum zu befriedigen ist. Diese Person wird häufig in periodische Gewalttätigkeit abgleiten"[2].

Prescott hat dann eine kulturübergreifende Studie durchgeführt, die eine Beziehung zwischen Praktiken der Kindererziehung, sexueller und sinnlicher Toleranz und physischer Gewalt zeigt. Es zeigte sich, daß Gesellschaften, die Kindern ein hohes Maß an Berührung, Liebkosung und Herumgetragenwerden gewähren und die im späteren Leben eine weite Bandbreite der Sinnlichkeit und der Sexualität zulassen, am wenigsten unter zwischenmenschlicher Gewalt leiden.

Diese Beobachtung hilft uns, den Teufelskreis der *anhedonia* zu verstehen: Das Fehlen von Bindung verursacht erotische Armut; erotische Armut erzeugt Gewalt; Gewalt hemmt den Eros noch weiter. Wir können uns nicht auf einem Schlachtfeld lieben. Je weniger Fürsorge wir empfangen, desto weniger können wir geben. Steele und Pollack[3] untersuchten Fälle von Kindesmißhandlungen und fanden heraus, daß Eltern, die ihre Kinder quälten und schlugen, selbst als Kinder mißhandelt worden waren; es fehlte ihnen an körperlicher Zuneigung, und sie hatten ein verarmtes

Liebesleben. Weibliche Kindesmißhandler kamen nicht zum Orgasmus.

Der Zirkel von Gefühlsverarmung, Schmerz und Gewalt hilft uns, eine andere weitverbreitete Perversion zu verstehen, die „normale" Menschen gerne im Verborgenen halten – Sadomasochismus. „S und M", „Sklaven und Herrinnen" beschwören düstere und schmutzige Bilder von Handschellen und Seilen, Peitschen und Leder, pornographischer Gewalt, der Geschichte der O. herauf. Die kleine Minderheit, die tatsächlich das rituelle Geben und Nehmen von Gewalt praktiziert, die in den Spezialgeschäften für die Accessoires der Quälerei verkehrt, die dafür bezahlt, um zu schlagen oder geschlagen zu werden, ist oft über ihr eigenes Verhalten verblüfft. Ein Mann, den ich interviewt habe und der regelmäßig hundert Dollar für eine professionelle „Maitresse" bezahlte, die ihn auspeitschte, fragte: „Warum mache ich das? Es tut weh. Es demütigt mich. Jedesmal schwöre ich, es nie wieder zu tun. Und wenn ich das Geld zusammen habe, gehe ich doch immer wieder hin. Ich habe nie einen Orgasmus, aber irgendwie erleichtert es mich. Warum?" Die traurige Antwort auf diese traurige Frage liegt in der entfernten Vergangenheit, bei Eltern, die ihr Kind mißhandelten. Das einzige, was ein Kind mehr fürchtet als Schmerz, ist, verlassen zu werden. Wenn ein Baby also an grausame Eltern gebunden ist, dann wird es schließlich die einzige Art von Sicherheit, die es hat, mit dem erlittenen Schmerz assoziieren. Für das mißhandelte Kind, das schmerzhaft gebunden ist, wird die schreckliche Wahl, die Faulkner an den Schluß von „The Old Man" stellte, zum Lebensmotto: „... zwischen dem Nichts und der Trauer werde ich mich für die Trauer entscheiden." Der Masochist kehrt zum Schmerz zurück, weil dieser psychisch mit der einzigen Sicherheit verknüpft ist, die er als Kind kannte. Es ist besser, bestraft als ignoriert zu werden. Der Schmerz ist das perverse Signal dafür, daß sich jemand um einen kümmert. Für das mißhandelte Kind sind Demütigung und Schmerz „familiär". Wenn mißhandelte Mädchen im späteren Leben geprügelte Ehefrauen werden, dann ist es nicht der Schmerz, den sie gesucht haben, sondern die Familie.

In *Pornography and Silence* demaskiert Susan Griffin den Sado-masochismus, der den Alltag unserer Kultur durchzieht. In der Pornographie wird die Frau, auf die körperliche Rolle reduziert, gedemütigt und vergewaltigt, sie ist nur ein Objekt. Um diese eigenartige Besessenheit von Pornographie und Gewalt, das Ritual von S und M, zu verstehen, müssen wir erkennen, daß der Sadist und der Masochist *ein* Wesen sind, das empfinden will, aber nicht empfinden kann. Der Sadist will den Teil seiner selbst – Empfindungen, Bedürfnisse, Sinneseindrücke –, der ihn an seinen eigenen Körper erinnert, dominieren, strafen, demütigen. Da er diese Erinnerung mit der Verletzlichkeit, Abhängigkeit und Hilflosigkeit assoziiert, die er als abhängiges, an die Mutter gebundenes Kind empfand, versucht er, seinen eigenen Eros dadurch zu unterdrük-ken und zu leugnen, daß er die Frau beherrscht, die symbolisch immer seine Mutter (und die Natur) ist.

Der Sadist, der den Masochisten quält und demütigt, trägt denselben dramatischen Konflikt aus, der uns alle, die wir innerhalb des westlichen Mythos leben, prägt. Es ist der alte Bürgerkrieg zwischen

Mann	und	Frau
Geist	und	Materie
Seele	und	Leib
Kultur	und	Natur
Vernunft	und	Gefühl.

So wird der anhedonische Zirkel zum Teufelskreis. In dem Maße, wie unser Mythos männliche Leistung höher bewertet als weibliches Sein, hat er eine Reihe von strafenden Rationalisierungen in seine Ansichten von Geburt, Kinderpflege, Berührung und Sinnlichkeit eingewoben. Vor einer Generation respektierte meine Mutter den ärztlichen Rat, hörte voller Qual zu, wenn ich schrie, und wartete mit dem Füttern, bis die Anweisung besagte, ich solle jetzt essen. Nacktheit und Streicheln innerhalb der Familie wurden von Puritanern und orthodoxen Freudianern verboten, weil sie angeblich zum Inzest verführten. Generation für Generation bringen wir Kinder hervor, die an Bindungsarmut leiden, weil ihre

Eltern Angst vor ihrer eigenen Sinnlichkeit hatten. Nach und nach steigert sich so die Neigung zu zwanghafter Sexualität (die Kompensation für den Mangel an Berührung) und zu Gewalttätigkeit. Die anomalen oder schweren Fälle erotischer Verarmung sind eine Andeutung davon, was die Zukunft bringen wird, wenn wir nicht wieder eine Gesellschaftsordnung schaffen, die in Vertrautheit und Intimität wurzelt. Selma Fraiberg zeigt in *Die magischen Jahre*, daß Babies, die ohne mütterliche Fürsorge in sterilen Institutionen aufwuchsen, wo sie nur routinemäßige Zuneigung erfuhren, keine Lust und Freude dabei empfinden, ihre Umwelt zu erkunden. Ein geliebtes Kind entwickelt „einen Hunger nach Sinneserfahrungen, der so intensiv und alles beherrschend [ist] wie der Hunger seines Magens in den ersten Lebensmonaten". Aber das verarmte Kind, das von seinen ersten menschlichen Objekten keinen sinnlichen Genuß erfährt, erwartet nichts von der Welt außerhalb seines Körpers. „Solche Kinder bleiben eine beunruhigend lange Zeit (manchmal dauernd) auf der psychischen Stufe des ganz kleinen Babys. Der Körper und seine Bedürfnisse bleiben der Mittelpunkt ihres Daseins"[4]. Bei der Darstellung des Lebenszyklus werden wir sehen, daß *jedes Grundbedürfnis, das nicht zum angemessenen Zeitpunkt befriedigt wird, die psychische und physische Entwicklung der Person auf dieser Stufe festhält.* Viele „Erwachsene" bleiben also Kinder, die immer noch nach nicht vorhandenen Elternarmen schreien.

Die Implikationen dessen, was wir jetzt über Bindungen wissen, sind klar und erschreckend, weil aus ihnen eine radikale Gesellschaftskritik folgt. Unsere Fähigkeiten, zu erkennen und zu lieben, sind nicht voneinander trennbar. IQ und EQ sind miteinander verflochten. Wir können niemals in der Welt heimisch sein, ohne den Typ von Bewußtsein zu entwickeln, der gleichermaßen auf Erkenntnis und Mitgefühl beruht. Wenn wir den Kontakt verlieren, hört die Welt auf, sinnvoll zu sein. Da sich Vertrauen und Abenteuer, Liebe und Verständnis gemeinsam entwickeln, sind die Arme von Mutter und Vater, der Schoß der Familie notwendig, um ein vollends erotisches (d. h. motiviertes) Kind hervorzubringen. Reinhold Niebuhr sagte einmal, daß man in einem einzigen Leben nichts von Bedeutung vollenden könne. Wir können kein Mitgefühl fabrizieren. Liebende werden großgezogen, nicht gemacht; und der Prozeß braucht, wie der Ackerbau, Generationen der Pflege. Eine erotische Philosophie ist fruchtbar, nicht technologisch; sie widmet dem Pflanzen, der Pflege und der Ernährung Aufmerksamkeit; sie schafft eine Familie, eine Gemeinschaft, einen Ort, eine Ökologie, worin sich ein Kind am Luxus der Unschuld und Sicherheit erfreuen kann, so daß es stark genug wird, um die Welt zu erkunden.

BESITZ ALS EROTISCHE ERSATZBEFRIEDIGUNG

Die Psyche kann kein Liebesvakuum dulden. Beim ernstlich mißhandelten und verarmten Kind schießen Schmerz, Krankheit und Gewalt zusammen, um die Leere auszufüllen. Bei der Durchschnittsperson unserer Kultur, die nur den „normalen" Liebesentzug erlitt, ersetzen Angst und eine unersättliche Besitzgier den fehlenden Eros. Das Kind, dem das Gefühl des Willkommenseins, der Zugehörigkeit und der Sicherheit fehlt, lernt, den begrenzten Vorrat an Zuneigung zu horten. Nach dem Gesetz der psychischen Kompensation *führt Nichtgehaltenwerden zu Festhalten, Klammern, zu Abhängigkeit und Besitzgier.* Allmählich ersetzen Dinge die Menschen als Quelle von Lust und Sicherheit. Wenn das erste Geschenk der Zugehörigkeit verweigert wird, lernt ein Kind, daß Liebe Besitz bedeutet. In dem Maße, wie wir auf dieser Entwicklungsstufe festgehalten werden, wird das bedürftige Kind unsere erwachsenen Motive beherrschen. Andere Menschen und Dinge (und da besteht im Grunde kein Unterschied) werden so gesehen, als existierten sie ausschließlich zum Zwecke „meines" Überlebens und „meiner" Befriedigung. „Mein" wird das wichtigste Wort.

Mythos, Philosophie und Psychologie haben alle davor gewarnt, daß „der Geist des Besitzes" (wie Gabriel Marcel es nannte) eine der größten Illusionen ist, denen der Mensch verfallen kann. Lange vor dem Aufkommen des Kapitalismus sagten die tantrischen Philosophen schon, daß das erste Hindernis, das man auf dem Weg zur Erleuchtung überwinden müsse, die Neigung sei, das Leben in etwas zu verwandeln, das sich fassen, „verdinglichen" und besitzen lasse. In ihrer farbigen Symbolik konnte die heilig-sexuelle Energie, die das Bewußtsein auf seiner Pilgerfahrt antreibt, auf der untersten Ebene blockiert werden, die sie als ein psychisches Zentrum im Anus lokalisierten. Diese alte Einsicht, die eine psychologische Disposition mit einer physischen Hemmung verknüpfte, wurde später von Freud (wieder-)entdeckt, der eine Korrelation zwischen Charakter und Anatomie sah und die drei Persönlichkeitstypen anal, oral und genital nannte. Er stimmte darin mit den tantrischen Philosophen überein, daß die zwanghaft-anale Person auf einer infantilen Ebene der erotischen Entwicklung stehengeblieben war. Erich Fromm folgte Freud darin und fand einen Zusammenhang zwischen dem „hortenden Charakter" und einer materialistischen Philosophie. „Hamsterer", die in der Kindheit nicht wie Menschen, sondern wie Dinge behandelt wurden, sehen die Realität als eine Reihe von Es-Es-Beziehungen, für sie ist die Welt ein zufälliges Zusammenwirken geistloser Partikel, die Geschichte ein Gefängnis von Ursache und Wirkung. Ihr Lebensstil ist das hartnäckige Festhalten an ihrem Besitz, ihren Ideen, ihrer Position, ihrer Ideologie oder ihrem religiösen Dogma.

DAS DU ALS ES: LIEBE UND SEXUALITÄT ALS BESITZ

Ein besitzorientierter Lebensstil verwandelt alles, womit er in Berührung kommt und alles, worüber er nachdenkt, in Eigentum. Er erfährt den Eros nur als eine Form des Besitzens. Liebe und Sex sind Formen des Habens und Festhaltens.

Erst vor relativ kurzer Zeit, nach dem Tod der Religion der Göttin, wurde die Sexualität in der westlichen Geschichte eine untergeordnete Kategorie der Besitzrechte. Frauen, Sklaven und Land waren allesamt Dinge, die der Mensch besitzen konnte. Die Ehe war eine heilige soziale Einrichtung zum Zwecke der Kinderzeugung und der Arbeitsteilung. Noch in viktorianischen Zeiten war Sex offiziell eine Pflicht der Frau und ein Recht des Mannes. Noch bis vor wenigen Jahren ermutigten Frauenmagazine die Frauen, ihre sexuellen Fertigkeiten zu kultivieren, um die Männer halten zu können. In unserer eher liberalen Zeit haben sich die meisten gebildeten Menschen von der Ansicht entfernt, daß die Ehe eine Institution für anderthalb Personen ist, und sie betrachten das

Recht der Frau auf persönliche und sexuelle Befriedigung als dem des Mannes gleichwertig. Mit dem Auftauchen der Frauenbewegung, der Pille und des multiplen Orgasmus sind die Männer darauf aufmerksam geworden, daß *sie* besser an ihren sexuellen Fertigkeiten arbeiten, um ihre Frauen vom Abwandern abzuhalten.

Im krassesten Falle verkehrt die besitzergreifende Liebe den anderen in ein Objekt. In der Umgangssprache wird eine Frau oder ein ganzer Geschlechtsakt „eine Votze" genannt. Die anale oder obsessiv-zwanghafte Persönlichkeit vollzieht eine strenge Trennung zwischen dem Sauberen und dem Schmutzigen, zwischen Liebe und Sex, Müttern und Huren, guten und schlechten Mädchen, Zärtlichkeit und Erregung. Liebe ist sauber und langweilig; Sex ist schmutzig und aufregend. Gute Jungs können sich „ein Stück Arsch" vom Strich holen, aber sie heiraten eine keusche Jungfrau und werden verrückt vor Eifersucht, wenn sie einem anderen Mann schöne Augen macht.

Schließlich wird die Verbindung zwischen der Besitzorientierung und dem Sadomasochismus deutlich. Sadist und Masochist einigen sich auf einen Vertrag, in dem sie auf Dinge reduziert werden. Der Masochist bittet: Benutze mich, laß mich gemeine Materie werden, ein Stück Scheiße in deinen Händen, ein Sklave. Das Herr-Knecht-Drama erlaubt beiden Partnern, an der Phantasie, der Unterwerfung und der Objektwerdung teilzuhaben. Es liegt ein perverser Trost darin, ein Ding zu sein. Dinge müssen schließlich nicht die Bürde des Bewußtseins, der Angst und des freien Willens tragen. Sie treffen keine Entscheidungen, tragen keine Verantwortung und kennen keine Schuld. Verwandelt man das Selbst in ein Ding, dann kehrt man zu der Sicherheit zurück, Mamas oder Papas kleiner Junge, kleines Mädchen zu sein. Es handelt sich um eine Verwechslung von Besitz mit Angehörigkeit, um eine Parodie der Hingabe.

AUGENEROTIK UND DIE SUCHE NACH ZUSTIMMUNG

Wenn der Mund des Kindes die mütterliche Brust findet, blicken seine Augen nach oben und sehen, daß es gesehen wird. Der entscheidende erste Blickkontakt zwischen Mutter und Kind ist hergestellt. Immer wieder begegnen sich die Augen im Zusammenhang mit der Lust des Stillens. Etwa im zweiten Lebensmonat bekräftigt das Kind die erotische Beziehung durch ein Lächeln. Wenn das Kind anfängt, die Reichweite der Mutter zu verlassen, bleibt der Blickkontakt erhalten. Mutter und Vater wachen über uns, baden uns in ihren Blicken, geben uns Sicherheit. Wir lernen, ihre Augen, ihr Lächeln zu beobachten, abzulesen, ob wir ihre Gunst verloren haben und in Gefahr schweben. Die mißbilligenden Blicke und Mienen kennzeichnen das Schmutzige, das Gefährliche, das Verbotene, den Bereich von Tabu, Schuld und Scham. Das anerkennende Lächeln belohnt uns mit Selbstachtung und Stolz. Wir bringen Mutter ein kleines Geschenk, eine auf dem Teppich gefundene Krume, ein Papierfetzchen, und sonnen uns im „Dankeschön" ihrer Augen. Solange wir die Augen unserer Aufseher auf uns lenken können, ist alles bestens. Wenn wir größer werden und uns über die Sichtweite unserer Eltern hinauswagen, stellen wir zu unserer Überraschung fest, daß sie allwissend sind und uns noch immer beaufsichtigen. Das Gewissen, der „Wachhund", die introjizierten Augen der Eltern, sieht noch immer zustimmend oder mißbilligend über unsere Schultern. Wenn die beobachtenden Augen häufiger lächeln als zürnen, lernen wir allmählich, unseren Instinkten zu trauen, unsere Erkundungsreisen ins Unbekannte fortzusetzen, Vertrauen in unsere Fähigkeiten und Urteile zu gewinnen. Sonnen wir uns in Anerkennung, dann lernen wir, unsere eigenen Wünsche, selbst auf das Risiko gelegentlicher Mißbilligung hin, zu erforschen; wir werden uns sanft von kindlicher Abhängigkeit befreien und in die Auflehnung und das Abenteuer des Rebellen hineinentwickeln.

Sind die beobachtenden Augen jedoch kalt, mißbilligend, abschätzig, streng, ist das Gewissen hart und voller uneinhaltbarer Gebote und Verbote, dann wird unsere Fähigkeit des Augenverkehrs, der Eros des Auges, verdrängt und pervertiert. Anstatt zu sehen, streben wir danach, gesehen zu werden; anstatt die Blätter einer Espe oder die schön geformte Höhlung eines Leibes zu liebkosen, blicken wir immer in den Spiegel der Augen von anderen und suchen nach einem Zeichen der Anerkennung. Das Auge wird niemals von der Wonne des Sehens erfüllt sein, weil es unersättlich nach Zustimmung jagt. Unsere Augen starren nach innen, auf den Gerichtshof des Gewissens, wo wir uns vergeblich bemühen, unseren Fall in einem guten Licht darzustellen, so daß wir mit einem „Freispruch" davonkommen.

Zen und Gestalttherapie empfehlen Techniken des sinnlichen Gewahrwerdens, mit denen wir dem Labyrinth von Spiegeln entkommen können. Achte auf das, was in diesem Moment vor deinen Augen ist, das Gewebe, die Form, das Design, die Farbe der Fruchtschale auf dem Tisch ...

Die verborgenen psychologischen Annahmen, die die Sucht nach Anerkennung erklären, sind: Sein heißt, gesehen zu werden; ich existiere nur als eine Spiegelung der Meinungen anderer über mich; wenn ich „das Gesicht verliere", bin ich selbst verloren; wenn ich anderen nicht gefalle, muß etwas an mir falsch sein.

Exotische und alltägliche Abarten dieser Perversionen gibt es in Hülle und Fülle:

Der Exhibitionist enthüllt die körperlichen Tabuzonen und hofft, daß das Publikum die Realität und Güte seiner Genitalien anerkennt, was Vater oder Mutter ihm verweigert haben. Schau, sagt er, ich habe einen Penis. Ich bin ein Mann. Schau, sagt sie, ich habe Brüste und eine Vagina, ich bin eine Frau. Die Benutzer von Statussymbolen achten sorgsam darauf, die richtige Kleidung zu tragen und an den richtigen Orten zusammen mit den richtigen Leuten gesehen zu werden. Sie messen ihren Wert daran, daß sie augenfällig die Symbole für Geschmack, Macht oder Besitz konsumieren und richten ihren Lebensstil so ein, daß er der gängigen Mode entspricht. Ruhmsüchtige streben nach Anerkennung vor den Augen der Öffentlichkeit. In therapeutischen und sexuellen Vorführungen wird der andere in einen Zuschauer verwandelt. Die Persona ist die Maske, die wir tragen, wenn wir in der Öffentlichkeit sind. Sitzt sie so fest, daß wir sie nicht mehr abnehmen können, dann hindert sie das Selbst am Sehen. Meistens ist die Maske zu einem Lächeln erstarrt, sie präsentiert sich in einer Weise, die ihr Anerkennung einbringen wird.

Pervers, verkorkst, verdreht. Wir alle verlassen die Kindheit mit Wunden. Manchmal können wir unsere Fehler in Stärken umwandeln. Die Mängel, welche die Psyche mit Pockennarben überziehen, können zur Quelle der Schönheit eines Mannes oder einer Frau werden. Die Verletzungen, die wir erlitten haben, laden uns ein, die menschlichste aller Berufungen anzunehmen – uns selbst und andere zu heilen. Wenn wir es wagen, unsere eigene Zerbrochenheit zu spüren, gewinnen wir Mut, auf die Schreie anderer zu hören.

Humpelnd setzen wir unsere Reise in Richtung auf die Ganzheit fort. Voller Dankbarkeit und Wut lassen wir die Kindheit zurück und rebellieren gegen alles, was uns gegeben und angetan wurde.

ich gegen Vater!

IV. KAPITEL

Der Rebell

FLUCHT AUS DER BINDUNG: LIEBE ALS TRAGISCHE ENTSCHEIDUNG

Damit die Liebe existieren kann, muß es zwei Wesen geben, die sich aufeinander zubewegen, aber niemals vollends eins werden. Lieben ist eine nicht endende Wanderung zwischen Bindung und Rückkehr zu unseren Grenzen, ist Zusammenkommen und Auseinandergehen. Eros ist also nicht nur ein Drängen auf das „Ja", nicht nur Sehnsucht nach der Vereinigung des Fleisches, nach Umarmung und Einklang. Der Drang zum Abenteuer ruft uns auf, uns gegen Vater und Mutter, Vaterland und Mutterland zu wenden, in die Fremdheit der Geschichte hinauszutreten und etwas zu schaffen, das es noch nie gegeben hat. Ohne das heilige „Nein", ohne die Kraft zu negieren, ohne den Mut zu opponieren und die Kühnheit, uns von der Vergangenheit abzunabeln, gäbe es keine Freiheit, keinen Geist, keine Liebe. Die Kraft, die uns dazu treibt, uns mit Matrix und Patrix auszusöhnen, wird immer in Widerspruch zu dem Impuls stehen, der uns in die Individuation zieht.

Um unsere Freiheit zu erringen, müssen wir uns entscheiden. Wir kommen an eine Weggabelung, entweder/oder. Wir müssen wählen. Wir verzichten auf fantastische Abenteuer, um uns auf eine einzige Richtung festzulegen. Um ein einziges „Ja" zu sagen, müssen wir hundertmal „nein" sagen. Daher konnte Nietzsche sagen: „Ich liebe die großen Nein-Sager, denn sie sind die großen Ja-Sager."

Das erste und schwierigste „Nein" ist die Entscheidung, unsere Bande mit dem Zuhause zu lösen, die Entfremdung zu ertragen, die sich unweigerlich einstellt, wenn man alles Vertraute hinter sich läßt. Wir sind versucht, in Sicherheit zu bleiben und der Tragödie auszuweichen. Aber wenn wir das tun, werden sich alle wonnigen Tugenden der Kindheit in Abhängigkeit und Unselbständigkeit verwandeln. Anstatt Verantwortung zu übernehmen, entwickeln wir uns zu Reaktionären; statt kreativ werden wir konservativ. Um etwas zu erschaffen, müssen wir erst zerstören lernen. Kein neues Gebäude kann aufgebaut werden, ohne das alte einzureißen. Die moribunden Strukturen der Psyche und der Polis, die das Leben aus uns herauspressen, müssen bekämpft werden. Wir müssen gegen Drachen ankämpfen, die Schätze und Jungfrauen hüten, an denen sie kein Vergnügen haben, gegen Tyrannen, die uns Sicherheit versprechen, wenn wir unsere Freiheit opfern. Tödliche Tabus müssen durchbrochen und durch Gesetze für Richtig und Falsch ersetzt werden, die wir selbst aufstellen. Ohne die Kraft der Rebellion wird Liebe ein kränkliches Gefühl, ein Kitt, der den *status quo* zusammenhält. Da diese Welt nicht all das ist, was sie werden könnte, müssen wir den Mut haben, die Idole zu stürzen. Die netten Leute, die zu höflich sind, um für die Freiheit des Geistes zu kämpfen, erweisen sich als die Ewiggestrigen, die Sklaven der Gewohnheit, die Wächter der Tyrannei.

Um ihre Liebe aufrechtzuerhalten, müssen ein Mann und eine Frau sich ständig verbinden und sich trennen, sich *mit* dem anderen, *gegen* den anderen, *weg von* dem anderen und *über den anderen hinaus* entwickeln, „ja" und „nein" sagen.

Um eine kreative Beziehung zu mir selbst aufrechtzuerhalten, muß ich alles, was in meiner Erfahrung jung, weise und hoffnungsvoll ist, gegen alle Erpressungsversuche meines antiquierten Über-ich ins Feld führen, das Schuld- und Angstgefühle in mir auslösen möchte, sobald ich von den alten Lebensweisen abweiche. Ich muß mir die Kraft bewahren, irrationale Ängste und repressive Autoritäten zu negieren und aus dem Gefängnis der Gewohnheit auszubrechen.

Wie Janus blickt der Rebell in zwei Richtungen, er verleugnet das Alte, um eine Vision des Neuen zu bekräftigen. Daher bedroht der Rebell Autoritäten; er ist ein Bilderstürmer; er verletzt Tabus; er verehrt das heilige „Nein"; er zerstört Strukturen, die klaustrophobisch und repressiv geworden sind. Gleichzeitig ist der Rebell ein Träumer; ein Romantiker; ein Visionär; einer, der auf die neue Ordnung hofft.

DIE AGONIE DER LIEBE: KLEINE REBELLEN, FRÜHE KRIEGE

Der rebellische Impuls taucht in der gesunden Persönlichkeit bereits früh auf. Schon unser erster Schrei ist ein Protest. Mit seinen kräftigen Lungen macht das Baby deutlich, was es mag und was nicht. Schreit nach Berührung und Nahrung. Das kindliche Schreien ist ein mächtiges Argument, eine Stimme des aufkeimenden Willens.

Selbst im besten Fall dauert die Harmonie der Kindheit nicht lange. Noch bevor ein Baby sich unabhängig bewegen kann, entwickelt sich eine Machtprobe. Die Liebesagonie beginnt (das griechische Wort *agon* bedeutet Wettstreit). Mutter oder Vater möchte das Gesicht des Babys abwischen. Baby will sein Gesicht nicht abgewischt haben. Ja! Nein! Zorn. Tränen. Mutter ist müde

Die Psyche des Rebells

und legt das Baby zum Schlafen hin. Baby fühlt sich verlassen, schreit seinen Protest hinaus. Die Zeit der Reinlichkeitserziehung kommt, und der Kampf des Schließmuskels beginnt. Die Freiheit des Babys, genau das zu haben, zu tun und zu sein, was es will, wird unausweichlich bedroht. Das Schlachtfeld entwickelt sich um Nahrung, Bett oder Topf herum.

Alle Eltern kennen und fürchten das, was man „die schrecklichen Zweier" genannt hat. Im zweiten Lebensjahr, wenn das Kind etwas unabhängiger wird, fängt es an, genau das Gegenteil von dem zu tun, was die Eltern wollen. „Nein" wird das Lieblingswort in seinem Vokabular. Selbst wenn es ein Plätzchen will, kann es gut „nein" sagen, nur um sein Recht auf Widerspruch unter Beweis zu stellen. Obwohl diese Phase für die Eltern aufreibend ist und zornig macht, ist sie für die kindliche Entwicklung notwendig. Fraiberg sagt:

> Das Hauptmerkmal des zweiten Jahres ist nicht der bloße Trotz, sondern das mächtige Streben, eine Persönlichkeit zu werden und mit der Welt der Wirklichkeit dauernde Bande zu knüpfen. Wenn wir von dem „Negativismus" des Kindes sprechen, so ist es doch dasselbe Kind, das berauscht ist von den Entdeckungen des zweiten Jahres, das fröhliche Kind – es ist durch Bande der Liebe fest mit seinen Eltern und mit seiner neugefundenen Welt verknüpft. Die sogenannte Trotzphase ist eine der Erscheinungen dieser Entwicklung, aber unter gewöhnlichen Umständen wird sie keine Anarchie. Sie ist eine Art Unabhängigkeitserklärung, hat aber nicht die Absicht, die Regierung zu stürzen. ... Viele Jahre später in der Pubertät wird es dasselbe tun. Es wird seine jugendliche Unabhängigkeit unterstreichen, indem es grundsätzlich alle Ansichten seiner Eltern und ihrer Generation bekämpft[1].

GEHEIME REBELLION: LATENZPHASE UND DIE HERAUSBILDUNG DER PERSONA

Während der gesamten Kindheit wechseln Harmonie und Agonie, Bindung und Bruch. Manchmal tritt die Rebellion offen zutage; bei anderen Gelegenheiten scheint Übereinstimmung zu herrschen. Aber unterdessen wächst der rebellische Impuls weiter, wartet seine Zeit ab und entwickelt Strategien.

Eines Tages kletterte ich von Vaters Schoß und faßte den Entschluß, die Autorität des Riesen zu testen. Um gegen das Gesetz zu protestieren, daß kleine Jungen Schlag sechs Uhr ihr Spiel vergessen und zum Abendessen antreten, begann ich einen Hungerstreik. Nein! Ich will nicht essen! Meine erste Herausforderung blieb unbeachtet. Ich überlebte mein Fasten etwa einen Tag. Am dritten Tag entschieden meine Eltern, daß ich zu essen hätte. Mein Vater hielt mir die Nase zu, bis ich den Mund öffnete, und Mutter schaufelte den Spinat hinein. Ich ergab mich der Übermacht. Aber die Wut nährte meinen Willen zur Unabhängigkeit, und es begann ein Bürgerkrieg, der erst nach meiner Jugend enden sollte. In mir vertiefte sich das Wissen des Rebellen. Um die Sicherheit ihrer Liebe zu behalten, gab ich vor, ein „guter Junge" zu sein; aber heimlich lebte ich meinen Wünschen und Freuden, war ein „böser Bube". Um mein wachsendes Selbstgefühl vor den Augen meiner Eltern zu schützen, hatte ich keine andere Wahl, als ein Doppelleben zu führen, zu lügen, eine Fassade zu errichten.

Etwa im Alter von sechs Jahren lernt das Kind, ein heimlicher Rebell zu sein. Schon früh im Leben entwickeln wir eine Reihe von Einstellungen und Verhaltensweisen, die uns erlauben, den unausweichlichen Bürgerkrieg mehr oder weniger zu ertragen, der sich zwischen unseren tiefsten Bedürfnissen und dem überlegenen Willen und der Macht unserer Eltern und anderer Autoritäten anbahnt. Das Kind fängt an, ein Ich, eine Persönlichkeit, ein System von Abwehrmechanismen oder einen Charakterpanzer aufzubauen. Jeder von uns lernt, innerhalb von Familie und Gesellschaft zu überleben, indem er einen Kompromiß zwischen dem Eros und den Gesetzen, Regeln und Sitten schließt.

Der Prozeß, in dem sich die Maske der Persönlichkeit bildet, ist weitgehend unbewußt: (1) Ein Konflikt entsteht zwischen Eltern und Kind; (2) das Kind entscheidet, daß es zu schmerzhaft und gefährlich wäre, sich dem Willen der mächtigen und geliebten Eltern zu widersetzen; (3) das Kind spaltet sein Bewußtsein auf und blickt gleichzeitig in zwei Richtungen. Die nach außen gerichtete Persona wird nach dem Bild von Männlichkeit oder Weiblichkeit gestaltet, das von dem gleichgeschlechtlichen Elternteil repräsentiert wird (d.h. das Kind *identifiziert sich mit* Vater oder Mutter, übernimmt seinen oder ihren Stil, zumindest aber einen, der annehmbar und angenehm ist). Das nach innen gerichtete Bewußtsein bleibt im Dialog mit dem geheimen Selbst, mit den Empfindungen, Bedürfnissen und Träumen, die vor anderen geheimgehalten werden müssen. Solange eine Kommunikation zwischen Persona und Selbst stattfindet, solange sich das Kind an seine eigenen Träume erinnert und weiß, welchen Preis es für die Liebe bezahlt, entartet dieses Doppelleben nicht in eine „pathologische" Form der Schizophrenie. Der Bürgerkrieg geht weiter, die Person ist normal, der Rebell verbirgt sich und wartet über Jahre der Latenz seine Zeit ab.

JUGEND, WUT UND OFFENE REBELLION

Mit dem Jugendalter tritt der Rebell aus dem Verborgenen hervor und wagt es, die Autoritäten anzugreifen. Mit sprießenden Pickeln und Selbstbewußtsein wirft der Jugendliche Fragen und Herausforderungen gleich Handgranaten in die bestehende Ordnung der Dinge. Warum kann ich nicht? Wer sagt, daß ich nicht kann? Welches Recht habt ihr, mir etwas vorzuschreiben? Gehorsam verwandelt sich über Nacht in systematischen Ungehorsam, Widerstand und Rebellion. Nichts in der Welt der Riesen bleibt unkritisiert. Das aufkeimende Selbst durchbricht den Höflichkeitszwang, zweifelt an allem (außer dem Zweifel), vertritt in jedem Streit die Gegenseite, tritt die heilige Tradition sorglos mit Füßen, provoziert Konflikte, verlangt „Freiheit jetzt gleich!" (und fortgesetzte Unterstützung), nimmt vergangene Einschränkungen und Verbote übel, verurteilt die Heuchelei und Dummheit der Älteren, durchbricht Tabus.

Die gesunde jugendliche Rebellion ist für die Erwachsenen ein solches Ärgernis, daß es oft schwierig ist, den Konflikt als die Geburtswehen einer neuen Form des Eros zu sehen. Doch in der Jugend beginnen drei Liebesaffären: mit dem Selbst, mit der neuen Gemeinschaft und mit dem romantisch-sexuellen Partner.

Das bis dahin schlummernde Selbst erwacht. Wenn die Hormone den Körper zur physischen Reife treiben, spürt der Jugendliche das Rumoren des Autonomieversprechens.

Ein neues Gewissen (die unbekannten Möglichkeiten des Selbst) ruft den Rebellen. Das alte Gewissen, das aus den Verboten der

Eltern, aus dem Zwang von Scham und Schuld besteht, wird schwächer.

Um ein Bild vom zukünftigen Selbst zu erhalten, wählt der Rebell einen neuen Helden und neue Ideale. Irgendeine heroische Figur – John Wayne oder John Lennon, Isadora Duncan oder Jane Fonda – wird zum Modell für das authentische Leben, die Ikone, auf die sich der Eros konzentriert, das Pin-up und die Inkarnation des Traums. Ja, ich will sein wie _____. Nicht wie Vater oder Mutter.

Mein Jugendtraum waren Pferde und Cowboys. Während meiner Jahre auf dem Gymnasium trug ich immer Cowboystiefel, verschlang die Western von Will James und studierte, wie man Bullen zähmt. Nach dem Abitur fuhr ich mit meinem Ford Modell A nach Westen. Ich war nur daran interessiert, die Grenzen des Bekannten zu überschreiten. Eine Zeitlang wanderte ich, arbeitete bei der Weizenernte, in Festzelten, auf Viehfarmen, mit Männern, die sich nicht oft wuschen, und Frauen, denen das nichts ausmachte. Ich trank Bier und fühlte mich in Levis und Cowboystiefeln heimisch. Aber einige Perspektiven wurden nicht eröffnet, einige Fragen blieben offen. Es fehlte etwas. Ich beschloß, meinen Fragen zu folgen, wohin sie mich auch führen würden und kehrte in den Osten zurück, zum College, zu einem neuen Ideal des Abenteuers. Bald wählte ich neue Helden – Dichter, Philosophen, D. H. Lawrence, Nietzsche, Gabriel Marcel, Albert Camus, Kierkegaard, Rebellen des Geistes.

Um den Raum für die neue Freiheit zu öffnen, säbeln Jugendliche an den Familienbanden herum. Gleichzeitig knüpfen sie mächtige neue Bande zu Freunden, Altersgenossen, einer Bande, einer Bruderschaft oder Verbindung, Kumpeln, Genossen, mit denen sie verbotene Gedanken, Gefühle, Träume teilen. Gemeinsam verbannen sie die Einsamkeit und bilden eine Gegenkultur, eine Bande von Rebellen, die die Eltern und die schalen Werte der Autoritäten kritisieren. Sie singen das Lob der Freiheit und stimmen dabei immer mit den Normen und Moden der Clique oder Gang überein. Mit aller Strenge werden die Insignien der Zugehörigkeit diktiert. Haarschnitt und Klamotten sind die Uniform.

ROMANZE UND DIE LIEBE ZU IDEALEN

Inzwischen bereiten die Keimdrüsen das Elixier der Umwandlung vor. Der Eros, der uns einst eng in die Familie einband, setzt jetzt schwarze Magie ein, um uns durch seltsame Vergnügungen zu neuen Verantwortlichkeiten zu locken. Samen und Eierstöcke kleiden ihre dringenden Bedürfnisse in die Rituale des Werbens und in die Illusionen der Romanze ein. Wir rennen dem Sex nach und fallen auf die Liebe rein (im Englischen: fall in love).

Im Idealfall wird der Übergang von der Jugend zum Erwachsenenalter durch Sexspiele erleichtert. Junge trifft Mädchen, Mädchen trifft Mädchen oder Junge trifft Junge, und sie berühren einander scheu. Im ersten Aufkeimen der Sexualität ist die Erkundung vor-moralisch. Wir tasten nach anderen und beobachten neugierig die Rückkoppelung unserer Sinne. Fühlt es sich gut oder schlecht an, ist es Vergnügen oder Schmerz, angemessen oder unangemessen? Sexuelle Erkundung ist eine Spielart des sinnlichen Abenteuers, ohne das wir kein Weltwissen aus erster Hand erwerben könnten. Ohne erotisches Tasten würde der Geist verkümmern. Wenn die Erkundung vorzeitig durch „nicht anfassen!", „schmutzig", „du sollst nicht" gehemmt wird, werden wir niemals die Gestalt unserer angeborenen Bedürfnisse erkennen. Sex ist eine Form der Erkenntnis, ein kognitives Abenteuer. Ohne sexuelles Experimentieren werden unsere Urteile Vorurteile bleiben, automatisch von unseren Eltern und Angehörigen übernommene Regeln. *Was uns ruft, ist unsere erotische Berufung, ein Rufen, das für das erfüllte Leben genauso notwendig ist wie eine Berufung zur Arbeit oder zur Gerechtigkeit.* Wir können uns nur dann für unsere beständigeren Liebespartner entscheiden, wenn wir wissen, welche Art von Personen für uns „richtig" riechen, schmecken und sich „gut" anfühlen. Die Jugend ist die angemessene Zeit für Playboys und Playgirls. Erotisches Spielen kommt vor dem Ernst, Genuß vor Hingabe. Die Hoffnung auf die Entwicklung „reifer" Sexualität liegt im vollen Genuß des Spiel-raums für sexuelle Experimente, ohne Konsequenzen oder langfristige Verpflichtungen.

Die Romanze geht Hand in Hand mit der Rebellion. Die Leidenschaft nährt sich vom Ideal. Das Herz des Rebellen erschließt sich einem neuen Traum, einer neuen Liebe, einer idealen Gesellschaft oder einem Liebhaber, der die kleinlichen Kompromisse und die repressiven Gebote der alten Autoritäten wegfegen wird. Eine junge Frau verliebt sich mit der inbrünstigen Überzeugung in den modernen Tanz, daß spontaner Ausdruck die Dünkelhaftigkeit des klassischen Balletts ersetzen und daß sich die Welt freier und schöner bewegen wird. Ein junger Mann entdeckt den Sozialismus und argumentiert leidenschaftlich für eine neue Gesellschaftsordnung, die Habsucht, Konkurrenz und Krieg abschaffen wird. Die meisten Jugendlichen verlieben sich in irgendeinen schlichten Hans, irgendeine schlichte Grete, die dann sofort in das Ideal umgewandelt werden. Heimliche Zusammenkünfte und geheime Genüsse erhöhen den Stolz, den die Rebellen auf ihre ausschweifende und unerlaubte Liebe empfinden. Die süße Romanze löst die alte Identität auf und hüllt die neue Psyche in eine Gemeinschaft voller wechselseitiger Bewunderung. Eine Leidenschaft, so staksig wie die Beine eines Fohlens, trägt den Rebellen in Richtung Zukunft, wo unausweichliche Enttäuschung und neue Liebesaffären warten.

Da der romantische Impuls für die gesunde Entwicklung des Rebellen zentral ist, zentral für das westliche Ideal des Individuums, müssen wir das Phänomen etwas genauer untersuchen.

Warum investieren wir so viel von unserem Eros in das Streben nach einer einzigen Liebe? Der romantische Mythos stellt uns vor ein Rätsel, das gelöst werden muß, wenn wir den Eros aus seiner jugendlichen Gefangenschaft befreien und ihm Wachstum ermöglichen wollen. Wir müssen die romantische Liebe entmythologisieren, um verstehen zu können, warum unsere Hoffnungen auf Erfüllung durch eine einzige Beziehung, mit Whitehead gesprochen, eine Art „unangebrachte Konkretheit" sind; oder, mit biblischen Worten, ein Idol; oder, in psychologischer Terminologie, eine Sucht. Was ist der heilige Gral unserer Tage, den wir romantische Liebe nennen?

Wir wollen auf ihre Stimme hören in der Lyrik banaler Lieder, in der populären Poesie und in den Klischees, die in unkomplizierter Sprache die unbewußten Sehnsüchte zum Ausdruck bringen, für die sich unser Geist oft schämt.

Liebe ist Schicksal und Gnade, nicht Arbeit oder Leistung. Sie verspricht, daß „man eines zauberhaften Abends auf der anderen Seite des überfüllten Raums einen Fremden erblickt und irgendwie sofort weiß: „Du bist mein Schicksal". Sie lädt uns ein, die Kontrolle zu verlieren und uns Gefühlswallungen hinzugeben. „Der ist es und kein anderer." Hilflos, aber glücklich wie ein Kind, empfänglich, aber nicht verantwortlich. „Du hast meine Liebe geweckt, ich wollte es nicht." Wir können die Bürden der Mäßigung, der Vernunft, all die strengen Tugenden, um die wir ständig uns bemühen, ablegen, wenn „der alte Zauber uns in seinen Bann zieht". Eine sanfte Gewalt reißt uns aus unseren Gewohnheiten. Dionysos macht uns trunken und blind vor Ekstase. Wir sind außer uns, haben unser normales Ich verlassen. Liebe ist geoffenbartes Geheimnis. Das Geheimnis ist im Herzen verborgen. Heimat ist da, wo das Herz schlägt. Unsere Hände mögen schuften, unsere Gehirne erfinden, aber nur durch die Öffnung des Herzens wird die Welt zu einem heimischen Herd. Wenn wir uns leer, trostlos, verlassen fühlen, ist das Vakuum immer im Herzen. Nihilismus ist kosmische Einsamkeit. Niemand kümmert sich um mich.

Die Liebe gibt uns ein Ziel. „Liebe ist ein Weg, naturgegeben, ein Sinn für unser aller Leben." Aber das Ziel ist niemals ein abstrakter Plan, niemals eine Blaupause der universellen Vernunft. Es kommt als Atem oder Geist, als In-spiration – oder als eine Erleuchtung, die durch das Feuer in den Augen des anderen auf intime Weise gewährt wird. Die Weisheit des Liebesliedes verrät uns, daß wir Sinn und Bedeutung in dem finden werden, was idiosynkratisch, einmalig, individuell, unwiederholbar, zerbrechlich, persönlich und außergewöhnlich ist. Der abstrakte wissenschaftliche Blick, der objektive Wahrheiten, statistische Wahrscheinlichkeiten, verifizierbare Tatsachen sucht, mag uns universelle Muster zeigen, aber er stillt nie unseren Hunger auf den Sinn des individuellen Lebens.

Liebe hebt die Isolation auf. Eine Figur in einem Stück von Gabriel Marcel sagt: „Es gibt nur ein Leid: einsam zu sein." Die Depressionen der Nacht flüstern uns ein, daß Dunkelheit und Niedergeschlagenheit dasselbe sind wie Isolation.

Die einzige Kur für den *blues* ist schließlich ein leidenschaftliches Herz. Sorgen und Schmerz lassen sich ertragen, solange wir Seite an Seite sind.

Liebe ist Bewunderung. Ich küsse den Boden, auf dem sie geht. Irgendwie fühlen wir uns in Anwesenheit der geliebten Person demütig, als sei uns eine große, unverdiente Ehre zuteil geworden. Wir flüstern nur noch, sind uns bewußt, daß wir von etwas, das größer und mächtiger ist als wir, eingefangen worden sind.

Liebe ist ausschließlich. Liebende sind voneinander fasziniert, haben für nichts anderes mehr Augen. „Nur du, du, du allein …" „Du bist die Welt für mich." In der Romanze rechnet der Eros nicht, und er schließt keine Versicherungen ab. Sie ist kein „Arrangement", keine offene Ehe liberaler Geister. Romantische Liebe verlangt alles und gibt alles, hält nichts zurück.

Liebe währt ewig. „Bis daß der Tod uns scheidet." Liebe versteht die Klage des Heiligen Augustinus: „Alles, was endet, ist zu kurz." Die Romanze verzaubert uns durch das Versprechen, daß „Liebe ein niemals endendes Lied ist".

Liebe fordert Opfer. Manchmal grenzt sie an Masochismus: „Mißbrauche mich, mißhandle mich … ich bin dein, bis ich sterbe." Oder sie verwandelt uns in Sklaven.

Liebe ist unkritisches Akzeptieren. Unbedingt. In seinen Augen konnte sie nichts falsch machen. „Wie kannst du wissen, ob du verliebt bist?" fragte ich mal meinen Vater. „Nun, wenn die Königin von Saba an dir vorbeikäme und du wärst in eine andere verliebt, dann würdest du nur feststellen, daß sie große Füße hat", erwiderte er. Liebe versucht nicht, den anderen umzumodeln. So, wie er ist, ist er gut.

Liebe findet alles in dem/der einen. Diese(r) Mann/Frau bedeutet für mich alle Frauen/Männer. Alle Qualitäten sind plötzlich in dem/der Geliebten verkörpert.

Der moderne romantische Mythos verspricht, wie das Märchen, daß das Liebespaar für alle Zeiten glücklich zusammenleben wird.

Die kleinste Spur von Realismus zerschmettert den Mythos. Romantische Liebe dauert zwischen neunzig Tagen und einem Jahr. Im grellen Licht der Nähe beginnt die Illusion zu schwinden. Der Gentleman verwandelt sich in einen Chauvinisten. Der strahlende Ritter ist in Wirklichkeit an Eroberung interessiert. Das Magnolienherz des Mädchens verbirgt ihren Willen zur Manipulation. Oder beide sind Romanzensüchtige, die sich alle drei Monate verlieben müssen, um sowohl Vertrautheit als auch das Alleinsein zu kennen. Oder sie heiraten und entdecken, daß es Jahre des Kampfes und der Fürsorge braucht, um die Fassaden und Spiele zu durchbrechen und eine authentische Gemeinsamkeit zu entwikkeln.

Wenn die Illusionen der Romanze so regelmäßig und absehbar zerschmettert werden, warum bleibt dann der Impuls so stark, der Mythos so unverwüstlich?

ROMANTISCHE DESILLUSIONIERUNG:
DAS GEBROCHENE HERZ UND DIE SUCHE
NACH BEDINGUNGSLOSER LIEBE

Im Schatten des Dramas von Romanze und Desillusionierung geschieht etwas Folgenschweres. Im Kokon der jugendlichen Romanze bereitet sich der Eros auf seine zweite große Metamorphose vor. Der Rebell wird durch die Romanze mit einem fremden Menschen von der Liebe zum Vertrauten entwöhnt. Aber bevor der Eros befreit werden kann, müssen die neuen Zuneigungen zu der einen und einzigen Liebe (welche die Familie ersetzt hat) zerschmettert werden. Sich zu ent-lieben, ist so notwendig, wie sich zu ver-lieben.

Wenn wir uns in eine Person, ein Ideal, eine Sache verlieben, lassen wir Pragmatismus und Sicherheit zurück, lockern unseren Zugriff auf das Sichere und überschreiten den Kreis des Selbst. Unser Herz „geht aus" zu einem anderen. Wenn wir uns der Sehnsucht hingeben, vergessen wir die Berechnung. *Das Erwachen dieses Instinkts zur Hingabe ist die geheime Triebkraft der romantischen Liebe und der Grund, aus dem sie Schiffbruch erleiden muß.* Das Herz öffnet sich dadurch, daß es gebrochen wird.

Hören wir auf die Sprache der Romanze, und der Grund für ihr Scheitern wird offensichtlich. „Ich bete dich an. Ich lebe nur für dich." Die Sprache des Liebesliedes ist kryptotheologisch. Der Liebende ist die Ikone des Göttlichen, das fleischgewordene Symbol dessen, was uns heilen und befriedigen wird. Eine kurze Reflexion zeigt uns, daß die in der Romanze gesuchte bedingungslose Liebe von keinem Sterblichen zu erwarten ist. Die Intensität des Verlangens nach einem Objekt der Anbetung baut die Gewißheit des Scheiterns in die Romanze ein. Man kann keiner Person huldigen, ohne mit Sicherheit enttäuscht zu werden. In der Romanze begegnen wir dem existentiellen Paradoxon, dem erotischen Koan, das uns antreibt, die Natur unserer Grundbedürfnisse noch gründlicher zu untersuchen: Wir verlangen etwas voneinander, was wir nicht erfüllen können; romantische Leidenschaft gräbt sich ihr eigenes Grab.

Warum spielen wir uns diesen Streich? Die Philosophen von Platon über Augustinus bis zu Hegel haben behauptet, daß die Entwicklung des Geistes eine fortschreitende Reihe von Enttäuschungen braucht. Leidenschaft ist notwendigerweise blind, weil wir Bruchstücke einer unfaßbaren Totalität sind. Wir irren, weil wir sterblich sind und weil unsere Perspektive durch Zeit, Raum und Kultur eingeschränkt ist. Die Phasen des Lebens bringen ein Fortschreiten zu angemessenerer Erkenntnis und Liebe des Ganzen mit sich. Wir beginnen mit dem Besonderen und bewegen uns auf das Universelle zu. In der platonischen Tradition beginnt die Liebe in der Dunkelheit. Wir sind in die Matrix, die Höhle, die Mutter, den fruchtbaren Schoß des Werdens eingebettet. Allmählich steigen wir auf der Leiter des Eros hinauf ins Sonnenlicht der Erkenntnis. Wir praktizieren die Liebe schon in den engen Grenzen der Familie, bevor wir aufblühen und Fremde mit einbeziehen. In der romantischen Liebe konzentrieren wir ein ungewöhnliches Maß an Liebe auf eine einzige Person, um die Grenzen des Liebens zu erforschen. Wenn wir in den zwischenmenschlichen Beziehungen den Punkt der unausweichlichen Frustration erreichen, können wir langsam erkennen, daß unser Grundbedürfnis auf etwas Metaphysisches gerichtet ist. Der Mann oder die Frau, die wir so glühend begehren, sind Schwindler, die uns der Erkenntnis näherbringen, daß menschliche Wesen ein unersättliches Verlangen haben, das nicht *durch irgendeine* sexuelle Bindung zu befriedigen ist. Sex ist eine der vielen Masken des Eros.

Durch die Romanze gewinnen wir den ersten flüchtigen Eindruck davon, wie die Welt durch die Augen des Herzens aussehen könnte, wir ahnen das menschliche Potential. Der Drang nach Verehrung und Vereinigung ist zwar aufs falsche Objekt gerichtet, aber er existiert.

Für einen Augenblick hörte unsere Entfremdung auf und wurde durch ein Gefühl der Zugehörigkeit ersetzt. Das Bewußtsein entdeckte, daß es nicht isoliert, sondern in einen zwischenmenschlichen Nexus eingebunden war. Die Gestalt der Isolation veränderte sich, und wir erfaßten für einen Moment Lebenszusammenhänge. In der Liebe sind wir wieder geborgen. Der Körper entspannt sich. Das Blut fließt leichter durch jede Arterie und Vene. Der Charakterpanzer wird weicher. Die Abwehrmechanismen, die wir trainiert haben, um uns gegen die feindliche Welt zu wappnen, verschwinden. Wir bewegen uns im Einklang mit einer fremden Umwelt. Mitgefühl ersetzt Paranoia. Der psychedelische Augenblick, der im Herzen der romantischen Vision sitzt, eröffnet, wie kurz auch immer, eine Aussicht auf die höheren Reiche des Bewußtseins. Die Hingabe öffnet eine Tür aus dem Selbst heraus. Die Inspiration, ein Liebender zu werden, kommt blitzartig. Die Reise dauert ein Leben lang. Auf ihrer dritten Etappe müssen wir den Trotz und die Träume des Rebellen hinter uns lassen und den Weg des Erwachsenen erkunden.

V. KAPITEL

Rebellische Gefühle
und die Irrwege der Jugend

GESCHICHTE UND POLITIK DER REBELLION

Die Entwicklung des rebellischen Impulses, der es dem Jugendlichen erlaubt, mit der Abgrenzung des Selbst gegenüber der Autorität von Eltern und Gesellschaft zu beginnen, beruht darauf, wie Rebellion akzeptiert wird. Der Rebell muß seinen Willen üben; seine Kräfte erproben und gegen Autoritäten angehen; er muß mit seinem Zorn zu leben lernen; alte Tabus brechen und neue Grenzen ziehen; sich in ein Ideal verlieben; neue Bindungen zu selbstgewählten Freunden und Liebhabern aufbauen. Aber wie Feuer ist die einmal ausgebrochene Rebellion schwer zu bezähmen. Sie ist unangenehm. Sie stört und berührt uns peinlich. Kein Wunder, daß die Rebellion von der Gesellschaft kaum ermutigt oder beklatscht wird. Oft wird der Funken ausgetreten aus Furcht, er könne Gesetz und Ordnung in Flammen aufgehen lassen. In toleranten Teilen der Gesellschaft verkürzen Eltern die jugendliche Rebellion, indem sie selbst auf Distanz zu Werten gehen, gegen welche die Jungen rebellieren könnten.

Die Erkenntnis, daß Rebellion ein notwendiger Impuls innerhalb der Psyche und der Gesellschaft ist, beruht weitgehend auf einer modernen westlichen Idee. Das heilige „Nein" findet seine Charta sowohl in den jüdisch-christlichen als auch in den griechischen Strömungen unserer Tradition. Der jüdisch-christliche Mythos beginnt mit der Vertreibung von Adam und Eva aus dem Garten Eden, weil sie es wagten, sich Gott zu widersetzen und auf ihrem Recht beharrten, die Frucht vom Baum der Erkenntnis zu kosten. Wie Prometheus trafen sie die tragische Entscheidung, die Grenzen blinden Gehorsams zu überschreiten und den Plan anzuzweifeln, den ihr Schöpfer verwirklichen wollte. Obwohl der biblische Gott ständig Gehorsam verlangt, ist er paradoxerweise sehr stolz auf seine Rebellen – David, Hiob, Jeremia, Jesaja. Die christlichen Theologen sprachen vom „glücklichen Sündenfall" und erkannten, daß es ohne Ungehorsam keine Verantwortung, ohne Entfremdung keine Erlösung geben könne. Prometheus, der Himmelsstürmer, und der listige Odysseus, der ständig die Grenze zum unziemlichen Stolz *(hybris)* überschreitet, sind die archetypischen Heroen.

Ausgehend von solchen rebellischen Heroen hat der westliche Geist ein neues Ideal des menschlichen Lebens geschaffen: das Individuum. Jede Person hat theoretisch das Recht und die Pflicht, sein Leben zu leben, ohne Vorgaben und Grenzen. Es hat das Recht, einen individuellen Weg zu gehen, ein einmaliges Lebensmuster zu entwerfen. (Bis noch vor ganz kurzer Zeit hat man der Mehrheit von Frauen, Sklaven, Kindern, Bauern und Arbeitern durch politische Repression und wirtschaftliche Ausbeutung jede wirkliche Gelegenheit zur Individuation verwehrt.) Gleichwohl, das Ideal bleibt bestehen und garantiert eine gewisse Billigung der rebellischen Gefühle, eine gewisse Anerkennung der Wichtigkeit von Zweifel, Bilderstürmerei und des Zerschmetterns von Tabus.

Weil die Rebellion für die gesunde Psyche unverzichtbar ist, hat die westliche Kultur nach der Kindheit und vor der Reife im Lebenszyklus eine Periode zugelassen, in der ein Moratorium für die Verantwortlichkeit Erwachsener gilt. Die Adoleszenz ist ein Lebensabschnitt, der vor unseren Zeiten weitgehend unbekannt war. In traditionellen Stammesgesellschaften traten die Knaben und Mädchen direkt nach der Kindheit in die Erwachsenenwelt ein. Initiationsriten wie der jüdische *bar mitzvah* führten den dreizehnjährigen, pubertierenden Jugendlichen in die Pflichten und Privilegien von Kriegern ein. Die Knaben wurden durch schmerzhafte Feuerproben, die ihnen den Stammesmythos oft buchstäblich mit rituellen Narben und Wunden in die Haut einbrannten, zu Männern gemacht. Mit der ersten Menstruation wurden die Mädchen zu Frauen, und von da an waren sie das Eigentum ihrer Männer. In der indischen und in der chinesischen Kultur wurde die Wahrheit von einer zur anderen Generation weitergereicht. Der Schüler stellte die Weisheit des Gurus oder der Ältesten nicht in Frage, und der Sohn wollte nicht mehr werden, als der Vater war. Das Kastensystem erstickte die rebellischen Gefühle nachhaltig und schuf eine statische, konformistische Kultur. Typischerweise werden Ärger und Wut im östlichen Geistesleben als Probleme angesehen, die durch meditative Ruhe überwunden werden müssen, anstatt als Gefühle, die man in der politischen Arena ausagieren muß.

Das Maß, in dem die rebellische Etappe der menschlichen Pilgerfahrt ausgelebt und überschritten werden kann, hängt vom politischen Kontext ab, in dem sich die Psyche entwickelt.

In der Diktatur, wo Rebellion nicht geduldet wird, dürften nur wenige Männer und Frauen über die Haltung des Rebellen hinauskommen. Wo Autorität die Freiheit unterdrückt, wird Rebellion zur harten Lebensarbeit, die notwendig ist, weil sich Liebe, Freiheit und Geist nicht voneinander trennen lassen. Che Guevara sagte: „Der wahre Rebell ist durch Liebe motiviert."

Man kann sich der Tyrannei der Linken, Rechten oder der Mitte nicht anpassen, ohne die geistige Ökologie zu zerstören, die für die Entfaltung des vollen Menschseins erforderlich ist. Tragischerweise gibt es Situationen, in denen bewaffneter Widerstand und strategische Gewalt das einzige Mittel sein können, um den Eros am Leben zu erhalten. Wie Dietrich Bonhoeffer (der christliche Theologe, der sich an einem Attentat auf Hitler beteiligte und von den Nazis hingerichtet wurde) gezeigt hat, sind die Kriterien für Gewaltanwendung im Namen der Liebe schwer zu definieren. Schon der Begriff ist gefährlich, weil er jedem Soziopathen Tür und Tor öffnet. Im Prinzip können wir sagen, daß Gewalt im Namen der Liebe niemals gegen Autoritäten ausgeübt wird, die stellvertretend für Eltern stehen, gegen die man zu gegebener Zeit nicht rebellierte. Sie wird niemals wahllos eingesetzt. Sie ist kein blinder, spontaner oder unbewußter Widerstand gegen Vaterfiguren. Sie darf, wenn überhaupt, nur von denjenigen eingesetzt werden, die über die psychische Stufe der jugendlichen Rebellion hinausgekommen und durch Mitgefühl motiviert sind.

Der politische Kontext, den der westliche Mythos erzeugt hat, führte zu einer Disparatheit in der psychischen Entwicklung und in den Ausdrucksformen der Rebellionsphase bei Männern und Frauen. Traditionell hat man die Rebellion bei Männern eher geduldet als bei Frauen. Jungs sind eben Jungs, und man erwartete einfach von jedem Jugendlichen, der Blut in den Adern hatte, Streiche und kleinere Übeltaten. Die Mädchen sollten dagegen lieb und nett, immer freundlich und nicht zu aggressiv oder vorlaut sein. Sexuell aktive Knaben taten nur, was sich ganz natürlich einstellt, aber dasselbe Verhalten trug einem Mädchen den Ruf ein, frühreif, schlecht und verdorben zu sein. Der natürliche Rebellionstrieb war bei den Frauen lange unterdrückt. Daher entdecken viele Frauen, die bereits ihre Erwachsenenrollen ausgefüllt haben, erst jetzt ihre Wut. Weil sie länger geleugnet wurde, ist sie grimmiger und für den *status quo* bedrohlicher als die männliche Wut, die meistens auf „normale" Kanäle konzentriert bleibt und in ihnen zum Ausdruck kommt – Sport, Krieg, verschleierte Gewalt, Alkohol, Ausbeutung von Frauen und Natur. In allen Befreiungsbewegungen ist die Mischung von rebellischen Gefühlen, jugendlicher Wut, prophetischer Herausforderung und aggressivem Mitgefühl schwer auseinanderzuhalten. Ein Verständnis der Formenvielfalt, in welcher der rebellische Impuls auftritt, kann uns helfen, mit der inneren Wut umzugehen, die wir in dieser Zeit des Zerbrechens unserer alten Mythen, des Zerfalls unserer traditionellen Identitäten und Rollen und der Enttäuschung unserer Hoffnung auf Erfüllung empfinden.

DIE PERVERSIONEN DER REBELLION

Schauen Sie sich um, achten Sie auf die Gesichter, Haltungen, die Kleidung und das Verhalten einer zufälligen Auswahl von Erwachsenen, und Sie werden den Eindruck gewinnen, daß viele, die chronologisch das Erwachsenenalter erreicht haben, psychologisch noch in der Jugend stecken. Beobachten Sie Geschäftsleute, die bei einer Tagung saufen, schmutzige Witze erzählen und versuchen, einander durch Bettgeschichten zu imponieren. Hören Sie zu, wie eine gutgekleidete Frau mit der schrillen, hysterischen Stimme der Sechzehnjährigen redet.

Carl G. Jung beschrieb die Persönlichkeit derjenigen, die in der Jugend steckengeblieben waren, als den *puer eternis* oder die *puella eterna*, den ewigen Jüngling, das ewige Mädchen, die Peter Pans, die beschlossen, nie großzuwerden. Sie sind aufgrund ihrer unangemessenen Jugendlichkeit auszumachen. Sie können charmant oder nervtötend, spielerisch oder rebellisch sein, aber vor allem sind sie jung. Oft sind ihre Gesichter faltenlos. Wir bewundern sie, bis wir ihr Geheimnis lüften. Wie Dorian Gray haben sie niemals gewagt, den Schritt in die psychische Reife zu tun, sie haben die Kindheit niemals wirklich verlassen.

Es gibt zumindest drei Grundformen, in die der rebellische Impuls pervertiert werden kann, drei Umwege, die vom Erwachsenwerden wegführen: (1) die „Widerspenstigen" bilden eine negative Identität aus, zeigen ein Übermaß an rebellischem Gefühl, verfangen sich in einer Haltung, die sie immer *gegen* andere stellt ; (2) die „Gefälligen", die „Netten" und die „Sentimentalen" haben nicht die Kraft, „nein" zu sagen und gehen so den Weg des geringsten Widerstandes; und (3) die unheilbaren Romantiker, Idealisten, Playboys und Playgirls, versuchen den Jugendtraum von den unbegrenzten Möglichkeiten fortzuspinnen und weigern sich, Pflichten und Verantwortung zu übernehmen.

DIE WIDERSACHER

Ein leidenschaftliches Leben ist ein fortgesetzter Dialog zwischen dem Selbst und anderen. Und jeder wirkliche Dialog ist nach Karl Jaspers ein „liebevoller Streit". Um zu werden, wer wir sind, müssen wir streiten lernen. Liebe braucht Muskeln, um den Zusammenprall von Standpunkten zu verkraften, um die Mühen zu ertragen.

Aber leider unterdrücken Eltern, Erzieher und Autoritäten oft schon die erste Spur von Rebellion. „Wage ja nicht, mir zu widersprechen." Sie fordern restlosen Gehorsam. Sie reagieren auf das „Nein" des jungen Rebellen, als wäre es ein Aufruhr, der mit allen Mitteln niedergehalten werden muß. Sind die Autoritäten zu starr und zu unsicher, um die Rebellierenden zu akzeptieren, dann wird entweder der Funke der Individualität ausgelöscht, oder die Unterdrückung wirkt wie Benzin, das man auf glühende Scheite schüttet, und wird alles in Flammen setzen.

In der Persönlichkeit des Widersachers fährt der böse Junge, das böse Mädchen fort, das Drama der jugendlichen Rebellion auszuagieren. Verweigerung wird zum Lebensstil. Der Widersacher bleibt immer in einer antagonistischen Beziehung zu irgendeiner Autorität stecken. Lebt man aus einer negativen Identität heraus, dann fühlt man sich nur lebendig, wenn man sich im Streit oder Kampf befindet. Andere werden immer in der Schablone des Feindes gesehen, den man bekämpfen muß. Der Eros wird auf eine Art der Kriegführung reduziert, das Leben auf Kampf. Erregend ist nur die Aussicht auf Gewalt. Ist man „normal", wird man seine Liebe zur Gewalt auf erlaubte Konkurrenz, auf Kämpfe mit der Ehefrau und auf Voyeurismus begrenzen – ab und zu ein rituelles Blutbad im Fernsehen oder im Kino. Die Tagträume kreisen um Eroberungspläne und um die Absicht, einen „Rachefeldzug" gegen andere zu führen, wie die Psychoanalytikerin Karen Horney es formulierte. Selbst wenn man nicht gewinnt, kann man einen Sieg erringen, indem man betrunken, mit Drogen vollgestopft oder in Ungnade gefallen ist. Man wird „denen" schon zeigen, daß man sich nicht herumkommandieren läßt. Vielleicht denkt man sogar an Selbstmord als eine Form, quitt zu sein, es ihnen heimzuzahlen, daß sie sich nicht um einen gekümmert haben. Durch Versagen kann man die Erwartungen der Autoritäten enttäuschen und so doch gewinnen.

Die feindorientierte Persönlichkeit gibt es in vielen Ausprägungen und Typen:

Anarchisten, Radikale und Propheten politisieren ihr Bedürfnis, sich gegen die Autoritäten zu stellen. Sie unterteilen die Welt sauber in Unterdrücker und Unterdrückte, Böse und Unschuldige, Chauvinisten und Opfer; und sie bieten, natürlich, aufrecht dem Establishment die Stirn, der Machtelite und der herrschenden Klasse. Sie hegen Wut und Empörung als politisch notwendige Gefühle. Gewöhnlich reichen ihre Visionen nicht weiter, als die Unterdrücker abzuschütteln und die Strukturen zu zerstören, die von den Autoritäten geschaffen wurden.

Die konservative Masse der Gesellschaft und die herrschende Klasse versuchen natürlich immer, die Motive für die Rebellion in Zweifel zu ziehen. Die Rebellen sind wütende Kinder, die durch wohlwollende Eltern diszipliniert werden müssen. In Rußland und China werden sie eliminiert oder zur „politischen Nacherziehung" in Lager geschickt. In den demokratischeren Ländern werden sie verteufelt, bespitzelt und oft durch Agenten der Regierung in die Falle gelockt oder von der Presse verleumdet.

In Wahrheit ist die Bestimmung der Motive von Anarchisten, Radikalen und Propheten schwierig, um es bescheiden auszudrükken. Bei einigen ewigen Rebellen können wir eine fixierte jugendliche Charakterstruktur feststellen. Bei den großen Reformern, Propheten und Kritikern überwiegt der Impuls des Mitgefühls alle obsessiven Bedürfnisse, in einer feindlichen Haltung gegenüber dem Leben zu verharren. Wie Albert Camus sagte, ist der wahre Rebell durch die Empörung über die Erniedrigung des Menschen motiviert. Zweifellos sehen in jeder politischen Rebellion viele der Beteiligten die Autoritäten als Ersatz für die Eltern an. Gleichwohl muß politische Tyrannei bekämpft, müssen prophetische Urteile geäußert werden. Die gerechteste und notwendigste Rebellion braucht die Energien sowohl reifer als auch unreifer Rebellen. Die Geschichte gewährt uns nur selten den Luxus eindeutiger Motive oder geradliniger Handlungen.

RESSENTIMENT UND PARANOIA: NACH INNEN GERICHTETE REBELLION

Die widerspenstige Haltung kann entweder offen oder verdeckt, nach innen oder nach außen gerichtet sein. Die lautstarken Propheten, Rebellen und Reformer erkennen wir leicht. Aber der Geist der Rebellion kann auch verdeckt gegen das Selbst und andere zum Ausdruck kommen. Kommt die Wut nicht angemessen zum Ausdruck, dann richtet sie sich nach innen.

Nietzsche beschrieb das Ressentiment als das verborgene Rachegefühl. Passive Menschen, die nicht zur Rebellion ermutigt wurden, beneiden insgeheim alle, die rebellieren durften, und erstarren in einem negativen emotionalen Stil. Sie scheinen einen Groll auf das Leben mit sich herumzutragen. Ressentiment ist eine Form des emotionalen Vorurteils. Noch bevor er eine Erfahrung macht, hat der Mensch mit Ressentiments bereits geurteilt, daß sie enttäuschend sein wird. Seine Einstellung lautet: „Man hat mich betrogen." „Das Leben ist schuldig, bis seine Unschuld bewiesen wird."

Die durchgängige, tiefsitzende Feindseligkeit des Ressentiments beruht auf der geheimen Annahme, daß die Realität, andere Menschen und die Tiefen des Selbst nicht vertrauenswürdig sind. Menschen mit Ressentiments nehmen den Lebensstil des Zynikers an. Indem sie immer mit dem Schlimmsten rechnen, erzeugen sie eine sich selbst bestätigende Prophezeiung und werden nur selten „enttäuscht". Die Freundlichkeit anderer durchdringt nur selten ihren Charakterpanzer.

Paranoiker führen uns die ins Extrem getriebene Logik des Widersachers vor. Der Paranoiker steht inmitten eines tobenden Meeres von Feinden, auf einer immer weiter schrumpfenden Insel. Er ist überzeugt, daß „sie" ihm auf den Fersen sind, und alles, was geschieht, ist nur ein weiterer Beweis für die Verschwörung. Im paranoiden Geist ist die eigene Wut geleugnet und auf die anderen projiziert worden, die eigene Aggression wurde ent-eignet und dem Feind zugeordnet.

DIE GEFÄLLIGEN, DIE NETTEN UND DIE SENTIMENTALEN

Ist die Widersacher-Persönlichkeit eine Verfestigung des Verhaltensstils von rebellischen Jugendlichen, so trägt die Maske des Gefälligen das ständige Lächeln des guten Jungen oder Mädchens. Gefällige sind die „Ja"-Sager. Über die Gefälligen gibt es nichts Dramatisches zu sagen, weil sie definitionsgemäß neutral, grau und unaufdringlich sind. Sie gaben ihren Eltern oder Lehrern nie Grund zur Klage. Ihre Vorgesetzten können sich darauf verlassen, daß sie gut mitarbeiten, keine Unruhe stiften und auch keine Überzeugungen haben, die gegen „die da oben" gerichtet sein könnten. Gefällige wollen gut angepaßt, beliebt, anonym und nett sein.

Da die Gefälligen einen großen Teil jeder Massengesellschaft ausmachen, erkennen wir sie kaum als pervers. Schließlich machen sie keinen Ärger. Sie bilden die Reihen der guten Deutschen, guten Russen, guten Amerikaner, die keine Autorität in Frage stellen und auch nicht gegen die „ganz vernünftigen" Pläne protestieren, die ihre Führer hinsichtlich sozialer Reformen, Krieg oder Endlösungen haben. Ohne sie würde die Maschinerie nicht glatt laufen, würde die Post des Chefs nicht sortiert. In der Geschäftswelt bilden sie das, was Earl Shorris „die unterdrückte Mitte" genannt hat, die mittleren Manager, die alle „Bequemlichkeiten ängstlicher Leute" genießen und dafür bezahlen, indem sie sich den Definitionen ihrer Vorgesetzten von Glück und Erfolg und deren totalitärer Herrschaft unterwerfen. Aber ihre Ergebenheit, Passivität und mangelnde Zivilcourage lassen den Genozid und den Triumph dessen zu, was Hannah Arendt als „Banalität des Bösen" beschrieben hat. Ihr Mangel an prometheischem Geist, ihre Bereitschaft, alles von Vorgesetzten Angeordnete zu tun, ist nichts als eine höfliche Pathologie. Sie sind die Mass-ochisten, die die sadistischen Pläne „schlechter" Menschen verwirklichen helfen.

Unter der lächelnden Maske können wir die Verletzung erkennen, die vom Mangel an Rebellion herrührt. Die netten Leute sind niemals ganz greifbar. Ihnen fehlt es an Selbstabgrenzung, an Selbstvertrauen, weil sie niemals Entscheidungen getroffen und dadurch für sich selbst Schranken und Grenzen gesetzt haben. Sie haben es niemals gewagt, die Tabus zu durchbrechen, und sie schämen sich. Ihre Sünden sind eher Unterlassungssünden als Untaten. Sie haben vor allem nicht für sich selbst entschieden, was gut und böse ist. Sie sind unschuldig und ohnmächtig, und deshalb müssen immer andere beschuldigt werden, wenn etwas schiefgeht. In ihrer Welt sind die einzigen Autoritäten Gott, die Kirche, die Bibel, die Regierung, der Chef und was die Nachbarn denken. Sie müssen erst noch in den Apfel der Erkenntnis beißen. Der Preis, den sie zahlen, ist hoch, auch wenn man das oft nicht sieht. Ihre unterdrückte Negativität bricht aus in Magengeschwüren, Magenverstimmungen, Langeweile, Depression, Selbstmord – und gelegentlich Mord. Man beachte, wie häufig die Zeitungen, wenn sie die Nachbarn des neuesten Massenmörders interviewen, berichten: „Wir verstehen nicht, wie er das tun konnte. Er war doch so ein *netter* Kerl. Eher ein Einzelgänger, aber alle mochten ihn." Unterdrückte Rebellion brodelt unter der freundlichen Fassade, aber gelegentlich bricht sie mit Gewalt aus.

Was in der Lebensphilosophie der netten Leute über Anpassung hinausgeht, ist Sentimentalität. Die *Sentimentalen* greifen den Vollkommenheitstraum des Rebellen auf, entkleiden ihn seiner

sexuell-romantischen Obertöne und verkünden, daß die Zukunft
bereits gekommen ist und wir in der besten aller möglichen Welten
leben. Für Sentimentale ist Liebe das Allheilmittel gegen alle
Krankheiten. Sie glauben fest an die Kraft positiver Gedanken, wir
müssen nur „negative" Gefühle vermeiden, dann gäbe es keine
persönlichen oder politischen Probleme mehr. Diese Optimisten
leben von folgenden Klischees: Denke positiv! Bleibe auf der
Sonnenseite des Lebens. Schau nach dem Silberstreif. Sende
glückliche Schwingungen aus. Im wesentlichen ist die Welt schon in
Ordnung; wenn wir also die angeblichen Unvollkommenheiten
übersehen, werden sie verschwinden. Übel und Leid sind Illusionen – Maya. Die reale Welt wird von der Liebe regiert. Daher
sollten wir Konflikte übersehen und uns über die Wut erheben. Wie
mir eine sanftmütige Seele (die schließlich an Krebs starb) sagte:
„Immer, wenn jemand etwas tut, was mich wütend machen könnte,
schicke ich ihm einfach rosige Gedanken." Die sentimentalen
Optimisten betrachten die feindseligen Rebellen als Unruhestifter,
politischer Aufruhr ist die Folge ausländischer Agitation, und
Krankheit wird durch schlechte Gedanken verursacht.

Der Preis für positives Denken und Sentimentalität ist hoch. Wir
können nicht allein von Liebe leben. In der realen (im Gegensatz
zur idealen) Welt muß ein sanftes Herz durch einen starken Geist,
müssen „gute Empfindungen" durch die Bereitschaft ergänzt werden, für Gerechtigkeit zu kämpfen. Die „blutenden Herzen", die
Liebe ohne Zorn, Beziehung ohne Konflikt, Harmonie ohne
Widersprüche wollen, sind gezwungen, sich eine scheinhafte Welt
unzweideutiger Liebe zu schaffen, in der nur die reinen Herzen
leben (d.h. sie selbst und andere sonnige Gemüter). Kein Zufall,
daß solche vollkommenen Personen (die niemals ihre eigenen
Motive anzweifeln oder ihre geheime Ideologie, ihr Eigeninteresse
kritisieren) in anderen Gefühle der Verderbtheit und Schuld aufkommen lassen. Jede sentimentale Predigt wird mit einer Portion
Schuld aufgetischt. In ihrer Anwesenheit wird ehrlicher Zweifel
Zynismus, Wut ein Übel genannt, und Ambivalenz wird als
Verrücktheit gebrandmarkt. Sentimentale *sind* zu gut, um wahr zu
sein. Ihre Weigerung zu erkennen, wie Liebe und Haß immer

miteinander verquickt sind, gibt uns nachhaltig zu bedenken, daß ein ehrlicher Liebender immer zu wahr sein muß, um *nur* gut sein zu können.

UNHEILBARE ROMANTIKER: PHANTOM-LIEBHABER, PORNOGRAPHEN UND IDEALISTEN

Die Romanze, die in der Jugend so süß ist, wird sauer, wenn wir versuchen, sie in eine Philosophie der reifen Liebe zu verwandeln. Wenn wir jung und verliebt sind, träumen wir von dem Ideal – der vollkommenen Frau, dem vollkommenen Mann, der utopischen Gesellschaft. Noch nicht ausgeblutet in der politischen Arena oder durch den „Ernst" des Erwachsenenlebens eingeschränkt, verlieben wir uns. Wir wissen, daß wir alles neu und schön machen können, daß wir endlos lieben, eine Alabasterstadt bauen, die nicht durch menschliche Tränen getrübt ist. Alles scheint möglich. Und dann bricht das Liebeslied so plötzlich ab, wie es begann. Die Romanze stirbt. Aber wir stellen fest, daß wir süchtig nach der Musik geworden sind, und machen uns auf die Suche nach jemand, der wieder für uns singt. Der wirklich Süchtige verliebt sich in die Liebe, er wird ein unheilbarer Romantiker.

Phantom-Liebhaber sind Romanzensüchtige, die sich gewohnheitsmäßig verlieben und den Zyklus von Suche, Eroberung und Enttäuschung wiederholen, ohne jemals die Illusionen zu überprüfen, die in die romantische Idee der Liebe eingebaut sind. Jeder Liebespartner wird am Maßstab eines nichtexistenten, idealen Phantoms gemessen – dem platonischen Archetypus von Mann oder Frau –, das gleich hinter dem nächsten Horizont wartet. Liebessüchtige zweifeln niemals an ihrer eigenen Ehrlichkeit oder Liebens-Würdigkeit. Bei ihnen stimmt alles. Immer ist der andere schuld. „Wenn sie nur nicht so kritisch wäre und einen größeren Busen hätte." „Wenn er doch nur aufmerksamer und verantwortungsbewußter wäre." „Eines Tages wird er mir begegnen, der Mann, den ich liebe." Romantiker kleben an dem Ideal der großen Leidenschaft und lehnen jeden Kompromiß ab (Kompromißbereitschaft ist die Essenz des Erwachsenseins). Sie wollen verzaubert werden. Liebe muß für sie einfach, spontan, mühelos sein. Unheilbare Romantiker erkennen niemals, daß unerreichbarer Idealismus eine versteckte Form der Grausamkeit ist, die jede Beziehung mit einer Person aus Fleisch und Blut unmöglich macht.

Die Perversität unheilbarer Romantiker wird deutlich, wenn wir erkennen, daß sie in ihrem Innersten Voyeure sind. Sie schauen nie hinter die Fassade, die attraktive Oberfläche der anderen Person. Ihr Eros wird mehr durch das Bild als durch das Fleisch erregt, mehr durch die Idee als durch die Wirklichkeit des anderen. Ihre Liebesweise ist eher pornographisch als fleischlich. Wie der Voyeur schaut der Phantom-Liebhaber, bleibt aber auf Distanz; er begehrt nur den vollkommenen, unbesudelten Irgendwen, die jugendliche platonische Form, auf der die Zeit noch keine Spuren hinterlassen hat; er sieht im Ideal die Hoffnung, der wirklichen Welt voller Vergänglichkeit und Tod zu entkommen. Im Gegensatz dazu sucht ein fleischlicher, reifer Liebhaber die sinnliche Intimität; er begehrt einen unvollkommenen Irgendwen, mit Fehlern, Falten und Fettpölsterchen.

Pornographie und Romanze erregen eine Leidenschaft auf Distanz. Reiz ist visuell – eine Darbietung von Schauspielern. Der Pornograph, der Voyeur und der Romantiker folgen einem ähnlichen Grundsatz – halte Distanz und verliere nicht die Übersicht. Sie alle werden eher durch Abwesenheit als durch Anwesenheit, eher durch das Visuelle als durch das Taktile, eher durch die Phantasie als durch die Realität des anderen stimuliert, eher durch die Oberfläche als durch die Tiefe. Sexuelle Begierde wird nur durch ein „schönes" Äußeres erregt, wie das von Sophia Loren oder Warren Beatty.

Reife Sinnlichkeit ist Liebe zwischen ver-körperten Personen. Sie lebt eher von Berührung als von Blicken, eher von Nähe als von Ferne: Wenn ich nicht unter deine Oberfläche dringen kann, oder wenn ich nicht bereit bin, dein Chaos, dein Leid oder deine Stärke zu teilen, dann gibt es kein Wir, kein Mitgefühl, kein gemeinsames Empfinden. Immer nur ich und wieder ich. Distanzierte Personen, die einander von weitem „an-ichen". Der Reiz der Pornographie liegt in ihrem (stets gebrochenen) magischen Versprechen von Leidenschaft ohne Verwicklung – es kann einen die Ekstase packen, ohne daß man ein anderes verkörpertes menschliches Wesen berührt. Kein Wunder, daß Pornographie meistens verwendet wird, um zu masturbieren. Ein-same Liebe.

In der rebellischen Lebensphase gibt es eine Zeit, wo es angemessener ist zu schauen als zu berühren, Distanz zu halten als in Verwicklungen zu geraten. Die Fähigkeit, uns tief auf eine andere Person einzulassen, ist eine Spätlese, die Zeit zum Reifen benötigt. Wie C. G. Jung sagt, verlieben wir uns im ersten Teil unseres Lebens in den Archetypus des anderen Geschlechts, wie er sich in der anderen Person undeutlich widerspiegelt. Sexuell beginnen wir als Platoniker – wir lieben das Bild mehr als die Realität, den Archetypus mehr als Fleisch und Blut. Zuerst verlieben wir uns in eine kaum verschleierte Reproduktion von Vater oder Mutter (bzw. Anti-Vater oder Anti-Mutter). Die Idealform ist die Quelle der Erregung, das Bild und die Phantasie der Person, die wir begehren, läßt unsere Säfte zirkulieren.

Irgendwann in unseren frühen Erwachsenenjahren verblassen die voyeuristischen und pornographischen Illusionen, wir werden der Liebesaffären zwischen Archetypen und attraktiven Masken überdrüssig. Die Darbietung wird langweilig. Ikonischer Sex reicht nicht hin. Der Mythos von der romantischen Liebe wird fadenscheinig. Wir wollen die Masken fallenlassen, einander kennenlernen und erkannt werden. Wir entdecken, daß die Liebe nur in Hollywood mit Selbstgefälligkeit beginnt. Nur zwischen Zelluloidgöttern und -göttinnen ist die Liebe eine wechselseitige Teilhabe an der Vollkommenheit. Für alle Sterblichen, die mit Unzulänglichkeiten bepackt und die durch gestillte Sehnsüchte hungrig geblieben sind, beginnt die Liebe mit Scham, Schuld, Furcht und unrealistischer Hoffnung. Wirkliche Menschen treten bereits verstümmelt durch die Fehlschläge und Triumphe ihrer Eltern und der Gesellschaft ins Leben ein. Es gibt keine Jungferngeburten und daher keine Menschen, die nicht insgeheim durch Schuld und Scham, durch Hemmungen und Verlassensängste gezeichnet wären. Im mittleren Lebensalter wollen wir, sofern wir genügend erotische Dummheiten gewagt haben, um desillusioniert zu sein, einen Liebhaber, der so geduldig ist, daß er abwarten kann, bis Ängste sich zerstreuen, bis die Scham dahinschmilzt und frigides Fleisch seine eigene Wärme kennenlernt, bis Verwirrung zur Klarheit reift und bis sich das Lachen einstellt, das von uns übertriebenem Ernst befreit.

Mit zunehmender Alter brauchen wir mehr, um stimuliert zu werden. Wir wünschen uns eine bewußte Beziehung von Selbst zu Selbst. Die äußere Schönheit ist nicht so wichtig wie Berührung, Geschmack, Geruch und Worte des Geliebten. Komplexität des Bewußtseins und Erfahrungsreichtum sind die Aphrodisiaka. Wir lieben schließlich die Wunden, die unser Liebespartner im ehrenhaften Kampf erlitten hat, und die Narben, die ein stummes Zeugnis von dem Leiden ablegen, das mit Würde ertragen wurde.

Aber wir sind unserer Geschichte vorausgeeilt. Kehren wir zurück.

Der Idealist ist ein Romantiker, der seinen Eros in eine politische Vision, in die Suche nach einem idealen Staatswesen investiert hat. Diese Spezies findet man überreichlich im Umfeld jeder Universität oder in den Reihen der Anführer der radikalsten politischen Bewegungen. Der Idealist überlebt nur selten in sozialen Dienstleistungsbetrieben, in Fabriken, Krankenhäusern, Gefängnissen, kommunalpolitischen oder anderen Institutionen, die mit den harten Tatsachen des Lebens zu tun haben.

Das zwanzigste Jahrhundert hat uns gezeigt, daß die Perversionen des Eros nirgends so gefährlich werden wie bei Idealisten und Ideologen. Hitlers enttäuschte Jugendträume, sein naiver Idealismus gipfelten in Reinigungsritualen, deren schrecklichstes dann die „Endlösung" war. Stalins Gulags, die chinesischen Säuberungen, der kambodschanische Genozid, das vietnamesische Blutbad – sie alle wurden von Idealisten geplant, die eine Vision von der vollkommenen Gesellschaft oder einen Fünfjahresplan, ein Mandat zur Rettung der Nation oder der Demokratie hatten. Idealisten werden, wie Pornographen und Romantiker, eher durch das Bild der Vollkommenheit als durch den Geruch, die Berührung und den Geschmack der Intimität erregt. Ihre wichtigste erogene Zone liegt in der Großhirnrinde, nicht im limbischen System oder in den Nervenenden.

PLAYBOYS UND PLAYGIRLS

Playboys und Playgirls weigern sich, erwachsen zu werden, indem sie eine Philosophie des Spielens und der Jagd leben. Unsere Sprache diagnostiziert ihren Zustand: Wir sagen nicht *playmen* und *playwomen*. Da unsere jugendbewegte Kultur Spieler und Abenteurer als Modell für das „coole" oder wahre Leben hochhält, müssen wir genau untersuchen, was aus dem Eros wird, wenn man ihn auf Spaß und Spielerei reduziert.

Die Philosophie des sportlichen Wettkampfes ist neuerdings auf jeden Bereich des zeitgenössischen Lebens angewandt worden. Geschäftsleute (niemals Fließbandarbeiter) erklären heute ernsthaft, daß Geschäftemachen ein Sport mit dem Ziel ist, die Konkurrenz zu schlagen, wobei der Profit als Siegesprämie winkt. Die Ökonomie ist zum „Geldspiel" geworden. Pop-Psychologen sagen den Spielern, wie man sich kleidet, wie man die Hand schüttelt, wie man dem Blick des Rivalen begegnet, wie man die Kunst, dem anderen immer voraus zu sein, beherrscht, um in dem Machtspiel zu gewinnen. Im Pentagon spielen nette uniformierte Männer Kriegsspiele und erfinden Szenarien für begrenzte und unbegrenzte nukleare „Auseinandersetzungen". Erzieher hoffen, ihre Probleme durch Lernspiele zu lösen. Alles ganz einfach. Und natürlich ist aus dem Eros das Liebesspiel oder das Sexspiel geworden.

Die Metapher des Spiels ist ein natürlicher Ausdruck für die jugendliche Lebensphilosophie. Das Spiel findet, wie die Jugend, auf einem Spiel-Feld außerhalb der Verantwortlichkeit statt. Es wird durch eine willkürliche Menge von Regeln dirigiert, die für eine Als-ob-Welt gelten. Beim Spiel können wir entscheiden, ob wir mitspielen wollen oder nicht, wir können aufhören, wenn wir wollen, oder durch allgemeinen Konsens die Regeln ändern. Spiele regenerieren uns genau deshalb, weil sie uns eine Atempause von der realen Welt, von Tragödie oder Tod und von moralischen Verpflichtungen gewähren. Der Spieler ist vormoralisch, amoralisch oder außermoralisch. Spieler gestatten sich das ewige jugendliche Privileg, sich vor moralischen Entscheidungen zu drücken, die sie zwingen würden, die Verantwortung des Erwachsenen für die Folgen ihrer Handlungen zu tragen. Im Geldspiel spielen sie Markt, ohne zu bedenken, was ihre Spekulation auf die ökonomische Zukunft für die Psyche oder die Gesellschaft anrichtet. (Welche Auswirkung hat das Glücksspiel oder Einkommen, das man verdient, ohne nützliche Arbeit zu verrichten?) Die Kriegsspieler sitzen da wie olympische Götter und denken nie über die moralischen Folgen der Kriegsspiele nach – ob, beispielsweise, allein schon das Spielen des Spiels die Rüstungsausgaben erhöht und zur Eskalation der Paranoia führt. Spieler leben, wie Jugendliche, in einer Welt des Konjunktivs mit endlosen Möglichkeiten, willkürlichen Regeln und Feinden – die Gegenmannschaft –, die existieren müssen, damit das Spiel andauern kann und ein Gewinner gefunden wird. Allein schon die Vorstellung, daß man Menschen in Gewinner und Verlierer unterteilen kann, ist eine milde Form des Sadomasochismus, eine sanfte Art, eine Situation zu schaffen, in der einer einen anderen besiegen kann. Hinter der Rhetorik des Spielers verbergen sich die unausgeprochene Wut und das Rachebedürfnis des netten Jungen/des netten Mädchens.

Für die Playboys und Playgirls ist der romantische Mythos tot, Sexualität wurde auf einen Sport reduziert. Eine ehrenwerte Reihe von Philosophien, angefangen beim Kama Sutra, über Henry Miller bis hin zu Hugh Hefner haben die Spielregeln aufgestellt. Die erste Regel lautet, daß Sex den Zweck hat, Lust zu maximieren und Gefühle zu minimieren. Sex als reine Sinnlichkeit setzt zumindest zwei „Mannschaften" von gut trainierten Sexualspielern voraus, die das Ziel haben, Lust zu geben und zu empfangen. Ihre Beziehung ist darin amoralisch, daß sie nicht notwendigerweise irgendeine Hingabe oder ein tiefes Empfinden verlangt, es sei denn, „Liebe" wäre als ein Aphrodisiakum erforderlich, um die sexuellen Sinneseindrücke zu verstärken. „Wenn", so sagt Alex Comfort, der Autor von *The Joy of Sex*, „man nur mit Liebe eine hohe Qualität des Sex erreichen kann", dann sei Liebe gerechtfertigt. Aber das Entscheidende am Spiel ist Lust, nicht tiefe Hingabe. Playboys und Playgirls sind nach der Philosophie des *Playboy* nur verpflichtet, eine einzige Regel zu beachten: Alles, was zwei oder mehr zustimmenden Erwachsenen wechselseitig Spaß macht, ist richtig. Wenn es sich gut anfühlt, dann tu es!

) Buchtitel

Der Playboy-Ratgeber Jim Peterson erklärte in einem Brief seine Auffassung vom Sex:

Das Modell der Sexualität alten Stils: War man verheiratet und wollte Kinder haben, dann galt Sex nicht als eine Sünde. Was nicht bedeutet, daß er deshalb schon gut oder lustvoll war. Die Pflicht der Frau bestand darin, sich hinzulegen und an England zu denken. Heutzutage ist Sex außerhalb der Ehe gestattet. ... Der Akt hat eine andere Bedeutung. Ein sanfter Sport. Eine Handlung mit selbstverständlichen Regeln. Die neue Frage: Bin ich gut? Habe ich gewonnen? Bist du gekommen? ...

Welches sind meine Vorstellungen? Sie kommen dem sehr nahe, was man als „sanften Sport" bezeichnet. Sportler und Propheten von Big Sur haben über den Zustand der Entrückung berichtet, den sie beim Spiel erreichen: Den Selbstverlust in der Konzentration oder Faszination. Ein natürlicher Athlet kann nichts falsch machen. Er transzendiert die Technik und wird eins mit dem Spiel. Er ist ein Gesetzloser, aber er ist ehrlich. Er ist zwar kein Heiliger, aber göttlich. Und er hat schlechte Tage, läßt sich aber nicht entmutigen. ...

Die Methapher vom sanften Sport gibt gewisse Regeln vor. Was anderes ist ein Spiel als ein strukturierter Wettkampf? ... Leidenschaft ist nicht Chaos, ist keine schlechte Metapher. Sie gibt Regeln vor (nicht Rollen) ... Ein Spiel enthält endlose Variationen. Die besten Begegnungen können ohne Ergebnis enden. Man muß also spielen lernen.

Das Problematische an dem Versuch, jugendliches Sex-Spielen in die erwachsene Sexualität hinein zu verlängern, besteht darin, daß es sehr schnell zum Wettbewerb und damit repressiv wird. Ein perverses Schicksal hat Playboys und Playgirls ereilt. Durch Zufall haben sie ein Monstrum, eine neue Tyrannei, ein starres Regelwerk für das Sex-Spiel, eine neue „coole" Ethik und einen Stil der sexuellen Sportlichkeit geschaffen. Verfechter des Sport-Fickens täten gut daran, die implizite Warnung zu beachten, die in Huizingas Klassikers über das Spiel enthalten ist. In *Homo ludens* (der Mensch als Spielender) beginnt Huizinga mit der Absicht, etwas über *Spaß* und Spielen zu sagen, und schließlich behandelt er nur noch Spiele und *Wettkämpfe*.

Das Liebesspiel ist zu einer neuen Form des Kampfs, einem *agon*, geworden, es geht darum, wer die meisten Orgasmen produzieren kann. Da heute von jedem erwartet wird, daß er sich einsetzt wie ein Profi, macht sich eine neue Angst breit. Kenne ich die Stellungen, Strategien und Spielzüge gut genug, und kann ich mich unter Druck noch freikämpfen, um in den Schlußminuten des Spiels ein Tor zu schießen? Schaffe ich multiple Orgasmen? Finde ich den „G-Punkt"? Neben dem neuen Leistungsdruck gibt es noch eine Menge von Bedingungen für die Teilnahme am Sex-Spiel. Playboys und Playgirls müssen, wie die Götter und Göttinnen der griechischen Mythologie, immer jung, schön, potent sein und dürfen keine Hemmungen, Scham- oder Schuldgefühle haben. Die fetten, häßlichen, kräftigen Menschen mittleren Alters, wie sie die Gemälde Breughels zieren, wären als „Playmate des Monats" ungeeignet. Unglücklicherweise erreichen nur wenige lebendige Menschen die retuschierten idealisierten Standards von Schönheit und Grazie der mythischen Spielfiguren. Die meisten Körper sind durch Verletzungen, Arbeit oder Alter deformiert.

Ein rein sinnliches Verständnis von Sex läßt das Paradoxon der Lust außer acht. Menschliche Wesen sind nicht ewig jung, leben nicht im fortwährenden Moratorium des Spiels und können Sinneseindrücke nicht von Erinnerungen und Empfindungen trennen. Wir sind vieldimensional. Daher ist die Lust am größten, wenn Sinneseindruck (gegenwärtige Bewußtheit), Gefühle (Assoziationen aus der Vergangenheit) und Absichten (Zukunftserwartungen) in einer einzigen Handlung vereinigt werden. Wenn alle Teile des Selbst einbezogen werden, fühlt sich das Ganze besser. Ein rein sinnlicher Zugang versucht, eine sexuelle Beziehung im Hier und Jetzt zu isolieren. Spielgefährten fragen nicht nach Zukunft oder Vergangenheit. Für sie soll das Leben eine Reihe von Affären für eine Nacht, von seriellen Augenblicken der Lust, Episoden der Sinnlichkeit sein. Der Augenblick ist alles. Wenn aber zwei Menschen einmal zusammen Lust erlebt haben, wollen sie ein zweites und ein drittes Mal Lust empfinden. Fleischliches Wissen *(Carnal knowledge)* erzeugt den Wunsch nach Wiederholung. Wenn wir einander intim kennengelernt haben, wollen wir uns der Geschichten entsinnen, die wir einander erzählt haben. Eine befriedigende sexuelle Beziehung erstreckt sich natürlicherweise vom Sinneseindruck über das Gefühl auf die Intention, die Zukunftsperspektive: Ich will auch morgen noch mit Dir zusammen sein.

VI. KAPITEL

Der Erwachsene

MÜNDIGWERDEN: LIEBE ALS FÜRSORGE, VERSPRECHEN UND KOMPROMISS

Cupido muß einmal erwachsen werden. Rebellion und Romanze entwickeln sich zu reifer Liebe. Unschuld wird gegen Macht eingetauscht. Die jungen Seelen und Körper werden härter, und die amorphen Fantasien von dem, was sein könnte, müssen sich in die Grenzen eines einzigen möglichen Lebens einfügen. Liebe ist nicht „strawberry fields forever". Wir lernen, zu warten, zu arbeiten, geduldige Bande der Fürsorge zu knüpfen, eheliche Pflichten zu erfüllen, den Lebensunterhalt zu verdienen und Windeln zu wechseln. Wenn sich die Liebe zur Verpflichtung entwickelt, muß sie oft unmittelbare Befriedigung opfern, dem spontanen Impuls der Leidenschaft entsagen und Treue geloben. Der Eros muß Arbeitshandschuhe und eine Schürze anziehen.

Erik Erikson, der das östliche Ideal von Reife zusammenfaßt und es mit seinem eigenen vergleicht, sagt von dem Menschen, der in die Familiengründerphase des Lebens eintritt:

> Er läßt sich nieder, um zu heiraten, er hat den Mut, sich *Artha* zu widmen, der „Realität" von Familienbeziehungen, von Politik und Produktivität. Der Manusmriti erklärt: „Nur der ist ein vollkommener Mensch, der aus drei vereinigten Personen besteht – seiner Frau, sich selbst und seinen Abkömmlingen." Vieles davon entspricht unserer Annahme, daß die seltener werdenden Intimitäten des frühen Erwachsenenalters zu einer Fähigkeit der wahren Intimität reifen werden, nämlich einer Verschmelzung von Identitäten. Das wiederum ist die Grundlage für jenes Gefühl der Fürsorge, das krönt, was wir „Zeugende Fähigkeit" nennen, und das zu einer Quelle der Stärke für all jene wird, die in Fortpflanzung und Produktivität vereinigt sind[1].

Liebe ist in unserem Lebensmittag eine Siedlerin, sie versucht, ein Haus zu bauen, einen „eigenen Herd" zu bewirtschaften, tiefe Wurzeln in die Familienerde zu schlagen, ein Stück Boden zu beackern, das durch feste Zäune abgegrenzt ist. Ein nüchterner Mann und eine pragmatische Frau sind erforderlich, um eine Familie zu gründen. Aber die Dyade muß vom Clan umgeben sein; der Clan in das Gesetz des Stammes eingebunden; und der Stamm muß ein verbindliches System von Mythen und Ritualen aufbauen, durch welches das Chaos der menschlichen Erfahrung zu einem kohärenten Kosmos geformt wird.

Wir glauben gerne, daß die Liebe ja so einfach ist; ein Kind ruht in den Armen der Mutter oder die Leiber zweier Liebender verschmelzen zu einer weltvergessenen Einheit der Lust. Aber so ist es nicht. Reife Liebe wird so gestaltet, geformt und geprägt, daß sie den Sitten und Gesetzen der Kultur entspricht. Sie ist in den Institutionen der Ehe und der Familie beheimatet. Sie folgt den Regeln der Sippe und des Clans, die vorschreiben, wen man wann und wie lieben darf und welchen Fremden man mit Feindseligkeit zu begegnen hat.

WIE MAN ERWACHSEN WIRD: BIOLOGIE UND KULTUR

Die Definitionen von „erwachsen" und „reif" spiegeln die ungemütliche Mischung aus biologischen Unvermeidbarkeiten und kulturellen Erfindungen wider, die ein menschliches Wesen ausmachen. Das Wort „erwachsen" legt nahe, daß wir wie Flora und Fauna natürlich keimen und aufblühen, bevor wir vergehen. Aber während Reife bei Pflanzen eine Sache der biologischen Unvermeidbarkeit ist, werden die Menschen nur durch einen Prozeß der kulturellen Förderung und Erziehung erwachsen. Unsere Definitionen von Reife bedeuten also gewöhnlich auch, daß man irgendeinen sozialen Meilenstein erreicht hat, etwa lange Hosen trägt, heiratsfähig ist oder wählen darf. Die eher psychologisch orientierten Definitionen legen den Schwerpunkt auf kontrolliertes Verhalten, effektive zwischenmenschliche Beziehungen, Internalisierung von moralischen Normen usw. Norman Camerons Definition ist typisch:

> Welches sind die psychologischen Kriterien des Erwachsenseins? Das Abflauen des Aufruhrs, der Ungewißheit und des Konflikts der Jugend, das Stärkerwerden von emotionaler Kontrolle und allgemeiner Zuver-

Die Persönlichkeit des Erwachsenen

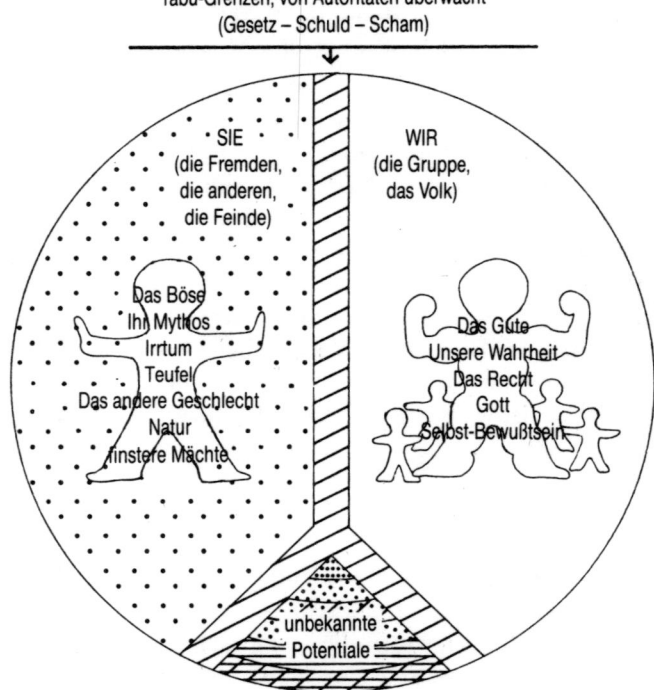

Tabu-Grenzen, von Autoritäten überwacht
(Gesetz – Schuld – Scham)

SIE
(die Fremden,
die anderen,
die Feinde)

WIR
(die Gruppe,
das Volk)

Das Böse
Ihr Mythos
Irrtum
Teufel
Das andere Geschlecht
Natur
finstere Mächte

Das Gute
Unsere Wahrheit
Das Recht
Gott
Selbst-Bewußtsein

unbekannte
Potentiale

lässigkeit, die Etablierung von Selbstvertrauen und Selbstachtung, eine Bereitschaft, selbst im Rahmen des Denkens und Urteilens Verantwortlichkeiten des Erwachsenen zu übernehmen[2].

Leider übersehen solche feinsinnigen Definitionen die offenkundigste und bedeutendste Determinante der „Reife". Es ist die Kultur, nicht die Natur, von der wir den Inhalt des Erwachsenseins beziehen. Jede Gesellschaft weist der Definition des Erwachsenenstatus ihren eigenen Inhalt zu. *Der Erwachsenenstatus wird erreicht, indem man den zentralen Mythos einer Kultur internalisiert, ihre offiziellen Statussymbole übernimmt, eine anerkannte Rolle spielt, das eigene Bewußtsein und Verhalten, die eigenen Vorlieben und Haßgefühle so zuschneidet, daß sie den Sitten des Stammes oder der Gruppe entsprechen.* Ein nackter Buschmann der

Kalahari und ein westlicher Geschäftsmann im dreiteiligen Anzug bringen ihre Männlichkeit unterschiedlich zum Ausdruck. Aber der kulturelle Prozeß, der den einen auf seinen Penisschild stolz sein läßt, den anderen auf eine Handvoll Kreditkarten, ist derselbe. Überall auf der Welt werden die Adoleszenten von den Älteren, die sie in den Mythos und in die Geheimnisse des Stammes, in die Rollen, die sie zu spielen haben, einweihen, zu Erwachsenen gemacht. Jede Kultur zwingt der biologischen Menschlichkeit ihrer Kinder einen Charakter, eine Persona, eine Maske, eine Definition des Erwachsenseins auf. Es ist die Natur des menschlichen Tiers, unnatürlich zu sein. Wir sind nicht vollends menschliche Wesen, sondern kulturelle Tiere, deren Potential verkürzt wurde, so daß wir Deutsche, Navajos, Schotten, Zigeuner, Polen sein können. Unser Bewußtsein ist provinziell; unser Eros ist so eingeengt, daß er sauber in irgendein stammesmythisches Bild von Mann oder Frau paßt.

INITIATIONSRITEN: DURCHTRENNEN DER KINDHEITSBANDE

Nirgends sehen wir deutlicher, wie uns die Kultur modelliert, prägt und formt, als in den traditionellen Übergangsriten, mit denen die Initiation ins Erwachsenenalter markiert wird.

In Stammesgesellschaften wird von den Knaben erwartet, daß sie irgendwann zwischen zwölf und sechzehn zum Manne reifen. Gewöhnlich sind die Übergangsriten Proben, zu denen Fasten, Prügel, Zähneausschlagen, Ver-Narbung (der Mythos wird buchstäblich in den Körper eingraviert), Beschneidung des Penis oder der Verlust eines Fingers gehören. Oft wird von den Neulingen erwartet, daß sie ihren Mut beweisen, indem sie einen Feind oder ein wildes Tier töten. Der Hauptzweck der Prüfung besteht darin, den Übergang zwischen Natur und Kultur zu markieren, die Beziehung zwischen Mutter und Sohn zu durchtrennen, den Knaben auf die Rolle vorzubereiten, die er als Ehemann und Verteidiger des Stammes zu spielen hat. Die Individualität muß der Gruppe geopfert werden. Der werdende Krieger muß sich abhärten, muß lernen, Schmerz ohne Klage zu ertragen, standhaft angesichts des Todes zu bleiben und ohne Schuldgefühl zu töten. Dem Knaben muß beigebracht werden, die sanften und sinnlichen Lebenswelten der Frauen zu verachten.

Ist der Knabe von den weiblichen Tugenden getrennt worden, dann wird das Ideal der Männlichkeit eingeführt. Geschichten und Gesänge von den Heldentaten alter Krieger liefern Modelle dafür, was ein Mann sein sollte. Odysseus, Geronimo, General Patton werden die Lehrmeister der Männlichkeit. Unsere moderne Mythenproduktionsmaschine – Fernsehen und Kino – zeigt uns Vorbilder wie John Wayne in *Du warst unser Kamerad* [The Sands of Iwo Jima]. Als Sergeant Streiker soll er aus Rekruten Kämpfer machen. Sie hassen ihn, bis sie ins Gefecht kommen, wo sie feststellen, daß er sie gut ausgebildet hat. Die Rekruten beweisen ihren Mut unter Feuer, und Streiker wird getötet, als sie gerade die Flagge auf dem Hügel hissen. Sie betrachten die Flagge, sehen Sergeant Streikers Leiche, und der neue Anführer (durch die ganze Story der widerwillige Held, der Softie, der will, daß sein Sohn anstelle des Ledernacken-Handbuchs lieber Shakespeare liest) übernimmt das Kommando des Zuges und wiederholt die rauhe Liturgie des Sergeanten. „Fertigmachen, laßt uns in diesen Krieg zurückkehren." Ausblendung zur Musik der Marines-Hymne.

Die Initiationsriten der Frauen sind, selbst wenn sie grausame Prüfungen wie Klitorisverstümmelungen einschließen, dazu bestimmt, eher die häuslichen als die kriegerischen Tugenden einzuschärfen. Das Mädchen wird, gewöhnlich um die Zeit der ersten Menstruation, in einen Kreis von Frauen aufgenommen, und man lehrt es die Tugenden, die seinem Geschlecht angemessen sind, und dazu die Pflichten, die es als Frau und Mutter zu erfüllen hat. Fast überall wurde von den Frauen erwartet, daß sie die Hauptverantwortung für die Kinder und die häuslichen Arbeiten übernahmen, so daß die Männer jagen und den Stamm vor seinen Feinden schützen konnten.

Nachdem die Stämme zu Nationen geworden und unter die Herrschaft des westlichen Mythos geraten sind, haben sich auch die Übergangsriten säkularisiert. Gleichwohl üben sie noch mächtigen Einfluß aus. Knaben und Mädchen müssen immer noch Zeichen der Reife sammeln – Führerschein, Entjungferung, Musterung, Hochschulabschluß, das Recht zu wählen und zu trinken, ein Beruf, eine eigene Wohnung, Kreditkarten, Schulden, Ehe, ein Auto, ein Heim. In der modernen Gesellschaft ist vieles am Initiationsprozeß formlos und beiläufig, es geschieht in Schulen, über die Medien, im Berufsleben, in Fabriken und in anderen Institutionen. Aber es produziert noch immer einen erkennbaren Charaktertyp. Vor mehr als einem Jahrhundert machte de Tocqueville Beobachtungen über die Amerikaner, die noch immer gelten und die zeigen, wie gut unsere formlosen Initiationsriten funktionieren. Als Nation sind wir individualistisch, pragmatisch, unbekümmert um die Tradition, ahistorisch, darauf bedacht, nett, extravertiert, geschäftig, technologisch-optimistisch, erfinderisch, aggressiv, selbstgerecht und wohlhabend zu erscheinen. Dieser Charaktertyp schafft eine unbewußte Norm, der wir uns anpassen und nach der wir uns beurteilen. Ruhige, bescheidene Introvertierte, Dichter und Träumer und andere, denen der besondere, maskuline Zuschnitt des idealen amerikanischen Temperaments fehlt, werden durch unsere Mythenproduktionsmaschine auf tausend subtile Weisen daran erinnert, daß sie weniger sind, als sie sein sollten. Sie werden aufgefordert, Schüchternheitskliniken aufzusuchen, Kurse darüber zu belegen, wie man Freunde gewinnt und Menschen beeinflußt, ihren Wortschatz zu erweitern, Schnell-Lesen zu lernen, sich zu behaupten, weiterzubilden, in ihrer Freizeit Geld zu verdienen, Body-Building zu betreiben, vorwärtszukommen, Gewinner zu werden, mit Grundbesitz zu spekulieren, an ihren eigenen Fäden zu ziehen.

MYTHOS UND NORMALITÄT

Jede Gesellschaft, auch unsere eigene, wird durch einen zentralen Mythos geprägt. Daher hat der Begriff Mythos eine genaue Bedeutung, die wir verstehen müssen, wenn wir die Natur des erwachsenen oder normalen Bewußtseins begreifen wollen. Um die oben schon gegebene Definition zu wiederholen: Mythos ist das System von grundlegenden Metaphern, Bildern und Geschichten, das die Wahrnehmungen, Erinnerungen und Aussichten eines Volks prägt, die Rechtfertigung für seine Institutionen, seine Rituale und seine

Machtstruktur liefert und eine Karte für den Zweck und die Phasen des Lebens vorgibt. *Gelebter Mythos schließt immer die Polis ein und liefert daher den Inhalt für die Definition der Reife.* Um zu verstehen, wie der Mythos das Bewußtsein prägt und begrenzt, wollen wir mit seiner primitivsten und einfachsten Ausdrucksform beginnen. Mircea Eliade berichtet, daß jeder Stamm irgendeine Form hat, um symbolisch zu bekräftigen, daß sein Gebiet der Mittelpunkt der Erde, sein Volk das auserwählte Volk, sein Ritual ein Weg zum Heiligen ist. Die Eingeborenen Australiens beispielsweise praktizieren diese mythische Disziplin, im Zentrum zu leben, indem sie eine Weltachse oder einen *axis mundi* in die Erde treiben.

> Nach der Überlieferung der Achilpa, eines Arunta-Stammes, hat das göttliche Wesen *Numbakula* in mythischer Zeit ihr Gebiet ‚kosmisiert‘, ihren Stammvater erschaffen und ihre Einrichtungen gestiftet. Aus dem Stamm eines Gummibaums hat *Numbakula* den heiligen Pfahl *(kauwa-auwa)* gefertigt, er hat ihn mit Blut gesalbt und ist an ihm hinaufgeklettert und im Himmel verschwunden. Dieser Pfosten stellt eine Weltachse dar, denn um ihn herum wird das Land bewohnbar, verwandelt sich also in ‚Welt‘. Deshalb spielt der heilige Pfahl bei den Achilpa eine so bedeutende rituelle Rolle; auf ihren Nomadenzügen nehmen sie ihn immer mit und bestimmen je nach seiner Neigung die Wegrichtung. Das ermöglicht den Achilpa, auch bei ständiger Ortsveränderung immer mit ‚ihrer Welt‘ und zugleich in Verbindung mit dem Himmel zu bleiben, in dem *Numbakula* verschwunden ist. ... Das Zerbrechen des Pfahls ist die Katastrophe, gewissermaßen das Ende der ‚Welt‘, der Rückfall ins Chaos[3].

Im Laufe der Geschichte entwickelten verschiedene Völker komplizietere Formen, ihre zentrale Stellung zu bekräftigen und ihre Lebensweise zu erhöhen. Zu ihrer jeweiligen Zeit haben der Tempel, die Basilika, der heilige Berg, die Bundeslade, die gotische Kathedrale allesamt als der *axis mundi* gewirkt, der das Heilige für ein Volk sichtbar machte. Um diese Zentren herum entwickelten sich Kulte, Zyklen von Geschichten und Legenden, tägliche und jahreszeitliche Rituale und Liturgien, die den Mythos dramatisierten.

Da er die Machtstruktur heiligt und die Organisationsprinzipien der Gesellschaft liefert, ist der zentrale Mythos einer Kultur immer politisch. Im streng marxistischen Sinne des Begriffs *geht Mythos immer mit Ideologie einher.* Die Menschen und Kasten, die sich privilegierter Stellungen erfreuen, finden die Rechtfertigung ihrer Macht im Mythos. In einer theokratischen Gesellschaft wird die Funktion des Priesters verherrlicht. Die Theologie der Göttin zelebrierte die Priorität des Weiblichen und heiligte die Position der Priester, die der Göttin dienten. Die mittelalterliche Theologie rechtfertigte die göttlichen Rechte der Könige. Der westliche Mythos zelebriert die Überlegenheit der Arbeitskraft und stellt die Marktwerte in den Mittelpunkt des Lebens.

In der modernen Welt haben politische Zentren wie der Kreml und Washington, D.C., heilige Stätten wie Mekka und Jerusalem als Machtzentren abgelöst. Banken, Labors, Konzerne und Fabriken haben die Stelle eingenommen, die in einer Stadt ehemals der Kathedrale vorbehalten war. Sie definieren jetzt die Natur der Realität, liefern Definitionen für das gute Leben und Statussymbole, die unsere Bedürfnisse auslösen, und sie beanspruchen, die Schöpfer von Sinn und Wert zu sein. Das Leben der modernen Menschen kreist also nicht weniger als das der Eingeborenen um einer *axis mundi* und wird durch einen Mythos geprägt.

Viele werden gegen diese Sichtweise protestieren. „Geld ist kein Mythos. Wissenschaft ist kein Mythos. Herrschaft ist kein Mythos. Unser Leben ist durch säkulare Prinzipien organisiert, durch Pragmatismus, Demokratie usw." Wie wir aber oben angedeutet haben, sind lebendige mythisch-politische Systeme unsichtbar für diejenigen, die darin leben. Das Problem von Mythos und Bewußtsein spiegelt sich in dem alten Sprichwort wider: Wir wissen nicht, wer das Wasser entdeckt hat, aber ein Fisch war es nicht. Mythos ist das Meer der allgemein anerkannten Voraussetzungen, die von der Mehrheit derjenigen, die innerhalb eines Systems leben, nicht in Frage gestellt werden. Für das durchschnittliche, normale Mitglied einer Gesellschaft ist der Mythos das, was sich als natürlich und offenkundig darstellt. Für den Gläubigen steht nicht zur Debatte, daß Jesus der Herr, daß Mohammed der Prophet ist, daß man mit Geld Glück kaufen kann, daß die Wissenschaft unsere Probleme lösen oder daß der Kapitalismus sich sein eigenes Grab schaufeln wird. Normalerweise erkennt man an den Klischees, abgedroschenen Phrasen, fadenscheinigen Metaphern und unbezweifelten Sprüchen, daß man es mit einem mythischen Glauben zu tun hat. Der Hopi-Indianer weiß, daß Erde Mutter und Himmel Vater ist, so sicher, wie der durchschnittliche weiße angelsächsische Protestant (WASP) weiß, daß Amerika das Land der unbegrenzten Möglichkeiten ist und daß Genie aus ¹⁄₁₀ Inspiration und ⁹⁄₁₀ Transpiration besteht.

Die Männer und Frauen, die nicht den Konsens über die Realitätsauffassung teilen – Schamanen, Geächtete, Verrückte, Künstler, Propheten, Liebende und die Außenseiter –, erkennen, wie beschränkt die Normalität ist. Sie geben uns des Rätsels Lösung. Sie wissen, wer das Wasser entdeckt hat. Es war ein *fliegender* Fisch. In dem Augenblick, als der Fisch die Wasseroberfläche durchbrach, muß er zu sich selbst gesagt haben: Ich bin in etwas herumgeschwommen, das feucht und schwer ist, ich glaube, ich werde es „Wasser" nennen. Erst aus der Perspektive des Gesetzlosen und des Liebenden, die wir bald untersuchen werden, sind wir in der Lage zu erkennen, daß die mythisch geprägte Normalität eine Form der Massenhypnose ist, die sowohl den IQ als auch den EQ systematisch begrenzt.

MYTHOS UND KÖRPER: DIE SOZIALE REORGANISATION DES EROS

Das mythische System bestimmt nicht nur unsere Denkweise, sondern auch, was, wen und wie wir begehren werden. Um erwachsen zu werden, schieben wir die biologischen Triebe des Körpers beiseite und akzeptieren viele neue, soziale Motivationen. Das Individuum gibt Einmaligkeit im Tausch gegen Mitgliedschaft auf. Ob der Drang in den Lenden auf homosexuelle oder heterosexuelle Weise, in der Monogamie, Polygamie oder Promiskuität zum Ausdruck kommt, hängt von der Gesellschaft ab. Bevor ein sambischer Knabe aus der Jugend in den Erwachsenenstatus aufrücken kann, muß er für eine Reihe von Jahren rituell Homosexualität praktizieren, „den Samen der Krieger essen", die in der sozialen Hierarchie über ihm stehen. Die Definition des richtigen Lebens wird in jeder Gesellschaft durch ihre Helden und Heldinnen verkörpert. Ob wir uns im Bett verhalten wie Kätzchen, wie Lady Chatterleys Liebhaber, ob wir auf die Missionarsstellung versessen sind (aber sonntags nie), orale Lust genießen oder enthaltsam bleiben, beruht auf den Modellen der Sexualität, die uns unsere Gesellschaft bereitstellt.

Im Erwachsenwerden stimmen wir einer Körpertransplantation zu, nämlich der Einpflanzung des Mythos in unsere biologischen Leiber. Die Gesellschaft kolonisiert uns mit ihren Metaphern, pflanzt uns ein Modell ein, mit dem wir unsere Sehnsüchte interpretieren. In Kulturen, die Göttinnen verehren, wurde die Welt beispielsweise als der Leib der Göttin wahrgenommen – Mutter Erde. Die Bewegung der Sterne war ihr Puls, die Jahreszeiten entsprachen ihren Körperrhythmen. Männer und Frauen lebten innerhalb des Welt-Leibes der Göttin und erfuhren ihre Sexualität als Bestandteil der heiligen Fruchtbarkeit dieser Göttin. Später, im christlichen Kontext, wurde die Kirche der Leib oder die Braut Christi, worin der Gläubige lebte. Den Männern wurde aufgegeben, ihre Frauen so zu lieben, wie Christus die Kirche geliebt hatte. Der Körper wurde zum Tempel des heiligen Geistes. Innerhalb des Leibes Christi hatten alle (Mit)Glieder eine Funktion. Die Genitalien sollten unter der Herrschaft der „höheren" Mächte stehen.

Ein Körper trifft nicht einfach auf einen anderen Körper, der durch den Roggen kommt. In Liedern und Träumen können Liebende neben irgendeiner verschlafenen Lagune von Leidenschaft überwältigt werden. Wir können träumen von „Jeannie mit dem hellbraunen Haar, die wie ein Duft auf der Sommerluft schwebt"; aber in Wirklichkeit ist es wahrscheinlicher, daß zwei Körper einander in einem Büro in Philadelphia oder in einem Bordell in New Orleans begegnen. Wir leben nicht in Utopia, und unsere Körper sind immer durch irgendeinen sozialen, politischen, ökonomischen, historischen und familiären Kontext, durch die Art und Weise, in der Macht und Geld erworben und verteilt werden, geprägt. Wenn ein moderner Körper einem Körper begegnet, dann spielt auch der Marktwert eine Rolle. Leidenschaft muß sich immer mit den politischen Realitäten auseinandersetzen.

Als Plato von einer Utopie träumte, schnitt er sich ein Muster zurecht, das dem Kosmos, der Polis und der Psyche entsprechen sollte. Die Vernunft sollte den Kosmos beherrschen; Philosophen den Staat; und der Geist den Körper. Was Plato als Ideal vorschlagen konnte, haben Marx und Reich als traurige Realität dargestellt. Die Politik zwingt dem Körper ihre Werte auf. Die ökonomische und politische Ordnung gibt eine Hierarchie von Werten vor, entwirft eine Vision des guten Lebens und eine Form, die Zeit so zu strukturieren und die Energie so einzusetzen, daß der individuelle Körper-Geist dadurch geprägt wird. (Selbst der Begriff „Wert" ist eine Schablone für unsere Erfahrung, die aus der ökonomischen Ordnung stammt.)

Wir können daher den Versuch, die Leidenschaft zu erneuern, nicht von der Politik trennen. Die Art, wie sich Privatleute verhalten, ist Sache der öffentlichen Politik. Der große Bruder sieht uns. Der Mann, der erschöpft nach Hause kommt, weil man ihn gelehrt hat, kritiklos zu glauben, daß seine männliche Identität auf der Loyalität von neun bis fünf und auf der Hingabe seiner besten Energien an seine Firma beruht, hat eine Entscheidung über seine Sexualität getroffen. Er opfert seinen Körper einer „Körperschaft". Seine Methode der Wahl, um Energie zu verbrauchen und die Zeit zu strukturieren, schließt einen Nachmittagsflirt mit seiner Frau oder Geliebten aus.

Aber der Eros ist kairotisch, nicht chronologisch – ihn regiert die Körperzeit, nicht die Uhrzeit. Die Frau, die man dazu erzogen hat, fügsam und servil zu sein, wurde ideologisch unfähig gemacht, im Bett wie eine Tigerin zu rasen. In einer Gesellschaft, wo Zeit Geld ist, ist der Erfolg denjenigen beschieden, die möglichst lange unter Volldampf bleiben können. Der Mann oder die Frau, die „drive" haben, müssen immer zu Kampf oder Flucht bereit sein. Überreizung der Adrenalindrüsen (mit entsprechender geistiger Erschöpfung) ist der Preis, den wir für unsere Ein-Verleibung in den männlichen Schoß der modernen Gesellschaft zahlen. Man kann sich leicht ausmalen, was ständige Konkurrenz, Überreizung und Streß für unsere sexuelle Genußfähigkeit bedeuten. Kinsey berichtete, daß der durchschnittliche Amerikaner zweieinhalb Minuten nach dem Beginn des Verkehrs einen Orgasmus hatte. Einige Fachleute haben diese Daten in Frage gestellt und vermutet, daß eine genauere Ziffer bei fünf bis sechs Minuten liegen dürfte. Die

Sache ist umstritten. Wie auch immer, es geht schnell, verglichen mit den stundenlangen Liebesspielen, die von tantrischen Liebhabern praktiziert werden. Wir werden wahrscheinlich keinen Liebhaber mit „langsamen Händen" (wie kürzlich ein Schlager formulierte) finden, solange wir auf der Schnellstraße leben.

Noch weiter: Eine Gesellschaft, die uns auf Machen, Tun, Leisten und Produzieren spezialisiert, vergißt die Erziehung zu Staunen und Genießen. Der wahre erotische Impuls entspringt dem Wunsch, zu berühren, zu riechen, zuzuhören und zu genießen. Sexuelles Begehren ist nur eine kleine Unterabteilung von Eros & Co.

Die sanfteste und hinterhältigste Methode, mit der wir durch die Gesellschaft beherrscht werden, sind die offiziellen Auffassungen vom „guten Leben", wie sie in Werbung und Propaganda enthalten sind. Glück ist ein neues Auto, ein Farbfernseher – oder irgendein anderes „frei gewähltes" künstlich gewecktes Bedürfnis. Sicherheit ist ein Ring von ICBMs (Intercontinental Ballistic Missile = Interkontinentalraketen), der alle „feindlichen" Nationen umgibt; eine gute Versicherungspolice; das Wissen, daß einen das Deodorant den ganzen Tag frisch halten wird; beliebt zu sein; einen guten Job zu haben. Was wir begehren „sollten", schleicht sich klammheimlich in uns ein und ersetzt das, was wir tatsächlich begehren. Wir beginnen, unsere Zeit und Energie so zu strukturieren, daß wir erreichen, was wir „wünschen". Wir nehmen eine Arbeit an, schließen Kompromisse und richten uns auf lange Wartezeiten ein, wir ersehnen das Eintreffen der Zukunft, die uns den Lohn bringen wird, den wir uns so redlich verdient haben, indem wir die Freuden des Augenblicks opferten. Der Prozeß verläuft so langsam, daß wir kaum bemerken, wie Fleisch durch Plastik ersetzt wird. Wir vergessen, wie der Körper frohlockte, als er sich noch frei bewegen durfte; wie er es genoß, sich zu strecken, zu rollen, zu hüpfen, zu tanzen, zu laufen, zu essen, zu lieben, zu springen, zu rennen und zu ruhen.

. Allmählich beginnt der Körper, sich gegen das Eindringen von Freude oder Sorge zu schützen. Er panzert sich gegen die Bedrohung des Spielerischen und der Spontaneität. Physiologisch bildet sich ein „Körperpanzer" (Wilhelm Reich), indem sich Muskeln

verkürzen, verdicken und die Elastizität verlieren. Das Bindege-
webe verwächst mit den angrenzenden Faszienhüllen und bildet
eine schwerfällige Muskelmasse. Es entwickeln sich bestimmte
Körperhaltungen und ein eingeschränkter Bewegungsstil. Wir werden unbeweglich und steif. Von da an „läuft" nichts mehr. Der
arbeitende Körper ist zugerichtet, wenn an ihm die Gefühle
abprallen, die den Primat der Arbeitsethik und des Triebaufschubs
bedrohen würden.

Der letzte Schritt beim Aufspüren der verborgenen Logik, die
Politik zu Körperpolitik macht, ist das Verstehen der Beziehung
zwischen Körperstruktur und Sinnesempfindung. Die Körper-
Politik erzeugt Begierde. Die Begierde beherrscht das Handeln.
Das Handeln erzeugt eine Struktur. Die Struktur beherrscht die
Sinnesempfindung. Zum Beispiel: In einer Konkurrenz-Gesell-
schaft ist Aggression ein Grundwert. Aggression kommt physiolo-
gisch durch die Veränderungen zum Ausdruck, die den Körper auf
Kampf oder Flucht vorbereiten. Der Adrenalinspiegel steigt, die
Atmung wird flach und schnell, die Muskeln im Genick, in den
Schultern und im oberen Rückenbereich spannen sich für die
Handlung an. Große Erleichterung wird empfunden, wenn der so
vorbereitete Körper handeln kann. Es fühlt sich gut an, zu schlagen,
zu ringen oder zu stoßen. Kommt die Aggression jedoch nicht
physisch zum Ausdruck, dann bleibt die Spannung im Körper
bestehen. Die ständig in Alarmbereitschaft versetzten Muskeln
verlieren ihre Elastizität und werden chronisch verspannt. Der
geläufige medizinische Ausdruck für diesen Zustand lautet „Streß",
und man sagt uns, er sei die wichtigste Ursache für Krebs,
Herzinfarkt und andere Krankheiten, die in der westlichen Kultur
weit verbreitet sind.

Zur Lust gehört sowohl Spannung als auch Entspannung. Der
Geschlechtsakt ist ein gutes Modell dafür. Höchste Lust erlebt der
Körper, wenn er mit „Hochspannung" aufgeladen wird und dann
diese Energie freisetzt. Sind die muskulären und psychischen
Strukturen zu schlaff, dann kann sich die Begierde nicht aufladen;
sind sie zu starr, dann kann sie nicht voll zum Ausbruch kommen.
In beiden Fällen wird die Lust erheblich eingeschränkt. Zur
Emotion gehört Motion. Wo chronische Starrheit und Verspan-

nung oder atonische Schlaffheit herrschen, fehlt dem Körper die Fähigkeit zur rhythmischen Bewegung, die das Wesen der Lust ist. Wenn wir also unser Fleisch lieben, müssen wir die Weltanschauung des erwachsenen Bürgers überwinden und eine Revolution anzetteln. Jeden Körper *[every-body]* herumdrehen. Wir brauchen eine Körper-Politik, die dazu geschaffen ist, die Bedürfnisse des Körpers zu befriedigen. Bis heute waren Zivilisation und Fleischlichkeit feindliche Prinzipien. Die Menschheit hat vieles vom körperlichen Leben geopfert, um den Forderungen des Staates zu genügen. Die Welt ist heute zu gefährlich geworden, um von Ideologien und der Treue zu nationalistischen Werten regiert zu werden. Wir müssen wieder auf den Boden zurückkommen, zu unseren fleischlichen Anfängen, wir müssen wiederentdecken, was wir tatsächlich begehren. Wir brauchen eine Politik für den Körper, eine mitfühlende Körper-schaft, eine kosmopolitische Gemeinschaft. Nur ein Motto kann die Politik der Zukunft für Menschen aus Fleisch und Blut sicher machen: Alle Lust dem Volke!

UNSTERBLICHKEIT DURCH EHE UND MITGLIEDSCHAFT

Die Initiation in den Erwachsenenstatus signalisiert eine radikale Veränderung in unserem erotischen Leben. Vergangen sind die Tage des sorglosen Spielens, des Ausprobierens von Rollen, der Tagträume vom alternativen Leben, der Romanze mit Idealen, die so rein wie unrealistisch sind. Läßt eine Gesellschaft das sexuelle Experimentieren in der Jugend zu, dann markiert das Erwachsensein gewöhnlich das Ende sorgloser Liebe. Zeit, sich niederzulassen, zu heiraten und Kinder zu zeugen.

Warum eigentlich Jugend, Spontaneität, das In-den-Tag-hineinleben aufgeben, um Verantwortung zu übernehmen?

Im Augenblick hat die Ehe (auch wenn sie von der Moralischen Mehrheit hochgehalten wird) eine ziemlich schlechte Presse. Viele halten sie für eine veraltete Institution,die sich nur aus der Perspektive der Sexualpolitik verstehen läßt. Radikale Feministinnen behaupten, daß die Männer, die ja den Frauen physisch überlegen sind, sich verschworen hatten und die Ehe erfanden, um sich die ausschließlichen sexuellen Rechte auf das Weib zu sichern und um die Frauen zu versklaven. Nach Aussage des Männertyps, der den *Playboy* liest, erfanden die Frauen die Ehe, um die ausschweifenden Gefühle des von Natur aus promiskuösen Mannes zu zügeln und um sicherzustellen, daß sie jemanden hatten, der die Brötchen verdiente.

Beide Erklärungen würdigen die Ehe und die Intelligenz von Männern und Frauen gleichermaßen herab. Die Universalität der Ehe und ihre fortwährende Popularität (94 % von uns versuchen es) lassen darauf schließen, daß sie überlebt, weil sie mehr Zufriedenheit als Unzufriedenheit stiftet, und daß sie erotisch allen bisher gefundenen Alternativen überlegen ist.

Gewiß beklagen wir alle das Ende der Kindheit. Der Übergang von einem Lebensabschnitt in den nächsten gleicht immer einem kleinen Tod, wir trauern um das, was aufgegeben werden muß. Aber die gesunde Persönlichkeit zieht es in den Erwachsenenstatus, weil es erregender und erfüllender ist, etwas gut zu können, eine Rolle zu spielen, ein Bürger zu werden, als im spielerischen, aber ohnmächtigen Stadium des Als-ob zu verharren. Wir erstreben Reife. Die Gesellschaft bietet uns etwas Besseres als Kindheit und „traumhafte Unschuld", wie Paul Tillich sagte, etwas Bewegenderes als Flirts und Tändeleien.

Erwachsensein und Ehe bieten uns einen Genuß der Sexualität, der größer ist als die *Kicks* des Spielens. Ein Spiel kann Spaß machen, aber Fortpflanzung ist Freude. Wir treten in eine neue Lebensphase ein, wenn wir die Fragen stellen: Was wird in meinem Leben und durch mein Leben geboren? Unsere Beziehung? Das Leben selbst? Mit dem Auftauchen zeugender Sexualität sind männliche und weibliche Körper nicht mehr nur Instrumente für sexuelle Spiele, sondern finden ihre tiefste Lust im Ausdruck einer geheimnisvollen Macht und Zweckbestimmung.

Wenn man sich dem Paradoxon der Lust hingibt, entdeckt man, daß die Freuden der Intentionalität und des zielgerichteten Handelns tiefer gehen als die der reinen Sinnlichkeit. Ich habe viele Menschen gebeten, mir ihre erregendste sexuelle Erfahrung zu beschreiben. Bis heute war die meistgenannte Ursache für reine Ekstase der Entschluß zweier Liebender, ein Kind zu zeugen.

Im Grunde ist sexuelle Lust das Mittel der Natur, uns zur Erhaltung der Art zu verführen. Der Eros will, daß die Geschichte andauert. Begierde ist ein Trick, der uns dazu bringt, das evolutionäre Experiment fortzusetzen. In jedem Geschlechtsakt ist ein „biologischer" Imperativ enthalten. Sex ist eine Wahl, so eingerichtet, daß die Gene und Chromosomen ihre Stimme über das Ziel der Geschichte abgeben können. Unsere tiefste Lust ist nicht von der Fruchtbarkeit zu trennen. Unsere unerschütterlichste Sicherheit liegt in dem Wissen, daß wir Teil eines kreativen Universums sind. Etwas Größeres als alles, was wir erkennen oder verstehen können, bewegt uns.

Initiation, Erwachsensein und Ehe bedeuten auch, daß das Individuum in einen sozialen Körper eingetreten ist. Obwohl die Ehe für die meisten Menschen die befriedigendste Form des sexuellen Ausdrucks darstellen kann, ist sie nicht primär auf sexuelle Lust oder Kameradschaft, vielmehr noch nicht einmal als eine Beziehungsform zwischen zwei Individuen konstruiert. Traditionell gilt die Ehe nicht als die Kulmination eines romantischen Dranges, sondern als eine Verbindung von Familien.

> Kein anthropologischer Fachmann behauptet, daß die Ehe eine Paar-Bindung ist, die durch sexuelle Prägung zementiert wird. Für den größten Teil der Menschheit – und wahrscheinlich für die gesamte Menschheit vor der Neuzeit – ist die Ehe weniger ein Bündnis zweier Menschen als ein Bündnis von Familien und größerer Netzwerke von Menschen. ... In den meisten präliteraten Gesellschaften ist die Ehe nicht erotisch, sondern ökonomisch ... motiviert durch den Wunsch, in der Gesellschaft als Erwachsener anerkannt zu werden, einen eigenen Haushalt zu haben, Kinder zu haben, einen ökonomischen Partner zu gewinnen und sexuelle Rechte zu erwerben[4].

Ehe und Mitgliedschaft begründen die Gemeinschaft als die ursprüngliche menschliche Realität. Das einsame Ich, das wir in der westlichen Philosophie als den Ausgangspunkt der Erkenntnis ansehen, als die erste und letzte Wahrheit über die Psyche, ist eine Abstraktion. Ich bin nur im Kontext einer Familie und einer Gemeinschaft ich. Die Ehe und die anderen Bindungsformen des Bürgertums begründen den Kompromiß als die erwachsene Form des Liebens. Identität und Motivation verlagern sich vom Singular auf den Plural. Am wichtigsten für ein erfülltes Leben ist nicht, was *ich* will, sondern was *wir* wollen. Die Bindung, innerhalb derer wir als Erwachsene leben und unser Dasein gestalten, wird durch wechselseitige Versprechen erzeugt. Der Gesellschaftsvertrag beruht nicht auf einem zynischen Kompromiß, den wir schließen, weil wir einander ohne die bürgerlichen Gesetze als Feinde gegenüberstünden; eher beruht er auf dem inneren Wissen, daß wir ohne die Gemeinschaft mit unserer eigenen Art sterben würden. Das singuläre Leben führt (wir entdecken gerade, daß der westliche Individualismus die Grundlage der Gemeinschaft zerstört hat) zu Entfremdung, Anomie und Apathie. Die Triebkraft für das individuelle Leben ist paradoxerweise nicht von der Gemeinschaft zu trennen.

Im Milieu der Gruppe wird die intensive Leidenschaft nicht so hoch bewertet wie treue Fürsorge, nicht wilde Abenteuer mit wechselnden Liebhabern zählen, sondern beständige Freundlichkeit. Die Gesellschaft zähmt uns, sie lehrt uns, unsere dionysischen Impulse unter Kontrolle zu halten (abgesehen von Mardi Gras, Fasching, Orgien und gelegentlichen Affären). Nicht Prüderie bringt den Stamm dazu, den Eros zu domestizieren, sondern die Beobachtung, daß es Geduld, alltägliche Freundlichkeit, Vertrauen und Kompetenz sind, die ein volles Leben ausmachen. Zum Kochen benutzt man glühende Scheite, kein Strohfeuer. Stabilität ist die Vorbedingung für die Entwicklung von Intelligenz und Liebe.

Wären wir unsterblich, dann bräuchten wir vielleicht Zugehörigkeit oder Ehe nicht. Wir könnten herumtollen wie Playboys und Playgirls und Spaß haben. Da wir aber sterben, brauchen wir eine gewisse Sicherheit, daß etwas, dem wir an- oder zugehören, bleibt. Wir können nicht ohne die Gewißheit leben, daß wir weiterleben werden. Die Gier nach Unsterblichkeit in uns ist sogar noch tiefer als die Gier nach Lust. Die Kulturgeschichte ist die Geschichte der Ideen, Objekte und Institutionen, in die Männer und Frauen ihre Hoffnung auf Unsterblichkeit investiert haben – Religionen, Bücher, Sinfonien, Ideologien, Forschung.

Aber die verbreitetste und überzeugendste Form, unser Weiterleben zu bekräftigen, sind unsere Kinder. Ich betrachte meine

Kinder und sehe ein verschmitztes Lächeln, das einst auf dem Gesicht meines Vaters spielte, einen Mund, der eine Reinkarnation meiner Mutter ist, und ich weiß mit innerer Gewißheit (jenseits aller Einwände des Geistes), daß wir gemeinsam an etwas teilhaben, das der Tod nicht zerstört. Wir investieren unseren Eros in Ehe und Familie, weil irgend etwas in unserem Instinkt zu lieben nicht mit etwas Vergänglichem zufrieden ist. Die Ehe gibt uns eine Chance, aus der Liebe herauszufallen, flüchtige romantische Intensität zu überwinden und etwas zu schaffen, das den Säuren der Zeit widersteht. Das Gelübde – in guten und schlechten Zeiten, arm oder reich, in Krankheit und Gesundheit, bis daß der Tod uns scheidet – bedeutet die Geburt einer Art Liebe, die nicht von attraktiven Fassaden, gefälligen Persönlichkeiten oder befriedigenden Bedingungen abhängig ist („solange Du nicht mehr als fünf Kilo zunimmst oder zu schnarchen anfängst"). Sie ist in der Erkenntnis verwurzelt, daß wir eher durch den Wunsch nach Schöpfung als nach der Erfahrung momentaner Lust bewegt werden. Und Schöpfung (sei es ein Kind, ein Buch oder eine soziale Bewegung) setzt immer mehr voraus als nur das Ich.

Bei der Übernahme des Mythos und der Rollen, die mit dem Erwachsensein einhergehen, werden wir nicht nur durch die greifbare Unsterblichkeit der Ehe und der Kinder belohnt, sondern auch durch die Zugehörigkeit zur fortdauernden Entität des Stammes oder der Nation und durch die Identität mit ihrer symbolischen Unsterblichkeit. Wie Ernest Becker in *Die Dynamik des Todes* und *Escape from Evil* gezeigt hat, lokalisiert die Mythologie jedes Stammes und jeder Nation den Stamm oder die Nation im Zentrum eines göttlichen Schemas oder einer kosmischen Ordnung. Jeder Stamm hat in der Geschichte ein vorbestimmtes Schicksal oder eine messianische Rolle zu spielen. Selbst formal atheistische Gesellschaften, wie etwa die UdSSR, sind in diesem Sinne religiös. Becker formuliert das so: „Die Kultur selbst ist heilig als die ‚Religion', die in gewisser Weise den Fortbestand ihrer Mitglieder sichert. In diesem Sinne ist Kultur immer ‚übernatürlich', und alle Systematisierungen der Kultur haben am Ende dasselbe Ziel: den Menschen über die Natur zu erheben, ihn zu vergewissern, daß sein Leben im Universum irgendwie mehr zählt als bloße physische Dinge"[5].

Das Versprechen des Erwachsenseins, einer größeren Körper-schaft anzugehören, ist also der Form nach identisch mit dem Versprechen, das in der romantischen Liebe enthalten war. *In der romantischen Liebe ist der angebetete Geliebte die Ikone des Heiligen. Im Erwachsensein wird die Gruppe zur Ikone des Heiligen.* Unbewußt erwarten wir, daß die Gesellschaftszugehörigkeit unsere Sehnsucht nach einem angemessenen Gegenstand bedingungsloser Liebe erfüllt. Daß wir von unserer Individualität opfern, um dazuzugehören, beruht auf dem Glauben, daß der Stamm der immerwährende Körper ist, innerhalb dessen wir eine Befriedigung unserer Wünsche und Sicherheit finden werden.

Warum das Versprechen der Normalität zum Scheitern verurteilt ist, warum der Eros über den Horizont des Mythos hinausgehen, das soziale Dharma und die Tugenden des Haushalts hinter sich zurücklassen und ein Gesetzloser werden muß, wird deutlich, wenn wir uns das Perverse an der Normalität genauer anschauen.

VII. KAPITEL

Das Perverse der Normalität: Die Wunde der Kultur

Die Vorstellung, daß Normalität pervers werden kann, erscheint seltsam. Schließlich ist die Norm der Maßstab. Wenn der durchschnittliche Erwachsene nicht das Modell der Gesundheit, wenn die Mehrheit neurotisch ist, wie wollen wir dann entscheiden, wer gesund ist? Und wer entscheidet darüber? Die Idee einer übernormalen Lebensstufe oder Lebensweise läßt Visionen von Nietzsches Übermenschen aufkommen (den Hitler grotesk mißbrauchte). Die Arroganz der „geistigen Elite", die das Recht beansprucht, die Norm zu überschreiten, ist furchterregend.

Doch das Problem läßt sich nicht umgehen. Wie wir gesehen haben, füllt jede Kultur die Definition des Erwachsenseins mit ihrem eigenen Inhalt, mit ihrem eigenen Mythos. Wenn es also nichts Höheres gibt als den Erwachsenenstatus, bleibt uns nur ein totaler kultureller Relativismus, und wir müssen schlußfolgern, daß alles, was in einer gegebenen Kultur sanktioniert wird, richtig ist; was aber tabuisiert wird, ist demnach falsch. Richtig wäre es also, Völkermord zu begehen, wenn man ein Indonesier in Timor oder ein Kommunist in Tibet ist, falsch dagegen, wenn man Quäker ist. Daraus folgt, daß es keine *menschliche* Natur, keine *menschlichen* Werte, kein Überschreiten unserer provinziellen Perspektive, kein Entkommen aus dem Charakter, der Persona, den Rollen und dem Mythos gibt. Dann bleibt uns allen nur noch die moralische Schizophrenie, die Leutnant Calley in seiner Rechtfertigung des Massakers von My Lai so anschaulich beschrieben hat: „Ich tue, was man mir sagt. Ich stelle das amerikanische Volk immer über mein eigenes Gewissen." Doch die Entstehung des Völkerbundes, der Vereinten Nationen, die Prozesse von Nürnberg und die Aburteilung von Leutnant Calley sind allesamt Zeugnisse für das

Bemühen, ein bindendes Moralgesetz, das Stammes- und Landesrecht transzendiert, und eine Form des Gewissens ausfindig zu machen, die mehr ist als bloß der Gehorsam gegenüber dem Konsens der Stammessitten. Wenn wir Verpflichtungen haben, die über die Pflicht hinausgehen, die uns unsere Gruppe vorschreibt, dann kann sich die Psyche nicht mit dem Erreichen des Erwachsenenstatus begnügen.

Um über das Erwachsensein hinauszuwachsen, müssen wir zunächst erkennen, wie der Erwachsenen-Charakter pervertiert wird.

EROTISCHE VERKRÜPPELUNG: MYTHOS, LIEBE, HASS

Erwachsenwerden ist ein komplizierter Prozeß, der unser Bewußtsein, unser Mitgefühl und unsere Liebesfähigkeit systematisch verkrüppelt und reduziert. Die „reifen Entscheidungen" schließen alle außer der Familie, den Freunden und den Mitbürgern von der Fürsorge aus. Der Kreis der Liebe ist klein, der des Hasses ist groß. Stammesbewußtsein bildet sich eher durch Negation als durch Affirmation, eher durch Furcht als durch Staunen, eher durch Krankheit als durch Gesundheit.

Wir wollen für einen Augenblick zur Welt des Kindes zurückkehren, das noch nicht radikal von der Kultur geprägt worden ist. Es gibt natürlich keinen Zeitpunkt, selbst nicht *in utero*, wo die Kultur nicht in gewissem Maße unser biologisches und geistiges Potential beeinflußt. Theoretisch wollen wir jedoch annehmen, daß ein Kind mit hundertprozentig intaktem IQ und EQ beginnt, was durch einen Vollkreis symbolisiert werden soll:

100%: Erotisches und intellektuelles Potential

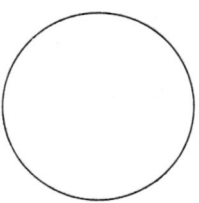

Würde ein Kind nicht zu Mißtrauen, Furcht und Haß erzogen, könnte es einen Überfluß von erotischen Bindungen zur Familie, zu Fremden, Tieren und Dingen entwickeln. Es könnte, wie der Buddhismus fordert, ganz natürlich alle Wesen lieben und ein empathisches Bewußtsein entwickeln, wie wir es nur bei jenen seltenen Individuen erahnen, die wir als Heilige oder Erleuchtete bezeichnen. Untersuchungen zeigen, daß Kinder, die mit viel Berührung, Sinnlichkeit und Zuneigung aufwachsen, keinen Hang zur Gewalt entwickeln. Wir können einen vernünftigen theoretischen Sprung zu der Annahme machen, daß unsere potentielle erotische Fähigkeit weit größer ist, als die meisten Erwachsenen vermuten. Kaum können wir uns ein menschliches Wesen vorstellen, das noch 100% seiner oder ihrer erotischen Fähigkeit hat; aber wir können den Prozeß beobachten, durch den die Kultur uns alle verkrüppelt.

PARANOIA DER GRUPPE: WIR GEGEN SIE

Die erste Vorbedingung für den Erwachsenenstatus besteht darin, daß wir unsere Liebe aufteilen und unseren Haß vervielfachen. Das normale Bewußtsein beginnt mit einer Unterteilung zwischen denen, die wir lieben sollten, und denen, die wir hassen müssen, zwischen uns und ihnen, Sippe und Fremden, dem Stamm und seinen Feinden. Wir beginnen den Prozeß der Kulturaneignung, indem wir den Kreis teilen und 50% unseres EQ amputieren:

50%: Sie gegen uns

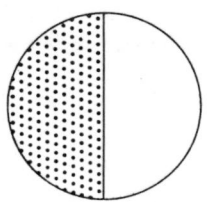

Soweit wir aufgrund historischer und anthropologischer Belege urteilen können, haben die meisten Menschen der Welt in Stämmen und Nationen gelebt, die durch die *Gruppen-Paranoia* zusammengehalten werden. Die Gruppen-Identität „der Menschen" beruhte darauf, daß man einen Feind hatte. Die Zahl der Stämme, die mit einer Mythologie des Friedens gelebt haben, wie etwa die Hopi, die Tassaday oder die Pygmäen, ist sehr gering. Normalerweise wird der soziale Zusammenhalt durch Projektion und Paranoia hergestellt. Wir leugnen unsere eigenen aggressiven, destruktiven, feindlichen Impulse und schreiben sie einem Feind zu. Ernest Becker, der die Wurzeln des Übels untersuchte, formuliert das Problem so:

Was der Mensch am meisten begehrte, war, Teil einer engen und liebevollen Gruppe zu sein, sich mit anderen seiner Art in Frieden und Harmonie zu fühlen. Und um diese intime Identifikation zu erreichen, war es notwendig, auf Fremde zu schlagen, die Gruppe zusammenzuziehen, indem man sie auf ein äußeres Ziel konzentrierte. Man könnte sogar ... die Greueltaten der Nazis im Sinne neutraler oder selbst altruistischer Motive erklären: Harmonie, Einheit, ... Der Mensch will mit einem größeren Ganzen verschmelzen, er sehnt sich nach etwas, dem er seine Existenz vertrauensvoll und demütig widmen kann; er möchte den kosmischen Mächten dienen. So würde also das edelste menschliche Motiv den größten Schaden anrichten, weil es die Menschen dazu führte, ihren höchsten Nutzen als Teil einer gehorsamen Masse zu finden, ihre ganze Hingabe und Liebe ihren Führern zu widmen. Arthur Koestler ... hat das kürzlich bestätigt: Nicht Aggressionstriebe haben in der Geschichte den größten Tribut gefordert, sondern eher „selbstlose Hingabe", Überabhängigkeit kombiniert mit Verführbarkeit ...[1].

Das mythische Denken ist zwanghaft dualistisch. Es spaltet alles in polare Gegensätze auf. Selbst wenn ein Feind aus Fleisch und Blut nicht vorhanden ist, wird die Realität in Form eines kosmischen, sexuellen oder religiösen Dramas dargestellt, einer Moralität oder eines Konflikts zwischen:

Licht	und	Dunkelheit
dem Heiligen	und	dem Profanen
Gott	und	dem Teufel
Gut	und	Böse
dem (auserwählten) Volk	und	dem Feind.

Der kosmische Kampf zwischen Gut und Böse wird in Ritualen, im Sport, in sexuellen Beziehungen und natürlich im Krieg ausgetragen. Beachtliche psychologische Kunstgriffe sind erforderlich, um Menschen zum Töten zu bringen, ohne daß sie von Schuldgefühlen überwältigt werden. Die Mythologie enthält immer eine Rechtfertigung für das Töten des Feindes. Sie macht Töten und Sterben zu heiligen Handlungen, die im Dienste eines Gottes oder eines unsterblichen Ideals ausgeführt werden. Daher ist die Propaganda so alt wie die menschliche Geschichte. Wahrheit ist das erste Opfer, das wir für das Zugehörigkeitsgefühl bringen.

Möglicherweise war eine der ersten menschlichen Erfindungen das Feindbild. Und kurz danach kam die Waffe zum Töten. Typischerweise verwandelt die Propaganda den Feind, aus einem menschlichen Wesen wird ein Dämon, eine Inkarnation des Bösen, ein Schandfleck, der von der Erde getilgt werden muß. Das menschliche Gesicht, das geliebt werden könnte, wird in etwas Abscheuliches, Bestialisches verwandelt. Der Japaner wird zum Affen, der Deutsche eine blonde Bestie, der Amerikaner ein Kapitalistenschwein, der Kommunist ein Atheist, der Jude ein Schädling. Im Gegensatz dazu bedeuten die meisten Namen, die Völker für sich selbst erfunden haben, einfach nur „die Menschen". Die Kariben von Südamerika sagen beispielsweise: „Nur wir sind Menschen."

DER KRIEG ZWISCHEN DEN GESCHLECHTERN

Die zweite Vorbedingung für normales Erwachsensein, die den Eros noch weiter verkrüppelt, ist die Sichtweise von Männern und Frauen als radikal verschieden, als einander verfeindet. Weil die Welt gefährlich und voller Feinde ist, müssen die Männer abgehärtet und zu Kriegern ausgebildet werden, um den Stamm zu verteidigen. Das heißt, sie müssen auch vor Frauen auf der Hut sein. Je mehr die Identität des Mannes im Kriegerideal verwurzelt ist, desto mehr wird eine Gesellschaft die Frauen abwerten und die Beziehung zwischen den Geschlechtern als eine Form der Kriegführung darstellen. Der Krieger, sei er nun primitiv oder zivilisiert, sieht die Frau als ein minderwertiges Wesen an, das erobert, vergewaltigt und unterdrückt werden muß. Bei der Beschreibung der Sambier von Neu-Guinea formuliert Gilbert Derdt das Problem so:

> Eine Gesellschaft von Kriegern neigt dazu, die Frauen feindselig zu betrachten. Die Sambier haben diese Einstellung in der Beziehung zwischen Männern und Frauen auf die Spitze getrieben. Barsch, selbst für die Maßstäbe von Neu-Guinea, wo die Geschlechtsunterschiede scharf kontrastiert sind, stellen Rhetorik und Rituale der Männer die Frauen als schmutzige Untergeordnete dar, denen ein Mann sein ganzes Leben lang mißtrauen sollte. Die Männer selbst fühlen sich den Frauen körperlich, charakterlich und sozial überlegen. Ja, das Überleben des Individuums und der Gesellschaft verlangt harte, disziplinierte Männer, die den weichen Frauen so unähnlich sind wie nur möglich. Dieses Dogma der männlichen Vorherrschaft durchzieht alle sozialen Verhältnisse und Institutionen. Es bildet das Fundament, auf dem Kriegführung, ökonomische Produktion und religiöses Leben ruhen. ... Die Männer bezeichnen die Frauen idiomatisch als eine ihnen selbst eindeutig unterlegene und „dunklere" Spezies[2].

Mit anderen Worten, „normale" Sexualität beruht auf einer sozial geduldeten Form des Sadomasochismus. Vom Mann wird erwartet, daß er die Frau unterdrückt und abwertet, und die Frau hat durch lange Erfahrung gelernt, durch Verlieren zu gewinnen, die Macht in der passiv-aggressiven Weise des Masochisten zu handhaben. Robert Stoller geht so weit zu sagen, daß ein feindseliges Flüstern das Schlüsselelement der (normalen) sexuellen Erregung ist: „Offene oder verdeckte Feindseligkeit ist das, was sexuelle Erregung erzeugt und verstärkt, und ihr Fehlen führt zu sexueller Gleichgültigkeit oder Langeweile. Dieses Vorherrschen der Feindseligkeit in der Erotik zielt darauf, die Kindheitstraumata und -frustrationen aufzulösen, welche die Entwicklung von Männlichkeit und Weiblichkeit (Geschlechtsidentität) bedrohen"[3].

Der folgende Zeitungsartikel schildert in gröbster Manier den Krieg zwischen den Geschlechtern, der dem westlichen Mythos zugrundeliegt:

> Die Schweizer Feministinnen verloren am Freitag ihre dritte Schlacht vor Gericht, als das Oberste Landesgericht entschied, daß Schweizer Soldaten, die ein lebensgroßes *Playboy*-Poster für ihre Schießübungen

benutzen, nicht die Würde der Frau verletzen. Das Gericht führte aus, ein Modell, das nackt für den *Playboy* posiert, „kann nicht als repräsentativ für alle Frauen angesehen werden". Weiterhin entschied das Gericht, die Schweizer Gesellschaft für Frauenrechte verfüge nicht über die gesetzliche Rechtfertigung, die Sache vor Gericht zu bringen, weil nicht bewiesen sei, daß sie für alle Schweizer Frauen spreche[4].

Weitere Belege dafür, daß Sex allgemein als eine Art Krieg angesehen wird und daß der Eros selbst bei den Wortführern der sexuellen Befreiung als ein Geheimagent von Thanatos gilt, finden sich in den populären Sex-Handbüchern. Sie sind voll von militärischen Ausdrücken und Metaphern der Eroberung. Man nehme zum Beispiel *Sex and the Single Man* von Albert Ellis. Ellis rät den Männern, die Merkmale einer Frau zu beobachten, die sie erobern wollen, und einen geschickten Feldzug zu führen, um sie ins Bett zu kriegen. Zuerst müssen wir einige gefährliche Illusionen überwinden, die der Verführung im Wege stehen könnten. Ellis sagt uns ganz offen: „Wir sind nicht auf der Welt, um in unserem Leben etwas Großes zu erreichen, von großem Nutzen für andere zu sein, den Gang der Welt zu verändern oder irgend etwas anderes zu tun, als sich (in der einen oder anderen Weise, die man besonders reizvoll findet) zu vergnügen"[6]. Mit unserem egozentrischen Ziel fest vor Augen können wir jetzt zu der Technik übergehen, wie man einen zögernden Liebhaber rumkriegt. Die Sprache hat eine gewisse Ähnlichkeit mit der von Panzergeneralen und Strategen.

So gleitest du mit deinen Händen unter ihren Büstenhalter ... du kannst in den Genitalbereich eines Mädchens vorstoßen, ohne notwendigerweise ihren Rock, ihren Slip oder ihre Strumpfhosen auszuziehen. Wenn du unbedingt an ihre Brüste oder Genitalien rankommen willst, indem du sie völlig ausziehst, riskierst du häufig deine Chancen: Denn sie wird dich dann mit großem Einsatz davon abhalten, noch weiter zu gehen, und das wars dann. Wenn du andererseits an ihre vitalen erotischen Zonen herankommst, solange sie ihre Kleider im wesentlichen noch anhat, und diese Zonen wirkungsvoll massierst und küßt, bis sie wirklich erregt ist, *dann* wird sie dir überhaupt keinen Widerstand mehr leisten und sich die Kleider ganz ausziehen lassen, vielleicht macht sie es sogar selbst[5].

Die Vorstellung von Sex als Krieg und Eroberung war bis vor kurzem bei Männern verbreiteter als bei Frauen. Die Frau hat

jedoch neuerdings das Recht auf Aggression entdeckt und ausgeübt, wodurch sie den Kampf zwischen den Geschlechtern noch
anheizte. Helen Gurley Brown gibt der Kriegerin in *Sex and the
Single Girl* Gefechtsunterricht. Für das alleinstehende Mädchen ist
die Ehe „nur eine Versicherung für die *allerschlechtesten* Jahre".
Männer sind „Lämmer, die geschoren werden müssen"; sie sind
zwar notwendig, aber das clevere Mädchen hält sich eine Reihe von
ihnen, um seine Bedürfnisse zu befriedigen.

> Es ist schwieriger, Männer freimütig und selbstlos zu lieben, wenn man
> ein Single ist. Sie sind schließlich der Feind! Ein freundliches Lächeln
> von dir, und sie meinen, du seist scharf auf sie. Natürlich muß es von
> deiner Seite aus erst mal eine ganze Menge unerwiderter Freundlichkei-
> ten geben, aber dann hören die Männer auf, mißtrauisch zu sein, und
> erlauben dir, sie einzusammeln[7].

Das erfolgreiche alleinstehende „Mädchen" muß sein ganzes Leben
in eine Strategie verwandeln, um den Mann oder die Männer, die sie
begehrt, zu verführen. Sexy zu sein, ist die stärkste Waffe jeder
Frau, und „die kluge Frau konzentriert sich in jeder Kultur darauf,
ihrer besonderen Klientel zu gefallen".

> Eine Könnerin hat immer ihre Antennen ausgefahren. Mit einfühlsa-
> mem Radar findet sie heraus, was der andere hören will, und sagt es.
> Und sie spürt, was er nicht hören mag, und hütet sich, es zu sagen[8].

Ellis und Brown sind erwähnenswert, weil beide, ohne ein Blatt vor
den Mund zu nehmen, eine verbreitete Einstellung zum Sex
aussprechen. Hinter der Fassade von Charme, Stil und den „normalen" Rollen, die Männer und Frauen spielen, verbirgt sich die
Ansicht, daß Sex Eroberung ist. Der Mann ritzt neue Kerben in
seine „Knarre". Die Frau legt den Körper in „die zarte Falle". Unter
der Oberfläche herrscht Krieg zwischen den Geschlechtern. Der
Mann sorgt sich um die Macht, um Potenz. Die Frau versucht mit
Listen und Strategien weiblich, sanft und nachgiebig zu erscheinen
und doch Herrin der Situation zu sein.

Den meisten Menschen erscheint der Krieg zivil, und die Jagd
macht sogar Spaß. Löwe und Lamm liegen, zumindest für eine
Weile, beisammen. Wie in den mittelalterlichen Kriegen gibt es
Pausen, in denen die Feindseligkeiten aufhören. Aber für einige

sind die Wunden, die ihnen im fortwährenden Klima von Mißtrauen und Konkurrenz zugefügt werden, zu schwer. Die Distanz
zwischen Mann und Frau wächst, bis sie nur noch durch Gewalt zu
überbrücken ist. Für den Mann, dem alle Frauen Feindinnen sind,
wird Vergewaltigung zur einzigen Möglichkeit, um gleichzeitig
seinen Haß auszudrücken wie auch sein Bedürfnis zu befriedigen.
Für die Frau, der Sex ein Kampf ist, in dem sie nicht die Kontrolle
verlieren darf, wird die *Fantasie* der Vergewaltigung zum Ausweg:
Die Fantasie erlaubt es ihr, sich der Übermacht zu ergeben und die
Lust der Hingabe zu genießen. Wer durch den Kampf zwischen den
Geschlechtern ernsthaft verwundet wurde, findet Sex nur noch
erregend, wenn er großzügig mit Gewalt angereichert ist. Blutrün-
stigkeit ist das wahre Aphrodisiakum für den Krieger. Hemingway
vermerkte in *Der Tod am Nachmittag,* daß Blut und Todesnähe die
abgeschlaffte Libido wiederzubeleben scheinen.

In unserer Analyse der Normalität sind wir zu der Schlußfolgerung gezwungen, daß die erwachsenen Rollenzuweisungen, die
männliche Zartheit und weibliche Härte verbieten, Paranoia ins
Zentrum der Beziehungen zwischen den Geschlechtern pflanzen.
Dieser Rollenzwang verringert unsere erotische Fähigkeit um die
Hälfte. Da die Hälfte der Menschen, die zum Kreis von Freunden,
Familie und Kollegen gehören, welche wir lieben dürfen, vom
anderen Geschlecht sind, hat sich unser EQ auf 25 Prozent
reduziert:

25%: Sie, die Feinde, gegen uns
Frauen gegen Männer

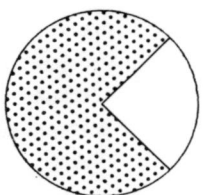

DIE TABUISIERUNG ZARTER MÄNNER UND WILDER FRAUEN

Die Trennung zwischen den Geschlechtern ist auch eine Trennung innerhalb beider Geschlechter. Wir alle sind mit unterschiedlichen Anteilen von sowohl männlichen als auch weiblichen Hormonen und mit der Fähigkeit geboren, die ganze Bandbreite von Tugenden zu leben, die gewöhnlich den unterschiedlichen Geschlechtern zugeordnet werden. Nirgends in unserem biologischen Plan steht geschrieben, daß Männer nicht zart und Frauen nicht hart sein dürfen. Doch wie ich gezeigt habe, zielen die meisten Initiationsriten darauf, eine sexuelle Spezialisierung durchzusetzen und die psychische Androgynie zu zerstören. Daher wird den Männern verboten, die eine Hälfte ihrer Natur zu lieben – diejenige nämlich, die weich, intuitiv, sinnlich, körperlich und fürsorglich ist. Den Frauen werden ausgeprägte Intelligenz, rationales Denken, Eigensinnigkeit, die Ausübung von Macht und der Siegeswille abgesprochen. Es ist eine zu starke physiologische Vereinfachung, aber nicht ganz unwahr, wenn man sagt, daß erwachsene Männer gemacht werden, indem man die rechte, und erwachsene Frauen, indem man die linke Hirnhälfte verkrüppelt. Normale Rollenaufteilungen sind eine Form der gesellschaftlichen Schizophrenie.

In der säkularen modernen Welt haben wir die alten Mythologien des Konflikts zwischen männlichen und weiblichen Göttern – Zeus gegen Mutter Erde – durch abstrakte Begriffe ersetzt, aber die antike Schlacht tobt noch immer. Die Front verläuft zwischen:

das Männliche	versus	das Weibliche
logos	versus	eros
Bewußtsein	versus	das Unbewußte
Intellekt	versus	Intuition
Ich	versus	Libido
Pflicht	versus	Begierde
Arbeiten	versus	Spielen
Wissenschaft und Technik	versus	Religion und Kunst
Vernunft, Geist, Seele	versus	Gefühl, Materie, Körper

abstrakt, quantitativ   versus   unmittelbar, instinktiv
objektives Wissen   versus   sinnliches, persönliches
                                      Empfinden

Da uns durch unsere soziale Konditionierung verboten ist, mehr als eine Hälfte unserer eigenen psychischen Fähigkeiten zu verwirklichen, wird unser EQ nochmals halbiert. Er steht jetzt bei 12,5 Prozent unseres vollen Potentials:

12,5%: Sie, die Feinde, gegen uns
Frauen gegen Männer
Weibliche Eigenschaften gegen männliche Eigenschaften

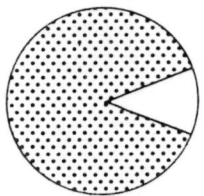

DER KRIEG GEGEN DIE NATUR

Der westliche Mythos grenzt die Arena, in der wir unsere Liebesfähigkeit erproben können, noch weiter ein. Die nichthumane Welt ist heute auf ein „Etwas", ein unermeßliches System geistloser Partikel reduziert worden, die von Wahrscheinlichkeiten, nicht von einem Zweck, beherrscht werden. Die Natur, einst die Mutter, ist jetzt zu einem Vorratslager von Rohstoffen verkommen, das wir nach Gutdünken ausbeuten können, um die Maschinen und Konsumgüter zu produzieren, die uns glücklich machen sollen. Bestenfalls halten wir die Natur für eine „Umwelt", eine Art Zoo ohne Mauern, einen Park, in dem die Szenerie für Rucksackwanderer und andere Voyeure erhalten werden muß, oder für Eigentum, das man haben und nutzen kann, eine grüne Fabrik für die Landwirtschaft. Je mehr wir die Natur als etwas uns selbst Äußerliches sehen, desto fremder wird „sie" uns. Und je bedrohlicher sie wird,

desto mehr muß sie erobert werden. Wenn wir automatisch annehmen, daß wir das Recht haben, die Natur zu sondieren, einzuteilen,
neuzuordnen oder nutzbar zu machen und zu beherrschen, dann
geben wir die antike Vorstellung auf, daß menschliche Wesen eine
Gemeinschaft mit allen empfindenden Wesen bilden.

So wird unser erotisches Potential erneut um die Hälfte reduziert. Die Elemente – Luft, Erde, Feuer und Wasser – und unsere
Mitgeschöpfe (außer Katzen, Hunden und anderen Haustieren)
sind aus unserem Liebeskreis verbannt worden. Unser EQ beläuft
sich jetzt auf 6,25 % seiner ursprünglichen Kapazität:

6,25 %: Sie, die Feinde, gegen uns
Frauen gegen Männer
Weibliche Eigenschaften gegen männliche Eigenschaften
Natur, unkontrolliert, gegen den Menschen, den Kontrolleur

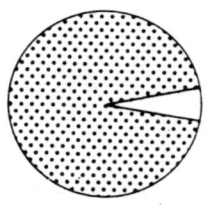

DAS TABU DER HOMOSEXUALITÄT

Ein letzter Punkt bleibt noch in unserer Normalitätsrechnung – die
Homosexualität. Wie wir alle wissen, waren Waffenbrüder zur Zeit
des Sokrates in Athen mehr als Kameraden füreinander. Die
Kriegermentalität erzeugt automatisch homosexuelle Gruppierun-
gen innerhalb der Gesellschaft. Männer bauen ihre wichtigsten
Bindungen zu anderen Männern auf. Wie Robert Brain in *Friends
and Lovers* gezeigt hat, ist die engste Bindung in den meisten
Kulturen nicht die romantische Liebe gewesen, sondern Freundschaft, wie zwischen David und Jonathan. Kumpels, Busen-
freunde, Genossen, Kumpane, Kameraden, Gefährten, *alter egos*

haben in vergangenen Zeiten ihre Liebe geheiligt und ritualisiert, Blutsfreundschaft geschworen und einander ewige Treue gelobt. Freundschaft wurde immer als erotisch angesehen, auch wenn der Sittenkodex vorschrieb, daß es keinen „homosexuellen" Ausdruck für die Liebe geben durfte. Aber enge Freundschaften haben die Grenzlinie zwischen Homosexualität und Heterosexualität ebenso oft überschritten wie respektiert.

In dem Maße, wie die moderne Gesellschaft homophob geworden ist, wurde sie auch philiaphob. Homosexualität ist, besonders bei „echten Männern", so gefürchtet, daß Freundschaft schwierig wird. Nachdem ich in vielen Jahren so viele einsame Männer erlebt habe, kam ich zu dem Schluß, daß der moderne Mann Freundschaften mit anderen Männern meidet, weil er fürchtet, jede Zärtlichkeit könne ein Zeichen für Homosexualität sein. Wir wagen nicht, einander zu berühren, wagen nicht, die Fassade ins Wanken zu bringen. Wir wagen nicht, einzugestehen, daß wir verletzlich, einsam, müde, unkontrolliert sind, daß uns die Beziehungen zu Frauen nicht immer die erwünschte Intimität gebracht haben.

Wenn wir einräumen, daß die moderne Gesellschaft homoerotische Empfindungen bei Frauen eher zuläßt als bei Männern, können wir errechnen, daß die Tabus, mit denen wir die Freundschaft belegen, unseren EQ in geringfügig unterschiedlichem Maße reduzieren. Für die Männer verbleiben 3,125 Prozent. Für die Frauen können wir etwa 4 Prozent ansetzen:

3,125 % bis 4 %: Sie, die Feinde, gegen uns
Frauen gegen Männer
Weibliche Eigenschaften gegen männliche Eigenschaften
Natur, unkontrollierbar, gegen den Menschen, den Kontrolleur
Frauen gegen Frauen, Männer gegen Männer

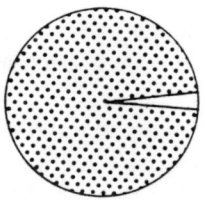

Bei dieser systematischen Reduktion des EQ, die das normale Erwachsenwerden charakterisiert, müssen wir im Auge behalten, daß 3,125 Prozent und 4 Prozent den Anteil unseres Potentials repräsentieren, der verbleibt, *bevor* wir auch nur irgendwelche der individuellen und speziellen Verletzungen einbeziehen, die wir durch bösartige Eltern, besondere Härten, tragische Verluste, Verrat usw. erleiden. Die Normalität raubt uns alleine einen Großteil der Kraft und Lust, von Erkenntnis und Liebe, die unser angeborenes Grundrecht sind.

DIE KRISE DES ERWACHSENEN: DER NICHT ERKLÄRTE BÜRGERKRIEG

Die Charakterbildung des normalen Erwachsenen verläuft als innerpsychischer Krieg zwischen dem regierenden Ich und den Guerilla-Streitmächten des unterdrückten Anti-Ich. Die dunklen und verbotenen Eigenschaften werden abgespalten und auf einen Feind projiziert, auf das andere Geschlecht oder die Natur. Durch eine Tabu-Schranke zwischen Ich und Anti-Ich, eine Art Berliner Mauer, die uns unbewußt hält, werden wir vor der Erkenntnis geschützt, daß das Böse unser eigener Schatten ist. Die „Autoritäten" (Kirche, Staat, Sitten) mit ihrem allgegenwärtigen Überwachungssystem des Gewissens zensieren unsere Träume, unsere Gedanken und unsere Handlungen. Sie erzwingen den Konsens durch die erpresserischen Schuld-, Scham- und Angstgefühle, die uns in dem Augenblick, wo wir uns dem verbotenen Gebiet nähern, mit Liebesentzug und Bestrafung bedrohen. Das erwachsene Ich bemüht sich also darum, das Positive zu akzentuieren und das Negative zu eliminieren, das idealisierte Selbstbild nachzuleben und sich davor zu hüten, Böses zu tun. Ganz vertieft in den Kampf zwischen Licht und Dunkel, erhascht der Erwachsene nur selten (in Gipfel- und Grenzerfahrungen) einen Blick auf den Regenbogen des unbekannten Selbst, auf die unbegrenzten Möglichkeiten des Lebens.

Die systematische Verringerung unserer Möglichkeiten der Entfaltung im Sozialisationsprozeß sät die Saat für die Krise des Erwachsenenalters – die Krise in der Mitte des Lebens. Unsere

Stellung und unsere Rolle in der Gesellschaft werden mit der Preisgabe dessen erkauft, was in unserem Selbst einmalig, idiosynkratisch, amoralisch, antisozial oder asozial ist. In der ersten Hälfte unseres Lebens nehmen das Anpassen der Persönlichkeitsmaske, die Konstruktion eines Charakters, die Familiengründung und der Beruf den größten Teil unserer Aufmerksamkeit und Energie in Anspruch. Aber irgendwann in der Nähe der Lebensmitte beginnt der Bürgerkrieg, seinen Tribut zu fordern. Zunächst werden wir depressiv, das Leben verliert seinen Reiz. Dann bekommen wir Angst. Die Chancen, die wir geopfert haben, werden uns bewußt. Die unterdrückten Laster und Tugenden lehnen sich auf und beginnen, ihren Weg ins Bewußtsein zu erkämpfen. Etwas ruft uns auf, unsere Schale zu durchbrechen, unseren Kokon abzulegen, die Sicherheit von Persönlichkeit/Position/Prestige zu verlassen und die einsame Reise ins Zentrum des Selbst anzutreten. Vor uns tut sich ein neuer Weg in eine unbekannte Zukunft, in Erregung und Schrecken auf. Wenn wir beschließen, diese Reise anzutreten, „geraten wir mitten im Leben in einen dunklen Wald", wie Dante sagte; oder, wie die Mystiker formulierten, dringen wir in die dunkle Nacht der Seele ein.

Ein Großteil der Menschen in den meisten Kulturen entscheidet sich in normalen Zeiten für's Zuhausebleiben, innerhalb des mythischen Konsenses und der zugewiesenen Rollen. Sie vermeiden die Einsamkeit, fliehen vor der Selbsterkenntnis und setzen innerhalb der anerkannten Gesellschaftsordnung ihren Schlaf fort. Sie töten oder sterben lieber, um den Stamm zu retten, als das Risiko einzugehen, allein zu leben. Die Mehrheit läßt die Krise in der Lebensmitte als Chance ungenutzt und wiederholt in der zweiten Lebenshälfte die ausgeleierten Schablonen der Vergangenheit. Nietzsche sagte: „Hat man Charakter, so hat man auch ein typisches Erlebnis, das immer wiederkommt"[9]. Sie entscheiden sich für Wiederholung, Zwang, Vorhersehbarkeit, Konformität und für die Illusion, „daß die Dinge *eben* so sind, wie sie sind".

Schwierig zu berechnen, wie hoch der Preis ist, den wir individuell und kulturell für unseren Entschluß zahlen, die Reise des menschlichen Geistes vorzeitig und voreilig abzubrechen.

Bis noch vor kurzem war die Lebenserwartung der Menschen kurz. Das Alter begann mit vierzig, und nur außergewöhnliche Individuen lebten lange genug, um überhaupt eine Krise der Lebensmitte zu er-leben. Einige Schamanen, Mystiker, Wahnsinnige und Hexen reisten, oft mit Hilfe von halluzinogenen Drogen, über die Grenzen der normalen, durch Konsens befestigten Realität hinaus; aber die meisten Menschen verblieben im Umkreis des ungebrochenen Mythos.

Obwohl nur wenige Individuen mit ihrem provinziellen Bewußtsein in eine nennenswerte Krise gerieten, scheinen Kulturen als ganze oft eine Krise der Lebensmitte zu erleben. Sie begehen dann eher kollektiven Selbstmord, als aus ihrer Mythologie auszubrechen. Wenn wir die prachtvollen Ruinen antiker Zivilisation betrachten, etwa die Tempel der Maya und der Azteken oder die Städte der Xian-Dynastie in China, kann man sich kaum der Erkenntnis entziehen, daß die meisten Kulturen in der Mitte ihrer natürlichen Lebensspanne sterben. Ihre Unfähigkeit, sich veränderten Bedingungen anzupassen, ist in der Starrheit ihrer Mythologie verwurzelt und nicht in ihrem Mangel an pragmatischen oder technischen Mitteln, die gestellten Probleme zu lösen. Auf der Osterinsel beispielsweise wurde die Herstellung der großen Steingötter zu einer solch fixen Idee, daß kaum noch schöpferische Energie übrigblieb, um die praktischen Probleme des Alltags zu lösen. Mythologie und Ideologie blenden und lähmen das Denken des Kollektivs. In neuerer Zeit konnten wir beobachten, wie Hitler Deutschland eher völlig zerstörte, als seine Wahnideen aufzugeben; wir haben gesehen, wie Stalin nicht weniger als zwanzig Millionen Menschen seines eigenen Volkes umbrachte, um für ideologische Sauberkeit zu sorgen; wir haben mitbekommen, wie Pol Pot Völkermord am kambodschanischen Volk beging, um eine mythische Form des ländlichen Kommunismus durchzusetzen. Und wir beobachten, wie Amerika seine Wirtschaft und sein kreatives Potential ruiniert, indem es eher Waffen produziert, als den Mythos von ,amerikanischer Demokratie gegen kommunistische Aggression' durch die Realitäten einer Welt schwindender Rohstoffe, steigender Ansprüche, wuchernden Nationalismus' und eines furchterregenden Machtmißbrauchs zu ersetzen. Wie vergangenen

Zivilisationen droht auch uns die Gefahr des kollektiven Selbstmordes, weil wir uns weigern, unsere mythischen Horizonte zu überschreiten.

Jede moderne Gesellschaft, die durch den westlichen Mythos geprägt ist, hält nicht nur um den Preis eines möglichen atomaren oder ökologischen Selbstmords an ihrem Mythos fest, sondern sie erzeugt dadurch auch eine Psychologie, die ihre Bürger auf Wesen reduziert, deren Wert durch ihre Produktivkraft definiert ist und deren Reise an dem Punkt für beendet erklärt wird, wo sie sich aus dem Arbeitsleben zurückziehen. Anders als die antiken Kulturen, die ihre Alten verehrten, die Philosophie hochachteten (die Suche nach Weisheit ist keine Jagd) und das Alter als den Höhepunkt des Lebens würdigten, sehen die modernen Kulturen das Gealterte als obsolet an. Wir huldigen der Jugend. Unsere Psychologie hat „Reife" als die Konstruktion eines starken Ich und einer produktiven sozialen Persönlichkeit definiert. Mit Ausnahme vielleicht von Erik Erikson und Lawrence Kohlberg haben wir kaum eine Entwicklungstheorie, die auch nur die leiseste Ahnung von dem hat, was Rabbi Ben Ezra meinte, als er sagte: „Werdet alt mit mir zusammen, das Beste steht uns noch bevor. Das Letzte, um dessentwillen das Erste geschaffen wurde. ..." Ein Großteil der Verzweiflung, Einsamkeit und Verwirrung derjenigen, die heute eine Krise der Lebensmitte durchlaufen, beruht darauf, daß sie keinen Plan haben, der postnormale, posterwachsene Lebensphasen ausweist. Unsere offiziellen Pläne warnen uns, daß jenseits des Ich der Rand der Erde liegt: Dämonen, Wahnsinn, Unmoral und Tod.

Es stimmt, die Reise über die Normalität hinaus ist gefährlich und extrem. Wer sich aber entschließt, sicher zu Hause zu bleiben, riskiert Langeweile und Depression, die Plagen des seßhaften Geistes. Die Krankheit, die durch allzu starke Identifikation mit der eigenen Maske ausbricht, kann in verschiedenen Formen auftreten. Zum Beispiel:

Gib die Suche nach deinem Selbst auf, und du lebst in der Furcht, daß andere dich aufgeben werden. Die infantile Scham wird zu einem Dauerzustand, weil sich das unerforschte Selbst angesichts der Fassade, die man geschaffen hat, unwohl fühlt.

Gleichgültig, wieviel man ißt, wieviele Dinge, Geld und Macht man anhäuft, man wird sich insgeheim leer, klein und einsam fühlen. Allerdings kann man anderen nicht erlauben, dieses schändliche Geheimnis zu erfahren.

Um der Leere auszuweichen, bleibt man (a) geschäftig, arbeitsam, immer strebsam nach höheren Zielen; (b) man füllt die Leere durch Unterhaltung (Leben aus zweiter Hand), Essen, Drogen oder Sex zum Vergnügen; (c) wenn leichtere Mittel versagen, sucht man bei Gewalt oder Krankheit Zuflucht; oder (d) gibt sich der passiven Resignation hin. Man vermeidet jedenfalls mit allen Mitteln, Langeweile zu *erleben*.

Gleichgültig, wie alt man ist, fühlt man sich alt, erschöpft und schließlich leicht depressiv, obwohl man in seinem Beruf, seiner Ehe, seiner Rolle weiterhin zuverlässig funktionieren kann.

Man hat das Gefühl, daß das Leben seinen Sinn verloren hat und daß man sich selbst irgendwie fremd geworden ist.

Man erinnert sich oft an frühere Zeiten, als man noch Leidenschaft und Begeisterungsfähigkeit spürte, und fragt sich, was daraus geworden ist.

Das Leben verfestigt sich in einem Muster von Wiederholungen: immer wieder dieselben alten Ängste, Abhängigkeiten, Gewohnheiten und Vergnügungen.

Wer sich entscheidet, die heroische Reise ins Innere des Selbst anzutreten, hat viele antike Helden und Heldinnen als Führer. Es ist ein besonders günstiger Zeitpunkt für diese Reise, da sich auch unsere Kultur in der Krise der Lebensmitte befindet. Der westliche Mythos bricht aufgrund seines eigenen Erfolgs zusammen. Die Liebesaffäre mit der Maschine und mit der säkularen Potenz hat uns an den Rand der Selbstvernichtung geführt. Jetzt müssen wir unser Verständnis des menschlichen Lebenssinns ändern oder den Weg der Mayas gehen.

Neben der herrschenden Kultur taucht eine alternative Kultur auf. Feminismus, Ökobewegung, neue Physik, Friedensbewegung, sanfte Technik, humanistische Psychologie sind nur die Vorboten eines neuen Mythos, der immer stärker wird, je mehr uns die Energiekrise und das Wettrüsten zu Bewußtsein bringen, daß wir am Ende eines alten Paradigmas angelangt sind. Wir stehen kurz davor, die Mythen, Rollen und politischen Formen zu verstehen, die unsere Psyche geprägt haben.

Die Krise der Lebensmitte stellt uns vor Fragen, die sich bisher nur wenige Individuen und noch weniger Kulturen stellen konnten und mußten: Sind menschliche Wesen mehr als kulturell konditionierte, mythengebundene, ideologische Marionetten, die durch gemeinschaftliche Paranoia aneinander gebunden sind? Haben wir die Fähigkeit, unsere Programmierung zu überschreiten? Sind wir dazu verdammt, unsere Substanz in innerpsychischen Konflikten, Kämpfen zwischen den Geschlechtern, Kriegen zwischen Nationen aufzuzehren? Stecken in uns die Kraft und die Vision, uns aus unserer Gefangenschaft zu befreien? Können wir eine Form des sozialen Bewußtseins hervorbringen, die eher auf Mitgefühl und Gemeinsamkeit als auf Ausschließung beruht? Gibt es ein Leben nach der Normalität?

VIII. KAPITEL

Der Gesetzlose

INDIVIDUATION: LIEBE ALS DAS GESETZ DES SELBST (AUTONOMIE)

Liebe macht Gesetze, um sie zu brechen. Gott, Leben, Natur – sie alle sprechen mit gespaltener Zunge. Durch seinen Anwalt, Moses, erließ der Große Gesetzgeber die Gebote. Durch seinen Propheten, Jesus, enthüllte der Große Liebende, daß der Geist immer über das Gesetz hinausgeht. Die Natur lehrt uns die gleiche Lektion. Die Evolution des Lebens verläuft als Oszillieren zwischen Regelmäßigkeit und Abweichung, zwischen Regel und Ausnahme, Ordnung und Chaos. Generationen von Affen trugen pflichtgemäß ihr Haar lang und fröstelten in den Bäumen, bis sich ein nackter Affe auf die Hinterfüße stellte, mit dem Feuer spielte und in eine Höhle zog. Jede Spezies folgt ihren überkommenen Sitten, bis ein Individuum auftaucht, das den Apfel probiert, einen besseren Weg findet und eine neue Dynastie bildet. Die Natur ist niemals auf der Seite derer, die bloß überleben wollen. Sie bewegt sich rastlos weiter, um Neues und Komplexes zu schaffen. Sie gewährt uns gerade so viel Ordnung, daß wir die Wahrscheinlichkeiten berechnen können, aber sie ist gleichzeitig so unberechenbar, daß wir die Zukunft niemals mit Gewißheit voraussagen können. Im Herzen der Schöpfung ist etwas Wildes und Gesetzloses. Das Sein ist Gesetzestreue. Das Werden ist gesetzlos. Das Sein und Werden des Selbst ist beides.

Da das menschliche Bewußtsein durch den Eros angetrieben wird, so weit und mächtig wie möglich zu werden, reißt es sich fortwährend von den gestrigen Dogmen los. Die Mehrheit, das Volk, bleibt stehen. Sie bewegen sich als *ein* Leib zum Rhythmus der Stammestrommel, wiederholen die alten Tänze und Rituale, so genau sie können, um sicherzustellen, daß sie nicht die Magie verlieren, die ihnen von ihren Vätern hinterlassen wurde. Die Masse ist, wie das normale Ich, konservativ. Ihr Gesetz ist ein Wiederholungszwang. Ihr Ziel besteht darin, das Neue und den Schrecken der Geschichte zu vermeiden. Ihr Kodex von Gut und Böse wird von den Autoritäten überwacht. Dann tritt plötzlich eine Ausnahme, ein Individuum, ein Regelbrecher auf. Prometheus stiehlt das Feuer. Adam und Eva essen von der verbotenen Frucht. Buddha zerstört das Kastensystem und zeigt einen Weg zur Überwindung des Leidens. Sokrates entdeckt Dialog und Dialekt als das Instrument des Eros. Jesus zerschmettert das Gesetz der Stammesmoral, erfindet die Vergebung und verkündet die Vorstellung, daß wir unsere Feinde lieben sollen. Kopernikus, Newton, Darwin, Marx und Freud beleidigten alle das Ich ihrer Zeit und erweiterten die Welt.

Zuerst wird der Gesetzlose zu einem Ketzer, zu einem Atheisten, zu einem Volksfeind erklärt. Wenn aber klar wird, daß der Außergewöhnliche das genetische Versprechen der Zukunft trägt, wird er oder sie als Held anerkannt und in den Mittelpunkt eines neuen Kults gerückt. Nachdem er sich durchgesetzt hat, preisen die Autoritäten den Mut, die Kreativität und das Genie des Gesetzesbrechers. Der Held, der die einsame Reise über die Norm hinaus wagte, wird als die große Ausnahme, als ein Halbgott dargestellt, den man bewundern, sogar verehren, aber nicht nachahmen soll. Die Priester des neuen Kults beeilen sich, den Geist zu zügeln, der Mehrheit klarzumachen, daß nur der von Gott Erwählte berechtigt war, die Regeln zu brechen. In der zweiten Generation wird, wie Max Weber sagte, der Geist bürokratisiert. Die Stammesautoritäten flicken das Loch im Mythos.

Aber die Dinge liegen nie gleich. Jedesmal, wenn das charismatische Individuum den Stammeskonsens aufbricht, wird das menschliche Bewußtsein erweitert. Der Wissensvorrat wächst und mit ihm die Chancen der Liebesfähigkeit.

Doch genug der Apologie für das Prinzip der Gesetzlosen. Es ist ein schwacher Trost für jeden, der sich jetzt auf die Reise über das Erwachsensein hinaus macht, wenn er weiß, daß die Natur das Risiko sanktioniert und daß einige Helden in der Vergangenheit überlebt haben. Die Erlaubnis für die Suche des Gesetzlosen kann von keiner Autorität erteilt werden, und sie läßt sich auch nicht durch irgendeine wissenschaftlich verifizierbare Theorie der Kreativität, der Geschichte oder der menschlichen Natur rechtfertigen. Die Entscheidung, ein Individuum zu werden, sich zu erlauben, eher von den tiefsten Impulsen des Selbst als vom sozialen Konsens bewegt zu werden, kann nur mit Furcht und Zittern getroffen werden. Es ist definitionsgemäß eine einsame Entscheidung. Zu ihr gehören notwendigerweise Angst und Selbstzweifel. Zunächst wird sie unangenehm, unpassend und unnatürlich erscheinen und ein hohes Maß an Selbstbewußtsein erfordern. Oft wird man straucheln und fallen. Häufig wird sich der Weg im Gestrüpp verlieren. Der Gesetzlose wird sich oft fragen, ob der Kampf um das Recht auf Erkenntnis, auf Geschmack, auf Erfahrung und auf Urteil nicht ein Akt der Arroganz ist. Der Weg des Individuums ist immer ein steiniger Pfad. Er ist, wie der Katha Upanishad sagt, „die scharfe Klinge eines Rasiermessers, schwierig zu überschreiten"; aber für einen, der auf die ruhige, leise Stimme des erotischen Gewissens hört, ist er auch das „Tor zur großen Befreiung". Der Weg ist immer ein furchtbares Risiko, weil er so weit über die Grenzen der Normalität hinausführt. Søren Kierkegaard benutzte Abrahams Entscheidung, seinen Sohn Isaak zu opfern, als Erklärungsmodell dafür, daß die Aufgabe, ein Individuum zu werden, immer „eine theologische Aufhebung des Ethischen" einschließt. Irgendein Telos, Ziel oder Gut, das höher, weiter, liebenswerter ist als die gemeinschaftliche Haßliebe des Stammes, ruft uns auf, eine gefährliche Reise über die alten Definitionen von Gut und Böse hinaus zu unternehmen. Um ein Gesetzloser zu werden, muß ich beschließen, daß meine persönliche Erfahrung eher die Autorität ist, auf die ich meine Urteile stützen will, als die Sitten des Stammes. In einem kühnen Akt der Eigenliebe und des Selbstvertrauens stellt der Gesetzlose das Individuelle über das Universelle.

DIE MOTIVE DES GESETZLOSEN

Auf den ersten Blick kann man den Gesetzlosen leicht mit dem Kriminellen verwechseln. Der Begriff „Gesetzloser" beschwört Bilder von Robin Hood, Bonnie und Clyde, von Psychopathen, Kriminellen und Betrügern herauf. Weil so wenige von uns in der

Das Selbst des Gesetzlosen

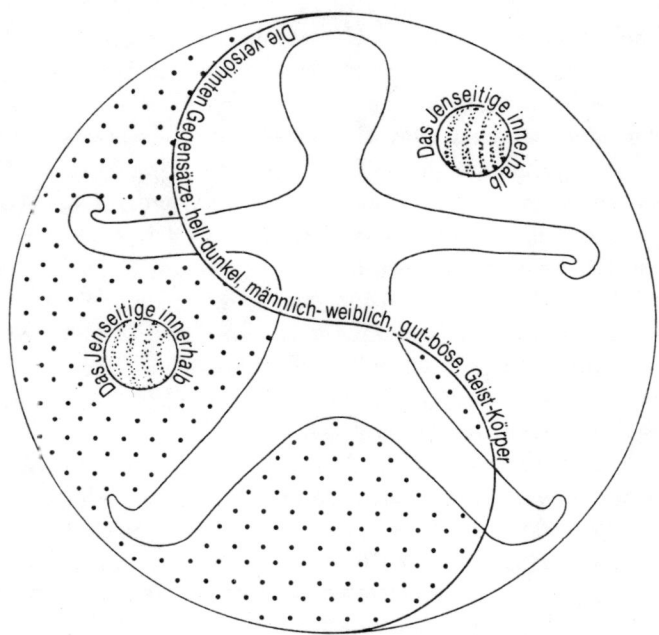

bürgerlichen Wohlanständigkeit ihre rebellischen Impulse je ganz ausgelebt haben, haben wir eine zählebige Romanze mit Schurken und Gesetzesbrechern. Das Leben von Robert Vesco, Charles Manson, Gary Gilmore und anderen schillernden Kriminellen fasziniert uns zutiefst. Sie leben stellvertretend unsere antisozialen Impulse aus. Aber zwischen dem Kriminellen und dem Gesetzlosen besteht ein entscheidender Unterschied. Der Kriminelle ist ein perverser Rebell, der sich *gegen* das Gesetz auslebt, eine unternormale Person, die unfähig ist, sich genügend für andere zu interessieren, um die Verantwortung des Erwachsenen zu tragen. Der Gesetzlose ist ein übernormales Individuum, das sich zu sehr um die anderen kümmert, als daß es die Einschränkungen des Eros akzeptieren könnte, die das normale Leben auferlegt. Die Suche des Gesetzlosen bewegt sich also *außerhalb* und *jenseits* des Gesetzes, nicht gegen das Gesetz.

Während der Rebell nur ein Antinomist ist, der das Bestehende ablehnt, geht es dem Gesetzlosen um die Suche nach Autonomie, nach Selbstbestimmung. Der Unterschied zwischen rebellischem Geist und dem Geist des Gesetzlosen wird auch in der Unterscheidung zwischen antisozialer, soziopathischer Gewalt und *zivilem Ungehorsam* deutlich. Das Bewußtsein des Gesetzlosen führt unausweichlich zu irgendeiner Form des zivilen Ungehorsams. Eine Veränderung der Identität bringt auch einen Wandel in der Art zu sehen, zu fühlen, zu denken und zu handeln mit sich. Aber eindeutig entspringen die prophetischen Proteste von Gandhi, Martin Luther King, Daniel Ellsberg, der Brüder Berrigan, der Frauenbewegung, von Andrej Sacharow, Amnesty International und Solidarität *nicht* irgendeinem unausgegorenen Rebellionsbedürfnis, sondern einer Leidenschaft für Gerechtigkeit, Würde und Freiheit. Das transmoralische Gewissen des Gesetzlosen ist die innere Stimme einer universellen Gemeinschaft, die darum kämpft, geboren zu werden.

Um ein Gesetzloser zu werden, muß ich mich hervorheben, muß wagen, eine erste Person Singular zu sein, und es ablehnen, im gemeinschaftlichen „Wir" Zuflucht zu suchen. Ich muß das Innerste nach außen kehren und eher nach innen als nach außen gerichtet leben. Ich muß dem Konsens den Rücken kehren und eine Reise ins unbekannte Binnenland, in die *terra incognita* meines Selbst antreten.

Der Kriminelle setzt das Messer gegen andere ein; der Gesetzlose benutzt das Messer, um die Persona, die Maske vom Selbst zu trennen. Der Gesetzlose benutzt das Schwert des Kriegers, um seinen eigenen Charakterpanzer zu zerschlagen, um die Abwehrmechanismen zu zerstören, die ihn in der Zitadelle der Persönlichkeit und der Rolle gefangen hielten. Er benutzt das Messer, um sich vom unbewußten Leben der Mehrheit abzuschneiden. Der Gesetzlose ist der bewußte Krieger, der die Aggression einsetzt, um die Mauern, Schranken und Grenzen einzureißen, die künstlich trennen und entfremden. Norman O. Brown sagt:

> Die vor dem Priester verheimlichte und dem Krieger geoffenbarte Wahrheit ist diese: daß die Welt ewig lebendiges Feuer immer war, ist und sein wird. Erfahren hat das auch der Liebende: jeder Liebende ist ein Krieger; Liebe ist lauter Feuer[1].

DIE UNSICHTBARKEIT DES GESETZLOSEN

Wollten wir den Gesetzlosen in Aktion filmen, worauf könnten wir
dann die Kamera richten? Das Kind könnten wir in Armen liegend
fotografieren. Rebellen sind immer deutlich sichtbar. Weil sie den
Antagonismus brauchen, findet man sie stets im Widerstandskampf
gegen Autoritäten; ihre Lebensläufe sind der Stoff für Dokumen-
tarfilme. Ein Tag im Leben eines Erwachsenen würde zeigen, wie
ein Mann oder eine Frau zur Arbeit geht, mit Kindern spielt,
Fernsehen schaut, Tomaten einkauft und so weiter. Aber der
Gesetzlose?

Lebten wir im traditionellen Indien, könnten wir die gesetzlose
Phase in der Entwicklung des Bewußtseins filmen, indem wir uns
auf den Punkt im Lebenszyklus konzentrieren, in dem ein Mann
den Übergang vom Leben eines Hausvaters zum kontemplativen
Dasein eines Bettelmönches vollzieht. Unsere Kamera würde einen
Mann mittleren Alters zeigen, der seine ökonomischen und häuslichen Angelegenheiten in Ordnung gebracht hat, seine Familie
verläßt, den Bettelkittel anlegt und ein von Verpflichtungen freies
Wanderleben beginnt. Wir würden ihm folgen, wenn er um seine
Mahlzeiten bettelt, spirituelle Pilgerreisen zu heiligen Stätten,
berühmten Gurus und Heiligen unternimmt, meditierend dasitzt
und im Vorgebirge des Himalaya sich selbst kasteit. Wir würden
sehen, wie er die verschiedenen Disziplinen des Bewußtseins übt
– Atemkontrolle, Wiederholung der heiligen Silbe *Om*, Anbetung
seiner gewählten Götter und die akrobatischen Stellungen des
Hatha-Yoga. Würden wir ihn fragen, was er tut, dann würde er uns
antworten, daß er versuchte, den Schleier des Scheins zu zerreißen,
Maya aufzulösen und den Zyklus seines Karma zu zerbrechen.

In der westlichen Welt ist es schwieriger, die gesetzlose Phase
sichtbar zu machen, weil sie niemals offiziell anerkannt, ritualisiert
oder institutionalisiert worden ist. In buddhistischen Ländern wird
von jedem erwachsenen Mann erwartet, daß er eine gewisse Zeit in
einem Kloster verbringt, um die Kunst der Kontemplation zu
erlernen. Aber innerhalb des Christentums hat man die Praxis des
Rückzugs und der Kontemplation als eine spezielle Berufung

angesehen. Die kontemplative Lebensweise, radikales Nachdenken über das Selbst, wird, wie die Herzchirurgie oder das Reparieren von Aufzügen, für eine Berufung gehalten, die von Spezialisten auszuüben ist – von Mönchen, Nonnen und Philosophen. Von der Durchschnittsperson erwartet man, daß sie im aktiven Leben verbleibt, es sei denn, sie wäre so unglücklich und ungefestigt, daß sie einen altmodischen Nervenzusammenbruch oder eine Krise der Lebensmitte hat. Dann ist es erlaubt, mit Hilfe eines Psychotherapeuten die Tiefen des Selbst auszuloten und einige radikale Fragen über die eigene Identität zu stellen.

Die beliebteste Lösung für das Problem des Kameramanns besteht darin, daß man die Suche des Gesetzlosen als eine hochdramatische Heldengeschichte darstellt, die sich durch die Verwendung von Allegorien und Metaphern sichtbar machen läßt – eine Suche nach dem heiligen Gral, ein Sprung in die Unterwelt, eine Bergbesteigung, ein Kampf mit Dämonen, ein erwachender Träumer. Joseph Campbell hat in *Der Heros in tausend Gestalten* gezeigt, wie der Heldenmythos allgemein verwendet wird, um den psychischen Prozeß zu schildern, in dem jemand seiner selbst gewahr wird. Im Schamanismus starb der Neuling symbolisch, er wurde zerstückelt, und der Geist entfloh mit den Wildgänsen. In dem frühesten bekannten Epos taucht Gilgamesch auf den Meeresgrund, um das Elixier der Unsterblichkeit zu finden. In der *Odyssee* reist Odysseus, wie der verlorene Sohn, in ein fernes Land, verirrt sich und besteht viele Abenteuer, bevor er nach Hause zurückkehrt. Der Pilger und der Ritter, die den Gral suchen, müssen immer viel durchstehen. Alice verschwindet durch den Kaninchenbau, durch die Spiegelwelt des Ich. Don Juan lehrt Castaneda, wie man die Welt anhält und seine normalen Gewohnheiten unterbricht, um in die andere Realität einzudringen.

Das Problem, unsere Aufmerksamkeit auf dramatische Helden zu konzentrieren, liegt darin, daß es das Bewußtsein des Gesetzlosen mystifiziert und uns glauben macht, dieses Bewußtsein sei eine spezielle Fähigkeit oder Gabe, die ausschließlich einer Elite vorbehalten ist. Von gewöhnlichen Menschen kann man nicht erwarten, daß sie einem spirituellen Genie folgen. Heldengeschichten suggerieren, daß der Preis des Muts über den normalen Gefühlshaushalt hinausgeht. Sie verführen uns dazu, die allgemeine Fähigkeit des menschlichen Geistes, die Normalität zu transzendieren, zu verleugnen. Es ist die Berufung *jeder* Person, einmalig zu werden. Die normalen Krisen des Lebenszyklus bringen jeden von uns an den gefürchteten Punkt, wo wir die Möglichkeit haben, aus dem Rahmen unseres Mythos hinauszutreten und bewußt zu werden.

Daher müssen wir, selbst auf die Gefahr hin, das Poetische und Dramatische zu opfern, den Erwerb persönlicher Kraft, die Individuation und das Abenteuer der Bewußtwerdung entmystifizieren und demokratisieren.

Das Wunder des Bewußtseins ist so alltäglich und geheimnisvoll, so einfach und komplex, so allgemein und selten, daß wir, wollten wir es filmen, vielleicht nichts Spektakuläreres sähen als einen gewöhnlichen Mann oder eine gewöhnliche Frau, die ruhig und in Gedanken versunken allein in einem Zimmer sitzen. Die einzige Andeutung einer Aktion könnte das Muskelspiel sein, wenn ein verwirrtes Stirnrunzeln einem einsichtsvollen Lächeln Platz macht. Wie Hannah Arendt meinte, ist die männlichste Handlungsform nichts weiter als das Denken. Catos Worte, die sie zitiert, charakterisieren die wahrhaft radikale Handlungsweise im Kampf des Gesetzlosen: „Niemals ist man tätiger, als wenn man dem äußeren Anschein nach nichts tut, niemals ist man weniger allein, als wenn man in der Einsamkeit mit sich allein ist"[2]. Viele der größten Erforscher des menschlichen Bewußtseins blieben ihren Zeitgenossen verborgen, ihre Taten blieben unbesungen. Wir können niemals aufgrund von Eindrücken, oft noch nicht einmal nach dem Verhalten, beurteilen, wieviel Freiheit des Bewußtseins eine Person erreicht hat. Eine ruhige Frau, die den Schrecken überwunden hat, als Kind mißbraucht oder als Jugendliche vergewaltigt worden zu sein, und die trotz allem lernen konnte, das Risiko der Intimität auf sich zu nehmen, ist dem Gefängnis ihres Charakters vielleicht viel mehr entkommen als solche gefeierten Gesetzlosen wie Frank Lloyd Wright oder Norman Mailer.

Oft verstecken sich Gesetzlose bewußt und lernen, Masken und Verkleidungen zu benutzen, um das Allerheiligste ihrer Einsamkeit vor feindlichen Beobachtern zu schützen. Nietzsche, vielleicht der größte Philosoph des gesetzlosen Bewußtseins, sagte:

Alles, was tief ist, liebt die Maske. ... Es sind nicht die schlimmsten Dinge, deren man sich am meisten schämt: es ist nicht nur Arglist hinter der Maske – es gibt so viel Güte in der List. Ich könnte mir denken, daß ein Mensch, der etwas Kostbares und Verletzliches zu bergen hätte, grob und rund wie ein grünes altes schwerbeschlagenes Weinfaß durchs Leben rollte: die Feinheit seiner Scham will es so. Einem Menschen, der Tiefe in der Scham hat, begegnen auch seine Schicksale und zarten Entscheidungen auf Wegen, zu denen wenige je gelangen und um deren Vorhandensein seine Nächsten und Vertrautesten nicht wissen dürfen: seine Lebensgefahr verbirgt sich in ihren Augen und ebenso seine wiedereroberte Lebens-Sicherheit. ...[3].

So sehr es den Kinogänger enttäuschen mag, der dramatische Vorbilder verlangt, wir müssen versuchen, die Fertigkeiten und Disziplinen, die erforderlich sind, um das Bewußtsein über den agonalen Dualismus des erwachsenen mythischen Geistes hinaus zu erweitern, in nichtmetaphorischer Weise zu beschreiben.

DAS SELBST ALS ZEUGE: AUFHEBUNG DER IDENTIFIKATION, DES ENGAGEMENTS UND DER VERSTRICKUNG

Das Bewußtsein des Gesetzlosen wird in dem Augenblick geboren, in dem ich aussteige, die Welt anhalte und aufhöre, ein Akteur zu sein, der sich mit den mythischen Rollen identifiziert, die ich in der Gesellschaft gespielt habe. Die Veränderung beginnt, wenn ich nichts mehr tue außer zu beobachten. Die Weisheit des Bahnübergangs: Stehenbleiben. Schauen. Hören. Meditation ist die gesunde Form des Voyeurismus: Mein Selbst beobachtet mein Ich.

Für den Erwachsenen ist die ganze Welt eine Bühne, und die Persönlichkeit ist die Maske, die man trägt, um die zugewiesene Rolle zu spielen. Der Gesetzlose nimmt schweigend einen Platz in der hintersten Reihe dieses Theaters ein und beobachtet die dramatischen Konflikte, die durch die unbewußten Widersprüche in der Persönlichkeit inszeniert werden. Ich beobachte mich selbst, wie ich abwechselnd die Rolle von Tyrann und Opfer, Sadist und Masochist, Schuldigem und Unschuldigem spiele. Ich beobachte, wie meine Stimmungen im neurotischen Zyklus zwischen Allmacht und Ohnmacht hin- und herschwingen. Ich beobachte die Spiele, die ich spiele, die gewohnheitsmäßigen Haltungen, die ich einnehme – eins hoch, eins runter. Ich beobachte, wie ich Charme, Status, Bluff, Geld, Lügen, Macht, Sex, Überzeugungskraft einsetze, um andere zu manipulieren und zu bekommen, was ich will. Ich beobachte die Kostüme, Manieren, Stimmlagen, Muskelspannungen, die ich verwende, wenn ich die Rolle als Vater, Lehrer, Liebhaber und Freund spiele. Und ich beobachte, wie ich mich entspanne, mich selbst heile und krankmache. Vor allem achte ich ganz genau auf die Unterschiede zwischen meinem privaten und meinem öffentlichen Selbst. (Ein sehr guter Zeitpunkt, in dem man sich dabei überraschen kann, in die eigene Persönlichkeit zu schlüpfen, sind die Augenblicke zwischen Schlafen und Wachen. Wie mir mein Freund Howard Thurman einmal sagte: „Schlaf' nie zu schnell ein und stehe nie zu schnell auf. Bevor du einschläfst oder wenn du gerade aufgewacht bist – werde innerlich ruhig. Blicke zurück auf den Tag. Denke darüber nach, wer du in deinen Träumen warst. Laß deinen Geist vorausschweifen, auf deine Absichten für den Tag.")

Aber macht mich die Selbstbeobachtung nicht schrecklich selbstzentriert? Bald bin ich wie der Tausendfüßler, der versuchte, sich vorzustellen, wie er lief, und darüber so verwirrt wurde, daß er über seine eigenen Beine stolperte.

Nein. Sich seiner selbst gewahr sein und Selbstbespiegelung sind etwas ganz Unterschiedliches. Wenn ich „selbstbewußt" bin, sind es in Wirklichkeit die Augen eines anderen, die mich beobachten, beurteilen und kritisieren. Und mir gelingt es nie, den Maßstäben des Beobachters gerecht zu werden. Wenn ich beispielsweise Tennis spiele oder mit jemandem schlafe, und dabei meine Bewegungen beobachte, um zu sehen, ob ich richtig spiele, sind es die Augen der Autoritäten, die mich beurteilen. Wie Fritz Perls sagte, ist diese Form der Selbstbeobachtung eine milde Form der Paranoia. Ich beurteile mein Selbst mit Normen, die meiner Erfahrung äußerlich sind. Genau diese Augen muß ich schließen, wenn ich meinem wahren Selbst Sinn geben, mit ihm in Berührung bleiben will. Und wenn es uns nicht gelingt, symbolische Möglichkeiten zu finden, unsere Beobachter zu vernichten und selbst unser eigener wahrer Zeuge zu werden, dann werden die Eltern oder Autoritäten manchmal in der Realität umgebracht. Kürzlich hat ein junger

Mann in Santa Cruz seine Mutter getötet und ihre Augen gegessen. Der Junge in dem Stück *Equus* nahm seinen Göttern – den Pferden – die Augen heraus.

Das Sich-seiner-selbst-gewahr-Sein *urteilt nicht.* Ich betrachte meine Handlungen, meine Empfindungen, meine Erfahrung mit sanften und mitfühlenden Augen, aus großer Distanz, als wäre ich Gott oder ein Romancier. Die wichtigste Regel für den Zeugen seiner selbst lautet: Urteile nicht. Identifiziere dich nicht mit oder gegen etwas, das du beobachtest. Der Zeuge muß a-moralisch sein, ein reiner Phänomenologe. Der Gerichtssaal des bürgerlichen Gewissens muß für eine Zeit geschlossen werden. An einem bestimmten Punkt schaltet der Gesetzlose dann von Kontemplation auf transmoralisches Handeln um. Um aber die reaktionären Denk- und Verhaltensmuster abzulegen, welche die Persönlichkeit ausmachen, muß es vorher eine Zeit der Untätigkeit geben.

Wenn ich die Technik eines objektiven und mitfühlenden Zeugen erlerne, verlagert sich meine Identität langsam von meiner Person auf mein Selbst. Anstelle der alten zwanghaften, vorprogrammierten Reaktionen entdecke ich eine wachsende Fähigkeit, zwischen Reiz und Reaktion eine Pause einzulegen. Ich höre auf, ein bloß biologisches Geschöpf zu sein, das automatisch auf Steak mit Kartoffeln, auf den unmittelbaren sexuellen Reiz oder auf die Verletzung seines Territoriums reagiert; ich entscheide und wähle frei, was wünschenswert ist. Ich bin nicht länger Gefangener meiner Impulse oder der Urteile, die von seiten der Gesellschaft über mich gefällt werden. In der neuentdeckten Stille finde ich die Freiheit, mich von meinen alten Selbstbildern und Abhängigkeiten zu lösen.

ABHÄNGIGKEIT UND DIE UMWANDLUNG
DER BEGIERDE

Wenn es eine einzelne Frage gibt, die der Suche des Gesetzlosen als Leitstern dient, so lautet sie: „Was will ich wirklich?" Ich erwache aus der Trance, in die mich die Kultur versetzt hat, und stelle fest, daß ich chronisch unzufrieden war. Mein Leben als Erwachsener versorgte mich mit den Standardbefriedigungen, und doch fehlt mir ein Gefühl der Erfüllung. Noch immer leer. Die Kultur verspricht mir, wenn ich mache, kaufe, esse, konsumiere, strebe, arbeite, werden meine Bedürfnisse befriedigt, so daß ich glücklich sein kann. Aber ich stelle fest, daß der Köder des Glücks, solange ich mich zurückerinnern kann, immer knapp außerhalb meiner Reichweite vor mir baumelte und ich ihn nie zu fassen bekam. Er hängt noch immer genau einen Schritt vor mir. Und, was noch schlimmer ist, das Versprechen hat mich hypnotisiert, so daß ich ihm weiter nachjage, im Geschirr bleibe. In dem Augenblick, wo ich meine Augen vom Köder abwende und die radikale Frage stelle, was meine wahren Bedürfnisse sind, werfe ich das Geschirr ab und fange an, frei umherzustreifen und zu suchen, was meinen Hunger stillen wird.

Der Weg, der von der Person zum Selbst, vom Erwachsenen zum Gesetzlosen führt, öffnet sich, wenn man lernt, zwischen falschen und wahren, zwischen oberflächlichen und tiefen Wünschen, zwischen obsessiver Begierde und freier Leidenschaft, zwischen Abhängigkeit und dem Hunger nach dem Werden/Sein selbst, zwischen scheinhaften und tatsächlichen Bedürfnissen zu unterscheiden.

Eine der einfachsten Möglichkeiten, um die Konfusion zu durchbrechen, die um das Problem der Begierde herrscht, und um zu erkennen, wie weit uns die Kultur von unseren tiefsten Bedürfnissen trennt, besteht darin, sich mit der Sucht zu befassen. Es würde uns jedoch nicht weiterhelfen, den üblichen Trick anzuwenden und jene armen Menschen zu untersuchen, die drogenabhängig sind. Die brave Mehrheit täuscht sich gewöhnlich selbst und versteckt ihre eigene erotische Verkrüppelung damit, daß sie die Aufmerksamkeit nicht auf das Phänomen der Sucht, sondern auf die offiziell mißbilligten Substanzen konzentriert – die „schlimmen" Drogen. Wenn wir das Problem auf chemische Abhängigkeit von Heroin oder Alkohol beschränken, dann können wir die Süchtigen einfach in ein Getto sperren und uns mit der Illusion trösten, daß der Rest von uns normal ist.

Die größte Abhängigkeit von uns allen ist die Abhängigkeit von unserer Persönlichkeit – von unseren Gewohnheiten, Rollen, Verhaltensmustern. Müßten wir die Abhängigkeiten der modernen

Gesellschaft nach dem Grad ihrer Popularität auflisten, dann ergäbe sich folgende Reihenfolge: Konkurrenz, Streß, Arbeit, Gewalt, Status, Essen, Sex, Romanze, Zigaretten, Alkohol, Marihuana, harte Drogen. Wenn wir noch die Sucht anfügen, mit oder ohne Grund zu leiden, dann ist die Aufzählung vollständig genug, daß sich jeder von uns seine Lieblingsabhängigkeiten aussuchen kann. Der Test, ob man abhängig ist, ist theoretisch einfach. Überprüfen Sie, auf welche Substanzen, Tätigkeiten und Personen Sie gewöhnlich angewiesen sind, und denken Sie darüber nach, was passieren würde, wenn Ihnen irgendeine davon genommen würde. Als nächstes malen Sie sich die Panik, die Angst, den namenlosen Schrecken aus, die aufkommen, wenn Sie sich ein Leben ohne _____ (bitte ausfüllen) vorstellen. Sobald ein *unangemessenes* Maß an Schrecken oder Traurigkeit aufkommt, stehen Sie Ihrer Abhängigkeit gegenüber. Der Trick liegt natürlich darin zu entscheiden, was angemessen ist. Stellt man sich vor, ein Familienmitglied oder eine Person zu verlieren, zu der man eine enge intime Beziehung hat, so löst das eine gesunde Furcht aus. Sich vorzustellen, daß man ohne Sex, Tabak, Alkohol, Zucker, Kaffee, Wetten, Auto, Geld (mehr als zum Überleben nötig ist) oder _____ leben müßte, sollte eigentlich keinen Schrecken auslösen.

Man beachte den zwanghaften Charakter des Bedürfnisses. Hinter der äußeren Ruhe, mit der ich mir den Drink einschenke, fixe, Geld zähle, den Status schütze, sexuellen Kontakt aufnehme, schreit eine kleine geängstigte Stimme: „Ich brauche es. Ich muß es haben, oder ..." Das Ende des Satzes verliert sich im Chaos. Das Bedürfnis ist so stark, daß die Illusion erzeugt wird, es müsse befriedigt werden, um nicht die Existenz des Selbst zu gefährden. Da Abhängigkeit ihre Wurzeln in kindlichen Bedürfnissen und Ängsten hat, wecken wir jedesmal, wenn wir damit zu tun haben, wieder unsere Ur-Furcht, daß wir ohne Mutter sterben werden. Der Süchtige riskiert niemals, ohne einen Vorrat an Schnaps, Arbeit oder Geld zu bleiben, weil der unausgesprochene Satz gilt: Ich muß es haben, oder ich sterbe. Abhängigkeit ist die Idolatrie des Ich. Der Süchtige baut ein falsches Zentrum auf, um das sich die Welt dreht. Goethe definierte einst Sünde als das, was man nicht lassen kann. In diesem Sinne ist Abhängigkeit Sünde, weil sie eine Kapitulation vor der Tyrannei einer falschen Sehnsucht bedeutet.

Wegen unserer Abhängigkeiten sind wir nicht frei zu fragen, was wir wirklich begehren. Der Eros schweigt. Die Sucht überflutet uns mit dem Lärm ihrer Forderungen, mit den Plänen, sie zu befriedigen. Es bleibt keine Pause für die Befreiung. Der Drang überwältigt uns, ich „möchte" eine Zigarette und nehme mir eine, ohne nachzudenken. Ich halte nicht inne, um meine verschiedenen Bedürfnisse zu überdenken, abzuwägen und zu prüfen: „Hätte ich lieber die Zigarette oder das Vergnügen, frei zu atmen?"

Abhängigkeit zerstört die Liebe und die Freiheit. Ein Liebender ist bereit, sich zu bewegen. Der Süchtige klammert sich an den *status quo.* Die süchtigmachende Substanz ist eine Sicherheitsdecke, eine Krypto-Mutter oder ein Krypto-Vater, ein Fetisch. Je mehr sie uns enttäuscht oder Schmerz zufügt, desto fester greifen wir danach – oder genauer: desto fester hat sie uns im Griff. Sie verspricht immer eine Befriedigung, die sie nicht gewährt – Liebe, Abenteuer, Selbstwertgefühl. (Man beachte die impliziten Verheißungen von Sex, Abenteuer und Status, die in der Werbung für Tabak, Alkohol und Autos enthalten sind.) Die süchtigmachende Substanz ist die eine sichere Befriedigung in einer launischen Welt. Heim, Familie, Gesundheit, Freundschaft können zusammenbrechen, aber der Süchtige hält an seiner Gewohnheit fest. Eisern.

Die Heilung von der Sucht liegt darin, das Selbst als „Zeuge seiner selbst" zu entwickeln. Wenn ich angesichts meiner drängenden Bedürfnisse innehalte und nicht nachgebe, werde ich fähig, ein größeres Feld meiner Begierden zu überschauen; dann kann ich frei entscheiden, welche ich befriedigen will. Ja, ich möchte was trinken, aber ich will auch einen klaren Kopf behalten. Die Illusion der Sucht beruht darauf, daß die Vielfalt unserer Bedürfnisse unbewußt bleibt. Wenn ich mir all dessen, was ich bin, gewahr werde, stelle ich fest, daß keine einzelne Substanz, Tätigkeit oder Person ausreicht, um mich voll zu befriedigen. Ich lasse die Sicherheit der Droge beiseite und stürze mich ins Abenteuer, mich in die Vielfalt des Selbst und der Welt zu verlieben.

ENTZAUBERUNG: ENTMYTHOLOGISIERUNG DER PERSÖNLICHEN GESCHICHTE

Während der Herausbildung meines Ich wurde ich von meiner Kultur behext, hypnotisiert und verzaubert. Jede Transformation muß also bei der Untersuchung der Trance-Formation ansetzen. Søren Kierkegaard sagte, daß die einzige Möglichkeit, die wir haben, um uns von der Verzauberung und vom Sirenengesang der Mythen zu befreien, darin besteht, die ganze Musik rückwärts zu spielen. Um den Bann des Ich zu brechen, muß ich meine persönliche und politische Geschichte entdecken. Ich muß die privaten, familiären und öffentlichen Mythen, die mich geprägt haben, entmythologisieren. Der Prozeß der kulturellen Prägung wird durch einen Prozeß der *Ent-prägung* umgekehrt. Ich muß bereit sein, mich über meine Selbstbilder desillusionieren zu lassen.

Das Ich, die Neurose der Normalität, die erwachsene Identität, die Mentalität der Gruppe sind Fälle von Wiederholungszwang, der durch die Unterdrückung der Bewußtheit verursacht ist. Das Selbst muß sich dem gefährlichen Wissen stellen, das ins Unbewußte verbannt wurde. Castanedas Rat (via Don Juan), „die persönliche Geschichte auszulöschen", hat eine Generation junger Menschen in alberne Rituale verstrickt, wo sie mit spukhaften Feinden ringen und die persönlichen, familiären und politischen Kämpfe vergessen, auf die man sich einlassen muß, um Freiheit zu gewinnen.

Um mich selbst zu kennen, muß ich lernen, zwischen meinem Wesen und meinen Äußerlichkeiten, zwischen meiner „rohen" Erfahrung und den mich prägenden Mythen zu unterscheiden. Und obwohl ich versuchen muß, zwischen dem Inhalt und der Form meines Lebens zu unterscheiden, kann ich beide doch niemals ganz auseinanderhalten. Es gibt kein jungfräuliches „Ich", keinen Kern des Selbst, der nicht geprägt wäre, keine *tabula rasa.* Wenn ich gleichwohl wage, nach den Mythen zu forschen, die mich geprägt haben, erweitere ich mein Potential, befreie ich mein Selbst. Jeder Teil meine Geschichte, den ich wiederentdecke, schwächt die Macht, die mein Ich und äußere Autoritäten über mich haben, und stärkt die Autorität des Selbst. In der Mitte meiner Lebensreise muß ich innehalten und mich auf meine Geschichte besinnen. Das

Versprechen meiner Zukunft wird nur dann eingelöst, wenn ich meine Autobiografie schreibe. Ich erzähle meine Geschichte, um Sie einzuladen, Ihre Geschichte spielerisch anzugehen.

Zum Beispiel:

Ich könnte meinen psychischen Striptease damit beginnen, daß ich meine persönliche Geschichte entmythologisiere und untersuche, was in einem Namen steckt – Keen.

Der Keen-Clan hatte seinen Mythos. Wir waren eifrig *[keen]*, blickten durch, waren harte Arbeiter und clevere Geschäftsleute. Großvater und seine Sippschaft waren für knallharte Geschäfte und feste Überzeugungen bekannt. Man sagte, daß sie häufig im Unrecht, aber selten im Zweifel waren. Mein Vater konnte sich dem Muster halbwegs entziehen. Er war zu emotional, liebte das Wandern und das Geigespielen zu sehr, als daß er einen guten Kaufmann oder Prediger hätte abgeben können. Er lebte freier als seine Brüder und Schwestern, zahlte dafür aber den Preis, daß er sich vorwarf, er hätte erfolgreicher sein müssen.

Der McMurray-Clan, die Familie meiner Mutter, bestand aus Erziehern und Kirchenführern. Sie gehörten zu den Besten in jeder Presbyter-Stadt und waren stolz darauf, gut zu essen und den wenige r Glücklichen zu helfen. Mutter nahm einen tiefen Schluck von der schottischen Tugend, aber nicht vom Whiskey, und hatte die calvinistische Liebe zur Religion und zum wahren Dogma.

Wenn ich nach meinem ursprünglichen Gesicht suche, muß ich mich an die Mythen der beiden Clans erinnern und versuchen, sie vorsichtig aus meinem Bewußtsein zu lösen, wie der Restaurator eines alten Gemäldes Farbschichten von einer Leinwand abhebt. Wer wäre ich geworden, wäre Vater Franzose und Mutter Polynesierin gewesen? Was, wenn ich ein Goldberg, ein Kowalski, ein Schmidt geworden wäre? Wie anders sähen dann jetzt mein Geist und mein Körper aus? Meine Bedürfnisse?

Meine Stellung innerhalb der Familie gravierte meinem Bewußtsein eine weitere mythische Schicht ein. Ich war der zweitgeborene Sohn. Die Forschung hat gezeigt, daß die Geburtenfolge entscheidenden Einfluß auf die Persönlichkeit hat. Die Nummer zwei strengt sich, wie *Avis*, mehr an, hat aber nicht immer so viel Erfolg wie Nummer eins. Die zweiten Kinder sind introvertierter, spüren die Spannungen in der Familie deutlicher. Sie sind weniger aggressiv, aber immer darauf aus, das Erstgeburtsrecht durch Einsatz von Charme und „Verständnis" zu stehlen. Sie sind geborene Vermittler.

Während ich herumfummle und versuche, einen simplen Vergaser an meinem Rasenmäher zu reparieren, wird mir bewußt, daß ich nach dem Familientext zwei linke Hände habe. Ich höre die oft erzählten Geschichten, die mir bestimmte Tugenden zuwiesen und andere verwehrten: „Ach, Sam ist wie Vater, sensibel, aber nicht praktisch. Lawrence (mein Bruder) war schon immer ein handwerkliches Genie. Als er zweieinhalb Jahre alt war, nahm er den Rasenmäher auseinander, und sein Vater kriegte ihn nicht wieder zusammen. Schließlich griff Lawrence ein und baute ihn im Nu wieder zusammen." Man stelle sich meine Überraschung vor, als ich mit dreißig für eine Fabrikarbeit getestet wurde und feststellte, daß ich in meiner Fähigkeit, mechanische Beziehungen zu erkennen, zu den besten 5 Prozent aller Bewerber gehörte. Wie anders wäre mein Leben verlaufen, hätte ich Stahlteile und nicht Gedankenketten zusammengesetzt?

Um meine persönliche Geschichte aufzudecken, könnte ich mein Leben Jahr für Jahr durchgehen. Ich entsinne mich der Geschichten, die wieder und wieder am Eßtisch erzählt wurden, der Helden, deren Tugenden gerühmt, und der Schurken, deren böse, o so böse Lebensweisen verdammt wurden. Würde ich ein Buch über den Eros schreiben, wenn meine sinnliche Natur durch Vaters Beispiel nicht so sehr ermutigt und meine sexuellen Erkundungen durch Johannes Calvin nicht so sehr entmutigt worden wären? Besonders erinnere ich mich an die Geschichten über meine ersten Lebensjahre, die meine Eltern erzählten. „Sam stellte fortwährend Fragen. Mir vier hörte er die biblische Geschichte über Moses und den brennenden Dornbusch und fragte: ‚Hat Gott nicht die ganze Welt geschaffen?' ‚Doch', erwiderte Mutter. ‚Wenn Moses also die Schuhe auszog, weil er auf heiligem Boden stand, sollten wir dann nicht immer barfuß gehen?'" Steckte mir die philosophische Frage vielleicht schon im Blut, noch bevor ich durch die Hoffnungen und Überzeugungen meiner Eltern geprägt wurde?

Lassen Sie mich vom persönlichen zum politischen Mythos springen. Durch Zufall oder Vorbestimmung wurde ich als ein WASP (*w*hite, *a*nglo-*s*axon *p*rotestant) geboren, was mich automatisch zu den Privilegierten gesellte. Wie wir alle wissen, sind WASPs gleicher als andere. Wir sind natürlicherweise mit allen Qualitäten begabt, die zum Erfolg gehören (denn: „Wir vertrauen auf Gott", der bestimmte, daß die Akkumulation des Kapitals – der heilige $ – das Zeichen der Gnade war). Wir sind vertrauenswürdig, loyal, hilfsbereit, freundlich, höflich, nett, gehorsam, liebenswürdig, sparsam, mutig, sauber und ehrerbietig. Ganz ohne es zu wissen, wurde ich durch den inoffiziellen Mythos von der Überlegenheit der Weißen geprägt, der, wenn er auch „verboten" ist, gleichwohl in die amerikanische Psyche eingraviert bleibt. Durch Osmose übernahm ich ein unbewußtes Wertungsschema, nach dem die Tugend abnimmt, wenn (1) wir uns von Norden nach Süden bewegen (Menschen, die in warmen Ländern leben, sind fauler als die Nordeuropäer); (2) die Hautfarbe dunkler wird (Braune und Schwarze stehen auf der Zivilisationsskala eindeutig unter den Weißen); (3) die Größe sich verringert (Westler, die die Orientalen überragen, sind natürlicherweise überlegen); (4) die Muskelkraft zunimmt (Kopfarbeit ist wertvoller als körperliche Arbeit, Intellektuelle sind wertvoller als Arbeiter. Menschen, die – wie die Schwarzen – Rhythmus und Freude am Tanz haben, sind moralisch minderwertig); (5) die Liebe zum Geruch und zu scharf gewürzten Speisen zunimmt (Reinlichkeit kommt sofort nach der Frömmigkeit); und (6) die Liebe zu leuchtenden Farben zunimmt (die besseren Menschen kleiden sich grau oder schwarz. Bestenfalls Tweed).

Wer wäre ich ohne meine WASP-Vorzüge und -Vorurteile? Nach einem Fieberwahn dachte ich einmal für lange Zeit, ich sei eine alte schwarze Frau, eine Pächterin im ländlichen Florida, die in Armut stirbt. Als ich erwachte und zu mir kam, war ich sowohl glücklich als auch beschämt, ein WASP zu sein.

Der Erziehungsprozeß erweiterte die mythische Information meiner Psyche noch um mehrere Schichten. Wie die mystischen Eigenschaften des Geldes, so wird auch der Wert der Erziehung nicht in Zweifel gezogen. Wissen ist Macht. Und die Schule ist der

Weg zum Wissen. Als ich meine Studienabschlüsse in Harvard und Princeton machte, wußte ich, was „Definitionsmacht" ist: Wer die schnellste Zunge und die überzeugendste Erklärung hat, gewinnt die Köpfe und eventuell die Herzen anderer. Ich lernte, Worten zu vertrauen und kultivierte mein Mundwerk. Je besser ich meine Disziplin beherrschte, desto mehr wurde ich Fachmann. Kürzlich habe ich mich gefragt, wie wohl mein Geist jetzt beschaffen wäre, hätte ich nicht so früh lesen gelernt, hätte man mich *nicht* schon so jung in so viele Abstraktionen eingeführt, hätte ich kultiviert, was Aldous Huxley „die nonverbalen Geisteswissenschaften" nannte – die Kunst des Zuhörens, Riechens, Berührens, Träumens, Schweigens, Bewegens. Die Schulausbildung lehrte uns alle unbewußt ein Dogma, das bis heute nicht angezweifelt wird. Wie mein fünfzehnjähriger Neffe sagte: „Das Wichtigste, was einem die Schule beibringt, ist, das Leben im Sitzen hinzunehmen." Die sitzenden, urbanen, abstrakten, professionalisierten Denkweisen, die mein Denken charakterisieren, sind ein Erbteil der formalen Bildung.

Das Mann-sein bildet eine weitere Schicht meines Mythos und meines Charakterpanzers. Gewiß ist Anatomie Schicksal. Aber die Geschlechtsmerkmale, die auf die biologische Tatsache meines Mann-seins gepfropft wurden, lehrten mich alberne Lektionen darüber, „ein echter Mann zu sein". Männer weinen nicht. Sei beherrscht. Sei ein Sieger. Echte Männer, wie Clark Gable, Clint Eastwood, Joe Namath, Alexander Haig und Ronald Reagan, haben keine Selbstzweifel. Sie denken positiv, sind immer potent und halten die Frauen in Schranken. Wer würde ich sein, wenn man die männliche Arroganz von mir abzöge? Wie trenne ich mein Selbst von der Geschlechtsmythologie?

Meine Maske ist rot, weiß und blau eingefärbt. Ich bin Amerikaner. Seit meinen frühesten Erinnerungen habe ich der Flagge und der Republik, für die sie steht, Tribut gezollt. Eine Nation unter Gott, auf den wir vertrauen, die der Welt die *Pax Americana* bringen soll. Ich erinnere mich noch an die Welt, bevor der Mythos befleckt wurde, als wir noch glaubten, Amerika sei ein heiliger Kreuzzug und wir brächten die Hunnen und Japsen um, weil wir die Freiheit schützen mußten. Und trotz der Grausamkeiten von Vietnam und unserer fortgesetzten atomaren Idiotie schlucke ich immer noch, wenn ich höre: „*Oh, beautiful for spacious skies, for amber waves of grain.*" Weil ich bei Weizenernten in Kansas und auf Viehfarmen gearbeitet habe, wo man den nächsten Nachbarn nicht sehen konnte, und weil ich ein dutzendmal von Küste zu Küste gereist bin. Ich empfinde dieses Land als einen Teil meines Körpers. Wie anders würde ich sein, wäre ich nicht in einem Land mit offenen Grenzen, Entfaltungsspielraum für den einzelnen und einem hohen Maß an Freiheit aufgewachsen. Denn, wie Hannah Arendt sagt, unter den Bedingungen politischer Tyrannei ist es sogar noch schwieriger, frei zu denken, als frei zu handeln. Wer würde ich sein, hätte ich nicht die Freiheit gehabt, zu denken, zu kritisieren und Veränderungen vorzuschlagen?

Schließlich sind mein Körper und meine Psyche zutiefst durch den westlichen Mythos geprägt worden. Ich liebte Maschinen. Zuerst war ich scharf auf einen Ford, Modell A, Sportzweisitzer, und erfüllte mir den Wunsch, später war es ein rotes Cabrio. Ich toaste mein Brot, fliege am freundlichen Himmel der *United Airlines*, filtere die Welt durch das Fernsehen, danke Gott für Röntgenstrahlen und Mikrotechnologien, die meinen Körper auf Krankheitszeichen sondieren. Ich bewege mich zur Kadenz der Uhr durch die Zeit und lasse meine Tage in Stunden und Minuten zerschneiden. Seit August 1945 hat die Furcht vor der Bombe die Atmosphäre meines Geistes verseucht und meinen Hoffnungen Gewalt angetan. Mein Vermögen steigt und sinkt mit Inflation und Depression. Ich bin vom Geld abhängig und will kaufen können, was ich zum Leben brauche. Den Lebensunterhalt zu verdienen, hat viel von der Energie meiner Erwachsenenjahre aufgezehrt. Und wenn irgendeine heilige Ahnung, irgendeine Andeutung der ewigen Bedeutung meiner Zeit, durch das Innerste meines Selbst streift, muß sie noch immer eine positivistische Gesinnung und einen böswilligen Säkularismus bekämpfen, der die Existenz des Heiligen leugnet. Als moderner Mensch bin ich halb Maschine und muß mich abmühen, mit meinem Fleisch in Berührung zu bleiben. Und doch weiß ich nicht, wie ich ohne Technik überleben würde. Der Dämon und ich leben in einer unruhigen Ehe.

Und so weiter. Der Prozeß, die Schichten von familiären, ökonomischen, politischen und religiösen Mythen, die mein Selbstbild geformt haben, abzuschälen, ist endlos. Entmythologisierung der Persönlichkeit ist eine Lebensaufgabe und niemals abgeschlossen. Das Bewußtsein ist immer damit beschäftigt, den Beschränkungen der Vergangenheit zu entkommen. Die religiöse Hoffnung auf vollkommene Erleuchtung – eine Form des Bewußtseins, in der keine mythischen Spuren mehr zu finden sind – ist eine Illusion. Im nächsten Jahr werde ich feststellen, daß die Identität dieses Jahres zu klein ist, um meine Erfahrung aufzunehmen. Guru Bawa, ein weiser und heiliger Mann aus Ceylon, der jetzt in Philadelphia wohnt, sagte einst zu mir: „Die Wahrheit ist zu groß, als daß wir sie fassen könnten. Wir sind wie Ruderer. Wir bewegen uns in Richtung auf die Wahrheit, wenn wir ständig die Illusionen hinter uns zurückschieben."

METANOIA: REUE UND DER REVOLUTIONÄRE GEIST

Die erwachsene Psyche ist in der gemeinschaftlichen Paranoia verwurzelt. Die Hauptdisziplin des Gesetzlosen ist das Gegenteil von Paranoia – Metanoia. Metanoia ist Reue, Wiederaneignung des Schattens, Kehrtwendung und die Flexibilität, viele verschiedene Perspektiven anzunehmen.

Es gibt viele Möglichkeiten, Metanoia zu erklären:
Die alten Karten, in denen die Phasen des menschlichen Lebens eingezeichnet sind, erkennen an, daß wir in der Lebensmitte einen langen Prozeß der Reinigung und der Reue beginnen müssen. Bevor wir ins Paradies eintreten, müssen wir eine Zeit im Fegefeuer verbringen.

In der alten religiösen Sprache setzt Reue das Bekennen von Sünden voraus. „Wir sind allzumal Sünder." Beichte und Reue sind jedoch nicht das Bedauern läßlicher Sünden, sondern die Erkenntnis, wie wir in der Persönlichkeitsmaschine gefangen waren, als Opfer von Ideologien, als Automaten, die durch Abwehrmechanismen manipuliert wurden. Das Böse, das wir zuvor objektivierten und äußeren Kräften zuschrieben – Teufeln, Kommunisten, Kapitalisten, Chauvinisten, treulosen Liebhabern, dem System – muß im Inneren entdeckt werden. Wir können die Welt nicht mehr in

Gut und Böse unterteilen. Die Grenzlinie zwischen Heiligen und
Sündern verläuft mitten durch meine eigene Existenz.

In der Psychoanalyse erringt der Patient eine neue Freiheit erst
nach einem qualvollen Übertragungsprozeß, wobei er kindliche
Gefühle der Abhängigkeit und Wut auf den Therapeuten projiziert
und sich dann die Projektionen wieder aneignet. Es ist die Arbeit
von Jahren, vielleicht eines Jahrzehnts.

Im tantrischen Schema beruht die Reinigung, die Arbeit des
fünften Chakra, darauf, daß man Energie und Waffen des Kriegers
gegen das Ich richtet. Bevor wir erleuchtet werden können, müssen
wir alle unsere geheimen Gedanken ausdrücken, das Wagnis eingehen, unseren Projektionen entgegenzutreten. Wir müssen die Verantwortung für die Teufel und Dämonen übernehmen, die wir
durch unsere eigenen verleugneten Neigungen zum Bösen geschaffen haben.

Metanoia bedeutet das Ende einer Politik der Stärke. Ich ergreife
einseitige Initiativen und bin zu Vorleistungen bereit. Ich reiße die
Abwehrmechanismen ein, die mich am Leben hindern. Ich zerstöre
meine Propagandamaschine, die mich automatisch in günstigem
Licht darstellt und andere in den Schatten verbannt. Ich löse mein
Pentagon auf.

Metanoia ist für normale, geistig gesunde Erwachsene gefährlich.
Normale Menschen befolgen den Rat Satchel Paiges: „Drehe dich
niemals um, etwas könnte Macht über dich gewinnen." Wenn ich
mich umdrehe, stelle ich fest, daß etwas Macht über mich gewinnt –
der Tod, die Dunkelheit, die „negativen" Gefühle, vor denen ich
mein Leben lang weggerannt bin. Um aber zum zweiten Mal
geboren zu werden, muß ich meine eigene Feindseligkeit, meine
Furcht, meine Wut, meine Enttäuschung, mein Ressentiment,
meine Angst, meine Langeweile, meinen Schrecken, meine Hilflosigkeit, meine Verwirrung, meine Ambivalenz ins Auge fassen. All
die zurückgedrängten Bilder fluten in mein Bewußtsein. Ich sehe
mich, wie ich genau die Menschen hasse, die ich auch liebe. Ich
sehe, wie ich angefüllt bin mit dunklen Begierden – Inzest, Vergewaltigung, Sadismus, Kindesmord (besonders um drei Uhr mor-
gens, wenn das Baby schreit). Die dunkle, schillernde und bösartige
Seite von mir kommt an die Oberfläche. Ich bin nicht mehr nett

oder gefällig. Die Kraft des positiven Denkens weicht der Aufrichtigkeit, negative Gefühle zuzulassen. Um mir meinen Schatten wiederanzueignen, muß ich in die dunkle Nacht der Seele eindringen.

DIE AUSLÖSCHUNG DES FEINDES: DER KAMPF GEGEN DEN ANTAGONISTISCHEN GEIST

Die Praxis der Metanoia erfordert den seltensten Typ von Mut – den Mut, sich zu irren, zu bereuen und von vorne zu beginnen. Das magische Denken will uns immer glauben machen, daß wir die Erleuchtung kaufen können, ohne unsere Dunkelheit kennenzulernen, daß wir durch irgendeinen stellvertretenden Erlöser zu retten wären, daß unsere Wiedergeburt möglich ist, ohne daß wir sterben. Aber in der moralischen Welt der Personen, die beschlossen haben, sich selbst kennenzulernen, schließt der Heilsweg die schmerzliche Erkenntnis ein, wie wir uns selbst krank machen. Wir können nur dann zum Frieden finden, wenn wir die Maschine abstellen, die Feinde produziert.

Es gibt Fälle, in denen ganze Stämme oder Nationen ihre Schuld eingestehen, ihren eigenen Mythos zerbrechen und am Rande der gemeinschaftlichen Metanoia schwanken. Nach dem Zweiten Weltkrieg durchliefen Deutschland und Japan eine Umwälzung des Bewußtseins und zeigten ein gewisses Maß an Reue. Nach dem Blutbad von Vietnam zweifelte Amerika für kurze Zeit an seiner Selbstgerechtigkeit. Aber wahre gemeinschaftliche Reue ist schwierig. Stämme und Nationen können nicht lange ohne einen Sündenbock und ohne einen rituellen Feind existieren, auf den sie ihre Schuld projizieren. Bisher haben wir noch kein „moralisches Äquivalent zum Krieg" entwickelt, uns fehlt die Erkenntnis, daß unsere gemeinsamen Feinde Armut, Unwissenheit, Krankheit und Krieg sind.

Metanoia und die Entwicklung eines genuinen prophetischen Bewußtseins fangen also beim einsamen Individuum an. In dem Augenblick, wo ich aus meiner erwachsenen Identität hinaustrete, wird offensichtlich, daß sich mein Stamm in seiner gewohnheitsmäßigen Projektion der Schuld auf einen Feind nicht wesentlich von anderen Stämmen unterscheidet. Es ist unangenehm für ein Individuum, die Selbstgerechtigkeit des Stammes zurückzuweisen, weil es sich dadurch aus dem sozialen Unsterblichkeitssystem und dem Ritual der Schuldzuweisung ausschließt. Der Abweichler, der einen Separatfrieden schließt, wird als Verräter oder Feigling bezeichnet. Man braucht sehr viel persönliche Kraft, um an unpopulären Erkenntnissen festzuhalten. Wenn die Loyalität gegenüber den Normen der Gruppe das Wesen der Moralität ist, dann muß jedes fühlende Individuum eine Identitätsgrundlage entdecken, die jenseits dieser Moralität liegt.

Aber die Einsamkeit des Gesetzlosen ist der Beginn einer neuen Gemeinschaft. Habe ich einmal gewagt zu bereuen, dann merke ich, daß ich nicht allein bin. Es gibt eine Gemeinschaft von Männern und Frauen wie ich, die von sich wissen, daß sie ambivalente Motive haben, daß sie manchmal von Habgier getrieben sind, zur Beschuldigung anderer neigen und von einem antagonistischen Geist beseelt sind. Der authentische Gesetzlose ist nicht die *bestia triumphans* Nietzsches, der *Übermensch,* der Krieger, der Herr der Erde, der den Massen überlegen ist und in der Zukunft der Herrscher einer gereinigten Gesellschaft werden könnte. Bei weitem nicht. Der wahre Gesetzlose ist einer, der weiß, daß alle Männer, Frauen und Gemeinschaften dumm und fehlbar sind, und daß der Anspruch auf Selbstgerechtigkeit ein Vorspiel zur Gewalt ist.

Vergebung ist die radikalste Form, über das Gesetz der Geschichte hinauszugehen. Nur durch den Akt des Verzeihens treten wir wirklich aus dem Gesetz der Selbstgerechtigkeit und der Machtpolitik heraus, das den Verkehr zwischen Nationen, den Kampf zwischen den Geschlechtern und den Bürgerkrieg innerhalb unserer Persönlichkeiten beherrscht. Die Geschichte des Ich und des Stammes ist eine endlose Kette von Kämpfen zwischen dem Rechtschaffenen und dem Feind. Die Hatfields und die McCoys, die Araber und die Juden, das Ich und das Es sind in einen Zyklus von Reaktion und Rache eingesperrt. Das Gesetz lautet Auge um Auge, Zahn um Zahn, Blut um Blut. Immer dasselbe. Krieg ist die langweiligste aller menschlichen Unternehmungen. Nur die Waffen sind neu. Der Geist des Kriegers ist alt, statisch, reaktionär, vom alten Gesetz angetrieben – dem zwanghaften Zyklus von Selbstgerechtigkeit und Rache. Die einzige Möglichkeit, das Gesetz zu brechen, liegt darin, Metanoia und Vergebung zu praktizieren. Wir können niemals etwas Neues ohne Versöhnung anfangen.

Reue und Vergebung verändern die Grundstruktur des Bewußtseins vom Antagonismus hin zu Mitgefühl. Wenn ich meinen Schatten kenne, weiß ich, daß „sie" sind wie ich. Wir haben eine gemeinsame menschliche Natur. Die 50 Prozent der menschlichen Rasse, die ich der Kategorie von Fremden zuordne, sind Mitmenschen, die, wie ich selbst, irren, von widersprüchlichen Impulsen der Liebe und des Hasses, der Großzügigkeit und von einem blinden Überlebenswillen angetrieben werden. Wenn ich sie ansehe, stelle ich fest, daß wir Interessenkonflikte haben können, vielleicht beide dasselbe Territorium besitzen wollen, aber doch sind wir Menschen. Keiner von uns ist die rechte Hand des einen wahren Gottes, des Verteidigers der Wahrheit. Wird das Gesicht des Feindes humanisiert, dann lassen sich die Probleme, die uns trennen, durch Verhandlungen beilegen. Gespräch oder Dialog werden dann eher als Vernichtung zum neuen Modell der Konfliktlösung. Metanoia bringt den Feind in den Umkreis der gemeinsamen Vision des Gesprächs und des Mitgefühls und stellt die Hälfte meines verlorenen Eros wieder her.

GESETZLOSE SEXUALITÄT: DAS ENDE DES KAMPFS ZWISCHEN DEN GESCHLECHTERN

Metanoia signalisiert auch das Ende des Kampfs zwischen den Geschlechtern. Ist die Identität nicht länger um das Bedürfnis zentriert, einen äußeren Aggressor zu bekämpfen, dann muß sich der Mann nicht mehr primär als ein Krieger verstehen. Hören Kampf, Konkurrenz, Eroberung und Machtstreben auf, die Metaphern der Organisation zu sein, dann verändert sich die Beziehung zwischen den Geschlechtern radikal. Das könnte das Ende der Missionarsstellung bedeuten, des Sadomasochismus, der Kunst, dem anderen immer voraus zu sein, und jedes Spiels, in dem es einen Verlierer geben muß.

Genau wie das Bewußtsein des Gesetzlosen den Feind entmythologisiert, so entmythologisiert es auch die Rhetorik der Geschlechter. Ich muß mich dem anderen Geschlecht mit einer neuen
Unschuld, im Bewußtsein meines Unwissens, in einem Akt der
geschlechtlichen Reue nähern. Mann und Frau haben ihr Bild
voneinander im Spiegel ihrer Ängste und Bedürfnisse geschaffen;
wir haben einander in Rollen eingesperrt, solange wir den anderen
nur als Stereotyp kennen. Das Ergebnis dieser wechselseitigen
Verschwörung besteht darin, daß wir nicht wissen, wieviel von
unseren Geschlechtsunterschieden biologisch und wieviel die Folge
von Verhaltenskonditionierung ist. In der sexuellen Reue sehen wir
deutlich die verzerrten Gesichter, die wir einander aufgemalt
haben. Wir können uns noch nicht unsere ursprüngliche sexuelle
Natur, unsere angeborene Sinnlichkeit vorstellen.

Die Sexualität des Gesetzlosen beruht auf demselben Prinzip wie
der Rest seines Bewußtseins – auf der Suche nach Autonomie.
Wenn ich die Bürde ablege, ein Supermann zu sein, bin ich nicht
von Anfang an sicher, was ich wirklich will. Was begehre ich? Was
ist das Gesetz meiner eigenen Sexualität? Für die meisten Menschen
gehört zur Phase des Gesetzlosen eine Zeit des Experimentierens
jenseits der Grenzen normaler Sexualität – Durchbrechen des
Tabus. Für einige bedeutet das Homosexualität oder Ehebruch; für
andere die Umkehrung der normalen Rollen. Männer müssen das
Zärtlichkeitstabu durchbrechen und die Tugenden der Sanftheit
erlernen, zum Liebesspiel braucht es nicht unbedingt einen „Harten". Frauen müssen lernen, nicht mehr Opfer und Steckdosen zu
sein, sie müssen sich in den Tugenden und Vergnügungen der
Bestimmtheit, Schärfe und Aggression üben. In einer sexbesessenen
Kultur sind unsere Bedürfnisse so stark sexualisiert worden, daß für
uns gewöhnlich eine Zeit freiwilliger Enthaltsamkeit erforderlich
ist, um herauszufinden, welche Leidenschaften wir haben, die *nicht*
mit Sexualität zusammenhängen.

Allen Liebenden stößt einmal das Schlimmste zu: Er sagt „ja", und
sie sagt „ja", aber *es* sagt „nein". Er befiehlt ihm, stramm zu stehen,
aber es rührt sich nichts. Sie fleht die Säfte an, doch zu fließen, aber
sie bleiben eingefroren. Er ist impotent. Sie ist frigide. Der Schlüssel

ist verbogen. Das Schloß ist verstopft. Die Tore des Paradieses sind fest verschlossen.

Es ist für beide die Hölle. Sie sind vom höchsten Gut abgeschnitten, aus dem Reich der Lust verbannt. Das ist besonders schlimm, weil wir dauernd zu hören bekommen, daß überall sexuell befreite Paare multiple Orgasmen genießen.

Er ist entmannt. Sein Ich ist schlaff. Er zweifelt an seiner Männlichkeit, oder er vermutet, daß *sie* nicht reizvoll genug ist, um ihn anzutörnen. Er strengt sich noch mehr an, um festzustellen, daß es noch schlaffer wird. Seine Furcht wird zur Panik. Er rennt zu anderen Frauen, um sich zu vergewissern, ob es überhaupt geht, oder er meidet Frauen, oder er nimmt Vitamin E und fängt an zu joggen.

Sie zweifelt an ihrer Weiblichkeit. Sie kann etwas vortäuschen, aber dabei bleibt sie eine ungerührte Beobachterin bei einer schmerzhaften Scharade. Sie wirft ihm vor, nicht genügend auf ihre Bedürfnisse einzugehen, und vermutet, daß er zu chauvinistisch ist, um sie zu verstehen. Sie meidet Männer oder hält nach dem Prinzen Ausschau, dessen Zauberstab sie in eine erotische Prinzessin verwandeln wird.

Wenn sie verheiratet sind, halten sie ihre Scham aus und reduzieren ihre Erwartungen. Schließlich ist Sex ja auch nicht so wichtig, oder? Oder sie streiten sich darüber, wessen Schuld es ist. Oder sie lesen Bücher, die erklären, wie lustvoll und natürlich es ist und die sie ermutigen, die Missionarsstellung aufzugeben. Oder sie machen eine Therapie und reden, reden, reden über das, was nicht passiert. Und wo die weißbekittelten Doktores Masters und Johnson sie von ihrer sexuellen Dysfunktion heilen.

Halt!

Was, wenn wir die Perspektive wechselten?

Was, wenn wir mit der wilden Hypothese spielten, daß Impotenz und Frigidität nicht Dysfunktionen sind, sondern Geschehnisse sind, die zelebriert werden müssen?

Was, wenn die Impotenz nicht ein Fehlen von Kraft, sondern eine verschlüsselte Mitteilung ist, die entziffert werden muß?

Was, wenn Frigidität nicht eine Schande ist, die man ertragen muß, sondern das Anzeichen einer auftauchenden Leidenschaft?

Was, wenn jeder authentische Liebhaber das Schattental der Impotenz durchqueren oder eine Zeit in der Frigidität verbringen muß?

Was, wenn die Genitalien, wie das Herz, eine Weisheit haben, die tiefer ist als die des Geistes?

Was, wenn Frauen, die niemals frigide waren, impotent sind; und wenn Männer, die niemals impotent waren, eiskalt sind?

Worte geben uns oft den Ariadnefaden in die Hand, der aus dem Irrgarten hinausführt. Impotent: Mangel an Kraft, Stärke oder Autorität. Die männliche Krise ist ein Versagen der Kraft, eine Energiekrise. Ein Mann kann normalerweise kalt und berechnend sein, aber niemand wird seine Männlichkeit in Frage stellen, solange er sein entscheidendes Charakteristikum behält – Macht. Ein Mann ist ein Mann, solange seine Knarre geladen und sein Instrument scharf ist. Frigide: Sehr kalt, deutliches Fehlen von Wärme oder Glut. Die weibliche Krise ist eine Temperaturinversion, eine unerwartete Kältefront in einem normalerweise warmen Gebiet. Eine Frau ist warmblütig. Sie kann dumm, abhängig und machtlos sein, aber ihre Weiblichkeit wird nicht in Frage gestellt, solange sie ihre Wärme behält. Will sie kühl und scharf sein, dann wird man sie loben, weil sie denkt wie ein Mann, und verfluchen, weil sie droht zu kastrieren.

Die gegenwärtige Epidemie von Impotenz und Frigidität spiegelt eine Veränderung in der Gesellschaft, eine Revolution im Selbstverständnis wider. Die Stereotypen brechen zusammen. Einige sehr männliche Männer halten sich aus dem Machtspiel heraus und weigern sich, Krieger zu sein. Diejenigen, die sicher genug sind, um weich sein zu können, haben erkannt, daß es ein Widerspruch ist, etwas mit Herz zu wollen und Macht zu akkumulieren – atomar oder persönlich. Einige sehr weibliche Frauen erlernen das Vergnügen des Selbstbewußtseins und entdecken, daß Macht ein Aphrodisiakum sein kann. Die Genitalien sind die Avantgarde unserer veränderten Männer- und Frauenbilder. Sie befinden sich in offener

Rebellion gegen die alte Tyrannei. Keine Ausbeutung mehr! Der Kopf befiehlt den Genitalien zu funktionieren. Sie weigern sich. Wenn man eine Erektion anordnet, und sie kommt nicht, hat man eine Insurrektion. Einige Generale und Kopfmenschen reagieren mit dem Versuch, Gesetz und Ordnung durchzusetzen: Sie setzen Willenskraft und Feuerkraft ein, um die Rebellen zum Gehorsam zu zwingen. Aber das tyrannische Bemühen führt vielleicht zu einem Bürgerkrieg im großen Stil. Die einzige Form, innerhalb der Gesellschaft (und der Psyche) wieder Frieden herzustellen, besteht darin, die Forderungen der Rebellen zu respektieren. Zuhören, Verhandeln, Verändern. Gerechtigkeit bedeutet, daß jede Stimme zu Wort kommen darf.

Könnte ein Mann auf alle Stimmen in seinem Inneren hören und die Vielfalt seiner Gefühle anerkennen, dann wäre es ihm möglich, klar über seine Ambivalenz zu sprechen. Dann müßte sein Penis nicht die Rolle des Sprachlosen spielen. Was versucht der sprachgestörte Mann durch die Geste der Impotenz zu sagen? Die Mitteilung ist immer gemischt. Sie kann lauten:

Nein,
Nicht jetzt.
— Ich empfinde keine Begierde.
— Ich will nicht intim mit dir zusammen sein.
— Ich kenne dich noch nicht gut genug.
Ich fürchte, du wirst mich verschlingen, alle meine Zeit, Energie, Freiheit in Anspruch nehmen.
Ich fürchte, ich bin als Liebhaber nicht gut genug, um dich zu befriedigen.
Ich habe Angst vor den Folgen.
Ich habe Angst, die Beherrschung zu verlieren.
— Ich bin sauer.
Ich gönne dir keine Lust.
Ich will dich bestrafen, weil du mich betrügst, mißachtest, benutzt, nicht ernst nimmst.
Ich traue dir nicht.
Ich ziehe mich vor dir zurück.
— Ich nehme dir deine Forderungen übel.
— Ich habe es satt, so zu tun, als sei ich immer kräftig und beherrscht.
Manchmal bin ich klein und verängstigt und will getröstet werden.
Ich will überhaupt nichts *tun*.

— Ich will, daß du aktiv wirst!
Ich hab' es einfach satt.
—— Ich will erst dann mit dir schlafen, wenn ich Vertrauen, Zärtlichkeit und
Verlangen empfinde.

Und welche Ängste, Wünsche und unausgesprochenen Fragen sind
in der Frigidität verschlüsselt? Wenn die Säfte nicht fließen und bei
einer Frau keine Leidenschaft aufkommt, welche Botschaft drückt
ihr Körper dann durch seine Weigerung aus? Es kann jede der
unausgesprochenen Ängste und Hoffnungen sein, die auch der
männlichen Impotenz zugrundeliegen. Aber die Stimme der Frau
hat ihren eigenen Akzent. Ihre Geste kann auch bedeuten:

Ich bin nicht erregt.
Ich empfinde weder Begierde noch Liebe.
Ich will nicht so verletzbar sein.
Ich habe es satt, als Objekt – Stück, Kätzchen, Möse, Weib, Ding –
behandelt zu werden.
Wenn du meinen Geist und mein Herz nicht gewinnen willst, dann
kannst du auch nicht in meinen Körper eindringen.
Ich bin noch nicht so weit; laß uns mehr Zeit; streichle mich.
Ich will jetzt allein und für mich sein; unabhängig.
Ich habe die Freiheit, mich zu öffnen und zu verschließen.
Ich will nicht passiv sein; ich will auf dich, aber meine Aggression
ängstigt dich.
Ich fühle mich schuldig.
Ich bin in der Vergangenheit zu oft verletzt worden und fürchte mich
noch immer.

Die Bilder, die wir uns machen, formen uns. Die alten Ikonen
zeigten Männer und Frauen als unterschiedliche Spezies. Harte
Männer und weiche Frauen. Clint Eastwood und Catherine
Deneuve. Der Marlboro-Mann und das Shampoo-Mädchen. All-
zeit bereite Männer und willige Frauen. Jetzt taucht ein neues Bild
auf, ein neues Ideal der vollständigen Person. Sie/er hat die
Fähigkeit und das Bedürfnis, die Gegensätze zu vereinigen, die
zuvor den getrennten Geschlechtern zugewiesen worden waren.
Die neue Person ist aggressiv und zart, abenteuerlustig und hinge-
bungsvoll.

Der Übergang von alten zu neuen Lebensweisen ist turbulent.
Oft fühlen sich die Männer unmännlich, wenn sie erstmals das

Machen, Tun und Beherrschen sein lassen und anfangen, warm und einladend zu empfinden. Es erscheint so passiv, zu warten und zu staunen. Frauen sind gewöhnlich unbeholfen, wenn sie erstmals versuchen, sich mit Kraft zu bewegen. Ihre Slogans zeugen noch mehr von Erwartungen als von Taten. Lange unterdrückte Wut kommt nicht freundlich hoch.

Aus der Verwirrung der Geschlechtsrollen, aus der Impotenz und Frigidität wird eine neue Person geboren. Für uns ist es jetzt an der Zeit, auf unsere tiefsten Begierden zu lauschen und voneinander zu lernen. Zeit für einen neuen Dialog zwischen Macht und Liebe, zwischen den harten und den weichen Formen des In-der-Welt-seins.

Durch Entmythologisierung unserer sexuellen Stereotypen und Verkündung eines Waffenstillstandes gewinnen wir die Freundschaft des anderen Geschlechts zurück. Sexuelle oder geschlechtliche Metanoia erlaubt uns, weitere 50 Prozent des Eros zurückzuerobern, den wir einbüßten, als wir bereit waren, Erwachsene zu werden. Mann und Frau, die ihre alte Feindschaft begraben, können einander schließlich Lehrer werden.

ANDROGYNIE: ROMANZE MIT DEM SELBST

Das Streben nach Androgynie ist das Äquivalent des Gesetzlosen zur Sehnsucht des Erwachsenen nach der *einen* erfüllenden Romanze. Es ist die introvertierte Version der alten Liebesgeschichte – Mann begegnet Frau, und von da an leben sie glücklich zusammen. Nur trifft jetzt *animus* auf *anima*, und das Selbst lebt von da an glücklich und selbstzufrieden weiter. Der Mythos des Androgynen ist, wie der romantische Mythos, eine notwendige, aber nicht die abschließende Phase in der Transformation des Eros.

Das Streben nach Androgynie folgt der Entmythologisierung des Feindes und der Beendigung des Kampfs zwischen den Geschlechtern naturgemäß auf den Fersen. Um den Eros des Selbst in seiner ganzen Bandbreite zurückzugewinnen, muß ich die Schizophrenie heilen, die zwischen meiner „maskulinen" (gebilligt und sozial verstärkt, da ich ein Mann bin) und meiner „femininen" Seite (verleugnet, unterdrückt und daher weitgehend unbewußt) in mir existiert. C. G. Jung sagt, zur Aufgabe der Individuation gehört auch, daß der Mann seine *anima* erforscht, seine feminine Seite, die vorher nur aufschimmerte in seinen Haltungen gegenüber den Frauen, die er liebte und haßte. Die Frau muß ihren *animus* erforschen, den maskulinen Aspekt ihrer Psyche, der zuvor von den Männern, die sie liebte und haßte, stellvertretend für sie ausgelebt worden war. Zur Erforschung der *anima* gehört für den Mann, daß er untersucht, wie er sich zu seiner Seele verhält. Für die Frau bedeutet Erforschung des *animus*, daß sie untersucht, wie sie sich auf die Außenwelt bezieht. Im Verlauf der Individuation verlieren wir die Fähigkeit, uns in eine andere Person zu verlieben, weil wir dabei sind, uns in das Selbst zu verlieben.

Der Schamane trägt, wenn er seinen „Beruf" beginnt, häufig die Kleidung des anderen Geschlechts, um dadurch Kenntnis von der anderen Hälfte der Psyche zu gewinnen. Die griechische Mythologie stellte Teiresias als den weisesten der Männer dar, weil er mehrere Jahre als Frau verbracht hatte. In der tantrischen Symbolik beinhaltet die Reintegration und Transformation der Person eine erotische Bekehrung. Die weiblichen und männlichen Gottheiten drehen sich um und blicken einander ins Gesicht. Die umschlungenen Paare der erotischen indischen Tempelstatuen symbolisieren den Akt, der sich innerhalb des Selbst abspielt. Zur Individuation gehört eine innerpsychische Liebesaffäre zwischen Vernunft und Gefühl, Aggression und Aufgabe, Staunen und Handeln. Der erotische Geist muß fähig sein, zu arbeiten und zu spielen, einem disziplinierten geradlinigen Pfad der Logik zu folgen und lässig durch einen launischen Strom freier Assoziationen zu schweben.

Der einfachste Weg, um die Androgynie zu erforschen, ist vielleicht, die Charaktere des anderen Geschlechts nachzuleben, die in unseren Träumen auftauchen. Zu leicht übersieht man die Enthüllungen unserer „sexuellen" Träume, weil wir den Sex zu wörtlich nehmen. Selbst der einfachste Traum über Sex enthält viel mehr als nur Sex. Die sexuellen Beziehungen in einem Traum symbolisieren auch die Relation zwischen dem Maskulinen und dem Femininen innerhalb des Selbst.

Zum Beispiel:

Ich träume, mit einer jungen dunkelhäutigen Frau zu verkehren. Sie ist schmutzig, aber ihr Geruch erregt mich. Kaum sind wir fertig, da rennt sie schon lachend davon, um mit ihren Freundinnen zu spielen.

Oberflächlich gesehen, dreht sich der Traum um einfache sexuelle Befriedigung. Aber meine Persönlichkeit ist durch die WASP-Ethik geprägt, die gut mit weiß, sauber, rein, erwachsen und ernst identifiziert. Eine Stimme meldet sich im Schlaf, ein vernachlässigter Teil meines Selbst ruft mir zu: Ich bin jung, dunkelhäutig und lustvoll. Ich folge meinen Instinkten, akzeptiere die Lust mühelos, bin unkompliziert und unschuldig. Die Frau in meinen Träumen ist meine dunkle *anima*, das Gewissen meines sinnlichen Selbst, das mich an die Weisheit meines Leibes erinnert.

Keine Calvinistin.

Ich träume, daß ich vier Männern begegne, die eine junge Frau ausziehen. Sie ist bereitwillig, hilft, ihre Kleider abzulegen. Ich fürchte, sie soll vergewaltigt und über eine Klippe geworfen werden. Aber sie scheint die Atmosphäre der Gewalt in ihrer Naivität gar nicht zu bemerken. Ich denke daran, den Vorfall bei der Polizei zu melden, habe aber das Gefühl, in einer Zwickmühle zu sein. Schließlich ist sie einverstanden. Welches Recht habe ich, einzugreifen?

Wenn ich mich mit den Männern in dem Traum identifiziere, bin ich ein geiler Typ, der Sex mit Gewalt verbindet. Ich werte die Frau ab, indem ich ihre Individualität mißachte. Ich habe nur in Gesellschaft der *Gang* Mut zur Vergewaltigung. Mit anderen Worten, ich bin der typische erwachsene Macho. Aber in dem Traum bin ich auch der moralische Beobachter, der von den Handlungen seiner Mittäter schockiert ist – meines geilen Selbst –, aber ich weiß nicht, was ich aus meinem moralischen Dilemma machen soll. Und die Autoritäten, die Polizei, können mir auch nicht weiterhelfen.

Wenn ich mich mit der Frau identifiziere, wird alles noch verwickelter. Von einer Schicht unterhalb meines Selbstbildes als aggressiver und potenter Mann dringt eine Botschaft zu mir, die besagt: Ich bin ein williges Opfer. Ich verstecke mich hinter meiner Naivität. Ich spiele die Masochistin. Ich gebe den Begierden der männlichen *Gang* nach, selbst wenn ich vergewaltigt und verletzt, selbst wenn ich getötet werde, denn meine eigenen Gefühle sind mir nicht bewußt und ich mißachte meinen intuitiven Sinn für Gefahr. Ich tue meiner *anima* Gewalt an.

Wenn ich mich im Wachzustand an die Männer und Frauen meiner Träume erinnere, denke ich daran, wie oft ich aggressiv durch den Tag marschiere, alle Hindernisse meinem Willen unterwerfe, und wie wenig ich das Fest genieße, das sich meinen Sinnen bietet. Allmählich treten meine Persona und mein Selbst in ein Gespräch ein, das sich schließlich zu einem befriedigenden Austausch entwickelt. Ich arbeite weiter, jetzt aber langsamer. Häufig mache ich Pausen, um die Sonnenstrahlen zu genießen, die meine Haut wärmen, um mich am Rhythmus meines Atems, an den kaleidoskopischen Bildern, die in Form von Tagträumen aus meinem Unbewußten aufsteigen, zu erfreuen. In solchen Augenblicken ist die Einsamkeit etwas Kostbares, und ich habe großes Vergnügen daran, bei mir selbst zu sein.

In den letzten Jahren hat es über die Androgynie viel Verwirrung gegeben. Unter dem Eindruck des aufkommenden Feminismus und der verunsicherten Männlichkeit haben einige den Begriff Androgynie verwendet, um die eingeschlechtliche Person zu propagieren. Radikale Feministinnen haben sich mit den Skinnerianern verbündet und die alte Idee zurückgewiesen, daß Anatomie Schicksal ist. Alle Unterschiede zwischen der männlichen und der weiblichen Psyche seien ausschließlich Folge der sozialen Konditionierung. Der Mutterinstinkt kann durch Verhaltensmodifikation erzeugt oder gelöscht werden. Es gibt keine angeborenen männlichen oder weiblichen Qualitäten. Wir sind nicht sowohl männlich als auch weiblich, sondern keins von beidem. Für diejenigen, die an den sozialtechnologischen Zugang zur Psyche glauben, bedeutet Androgynie also mittlerweile das neue Ideal der eingeschlechtlichen Person, einer Person, deren Körper männlich oder weiblich sein könnte, deren Psyche aber keine unterscheidenden Merkmale aufweist. In den radikalsten Formen des Feminismus und der Verhaltensmodifikation schleicht sich der alte gnostische Dualismus in einer neuen Gestalt wieder ein. Die Natur macht den Körper, aber die Gesellschaft – der neue Gott – macht die Psyche.

Die Würde der Person ist nicht auf etwas so Grobes wie die Anatomie oder irgendwelche biologischen Funktionen wie das Kinderkriegen bezogen. Diese Argumentation geht gewöhnlich mit der Abwertung des Schoßes und des Penis einher, sie hat den vaginalen Orgasmus abgeschafft, die Klitoris verherrlicht und den Vibrator gefeiert. Mit der „Befreiung" der Masturbation wurde Sex ein Do-it-yourself-Produkt.

Leider entstellt die Unisex-Lösung das Geheimnis der Sexualität in dem Bemühen, uns von den Verkrüppelungen der geschlechtlichen Stereotypen zu befreien. Viele der gesellschaftlichen Rollenzuweisungen sind künstlich und destruktiv, aber es gibt auch grundlegende radikale Unterschiede zwischen den Geschlechtern. Die Erforschung der Unterschiede zwischen männlichen und weiblichen Gehirnen und ihrer Biochemie ist noch nicht abgeschlossen, aber man nimmt allgemein an, daß das weibliche Gehirn weniger lateralisiert ist als das männliche und daß die Körperchemie, nicht die Konditionierung, für viele Unterschiede ursächlich ist. Donald Symons faßt die Forschungsergebnisse über den Zusammenhang von Hormonen und Sexualitätsmuster zusammen:

> Daten über spätbehandelte AGS-Frauen (Frauen, die durch Progestine *in utero* maskulinisiert wurden) deuten darauf hin, daß einige Aspekte der menschlichen Sexualität, wie die Objektwahl, weitgehend aus postnatalen Erfahrungen resultieren; aber diese Daten zeigen auch, daß die männlichen Tendenzen, vor allem durch visuelle Reize sexuell erregt zu werden, die spezifisch genitale Ausrichtung der sexuellen Erregung und Befriedigung des Mannes, sowie die autonomen, fantasierenden, initiativen, triebhaften, drängenden Aspekte der männlichen Sexualität weitgehend durch Interaktionen der Einflüsse pränataler Androgene auf das sich entwickelnde Gehirn bewirkt werden; durch die aktivierenden Einflüsse postpubertärer Androgene auf ein bereits zur männlichen Richtung neigendes Gehirn; und durch periphere Stimulation von den Genitalien[4].

Wir sind weder vollständig determiniert durch, noch vollständig frei von den Tatsachen unserer Anatomie und unseres Geschlechts. Um völlig frei und erotisch sein zu können, muß das Selbst die künstlichen Grenzen überwinden, die ihm durch soziale Geschlechtsdefinitionen auferlegt werden, aber gleichzeitig die wesentlichen Unterschiede wertschätzen. Unnötig zu sagen, daß es keine einfache oder wissenschaftliche Methode gibt, eindeutig zu bestimmen, welche Unterschiede künstlich und welche biologisch sind. Die androgyne Alternative leugnet den radikalen Unterschied zwischen den Geschlechtern in einem politisch motivierten Versuch, Würde und soziale Gleichheit zu garantieren. Männer und Frauen sind gleichwertig, aber von unterschiedlicher Natur. Man hat Androgynie auch als Bisexualität verstanden. Die radikalsten Verfechter der sexuellen Revolution meinten, wir müßten nur von der sozialen Repression und von der Zwangsjacke der Geschlechtsrollen befreit werden, und dann wären wir alle bisexuell. Im unangepaßten Zustand, so lautet das Argument, sind wir für beide Richtungen bereit. Wir können nicht beurteilen, ob das stimmt, da menschliche Wesen immer durch eine Gruppe sozialisiert werden, die einige künstliche Geschlechtsdefinitionen durchsetzt. Aber selbst wenn man zeigen könnte, daß Bisexualität „freier" wäre als Heterosexualität, hätten wir damit noch immer keine Raststätte auf der Pilgerfahrt des Bewußtseins erreicht. Bisexualität nimmt den Mythos des Eros immer noch wörtlich. Sie sublimiert auf der genitalen Ebene ein Streben nach Erfüllung, das *jeden* Aspekt im Leben einer Person durchdringen muß.

Man erkennt leicht, warum die Wiedervereinigung, die durch das Streben nach Androgynie symbolisiert wird, eine notwendige, aber nicht die abschließende Phase im leidenschaftlichen Leben ist, wenn man sich daran erinnert, daß die erwachsene Persönlichkeit durch einen Prozeß der Spaltung erzeugt wurde. Wenn wir die Stufe des Gesetzlosen erreichen, müssen wir wiedervereinigen, was die Gesellschaft auseinandergerissen hat. Da sie uns ein falsches Entweder/Oder aufzwang (entweder männlich oder weiblich zu sein), muß der Gesetzlose das Prinzip von sowohl/als auch bekräftigen. Ich muß die Dichotomien überwinden.

Paulus sagt, in Christus gäbe es weder männlich noch weiblich. Ich glaube, diese kryptische Aussage ist ein Hinweis darauf, daß es in der Lebensbahn des Selbst einen Punkt gibt, an dem wir über die Geschlechtsfrage hinausgehen. Stelle ich die Frage des Gesetzlosen: „Wer bin ich?" und gelobe, den Mut aufzubringen, alle Empfindungen, Fantasien, Ideen und Gedanken (jedoch nicht alle Handlungen) zu erkunden, dann gehe ich über die Androgynie hinaus in eine grundlegendere Form der Selbstliebe über. Nicht, daß ich aufhören würde, Mann oder Frau zu sein. Ich stelle mich nur einer umfassenderen Frage als der nach meinem Geschlecht. Biologisch werde ich bis ans Ende meiner Tage ein Mann sein. Als Gesetzloser oder Liebender kann ich den Wunsch nach genitalem sexuellen Ausdruck weiterhin nur gegenüber einer Frau ausleben. Oder vielleicht packt mich das Bedürfnis nach homosexuellem Ausdruck. Oder bisexuellem. Es ist schwierig, darüber zu spekulieren, welche Formen der sexuellen Objektwahl wir entwickeln würden, wären wir frei von der Krankheit der geschlechtlichen Schizophrenie und der Besessenheit vom Geschlechtsverkehr. Wenn wir später aus der Perspektive des Liebenden zurückblicken, ist die Frage von *hetero*, *homo*, *trans* oder *bi* nicht von großer Bedeutung.

SELBSTLIEBE, SELBSTERKENNTNIS: MÉNAGE À MOI

Die Tabuisierung von Selbsterkenntnis und Selbstliebe schützt die Grenze zwischen dem Erwachsenen und dem Gesetzlosen. Selbsterkenntnis ist ein Angriff auf die Autoritäten, Selbstliebe ein Verbrechen. Die Verschwörung der Stammesmitglieder kann nur solange aufrechterhalten werden, wie die Mehrheit darin übereinstimmt, von den herrschenden Mythen, Mysterien und Autoritäten geprägt zu werden. Das Gewissen macht aus uns allen Konformisten, Bürger und Feiglinge.

Das Tabu wird zum Teil durch einen sprachlichen Nebelschleier, ein Sperrfeuer von Fehldefinitionen aufrechterhalten, die Selbstliebe mit Selbstsucht, Egoismus, Hemmungslosigkeit und neuerdings Narzißmus identifizieren. Im Rahmen der jüdisch-christlichen Tradition begann die Tabuisierung der Selbsterkenntnis damit, daß die *Sünde* Adams und Evas mit dem Essen der Frucht vom Baum der Erkenntnis gleichgesetzt wurde. Gott verlangte Gehorsam, nicht Bewußtheit. Es ist nur solange erlaubt, die Aufmerksamkeit auf das eigene Selbst zu richten, wie man Fehler findet und das eigene Gewissen prüft, um die zu beichtende Sünde aufzudecken. Das Christentum schuf einen Gewissensstil, in dem man von Gläubigen erwartet, genau auf das Scheitern des Selbst zu achten und nach einer unerfüllbaren Norm zu leben: „Sei so vollkommen wie der

Allmächtige!" Christliche Selbsterkenntnis ist eine Form der Selbstbeurteilung, eine Inquisition, die darauf zielt, dem Sünder Beweise für seine Verderbtheit zu liefern, die er beichten muß, um Vergebung zu erlangen. Blickt ein Mann oder eine Frau nach innen und findet ein reines Gewissen vor, so ist das ein sicheres Zeichen der Überheblichkeit. Das normale christliche Gewissen läßt nicht zu, daß der Gläubige auf das Selbst schaut und Schönheit, Güte, natürliche Freundlichkeit oder Stärke findet. Selbsterkenntnis ist mit Selbsthaß durchsetzt. Die Spielregeln des christlichen Gewissens sind so beschaffen, daß ich bei der Introspektion die Schuld für alles Böse und alle Hartherzigkeit, die ich finde, übernehmen muß, jedoch alle Zeichen von Liebe Gott zuzuschreiben habe. Das von Gott losgelöste Selbst ist nur der Lust – des Eros – fähig. Und sollten wir ein liebendes Selbst finden, dann nur, weil die Liebe Gottes – Agape – das natürliche Prinzip der Selbstsucht ersetzt hat, das im menschlichen Herzen regiert.

Es überrascht nicht, daß die Praxis der Meditation und Selbstliebe im Westen vernebelt blieb und daß wir, ganz konsequent, eine Kultur der Extravertierten geschaffen haben. Die säkulare Kultur hat mit Hilfe der Psychoanalyse die alte christliche Gewohnheit fortgeführt, das Selbst nur zu beobachten, um es zu kritisieren. Im Schauspiel des Selbst hoffen wir weiterhin auf Applaus, hören aber nur Aufforderungen, unsere Leistung zu verbessern, nach unseren Idealen zu leben und zu wachsen. Die Meditation wurde, wie die Masturbation, bis vor kurzer Zeit für eine Form des Selbstmißbrauchs gehalten. Es ist uns kaum gestattet, auf das Wirken unseres Geistes zu achten oder unseren Körper zu berühren, das Glück sowohl der Kontemplation als auch der Sinnesempfindung zu genießen. Unsere Sitten hindern uns daran, für uns selbst zu tun, was wir für andere zu tun gehalten sind. Eine empfindsame Person darf ihrem Nächsten Liebe zeigen, indem sie zuhört, berührt und Anteil nimmt, soll aber das Selbst ignorieren.

Die jüngste Form, in der die Verdammung von Selbsterkenntnis und Selbstliebe auftrat, ist der neue Kreuzzug gegen den Narzißmus. Tom Wolfe hat auf die „Ich"-Generation, Christopher Lasch auf die „Kultur des Narzißmus" hingewiesen. Beide behaupten, daß Esalen, die *human potential*-Bewegung, östliche Gurus die amerikanische Jugend zur Sünde der Nabelschau verführten. Sie erheben den Vorwurf, daß die neuen Bewußtseinsforscher sich in persönlicher Erfahrung verlieren und nicht in der Lage sind, andere zu lieben oder sich um die Politik im Großen zu kümmern.

Zweifellos gibt es in der modernen Gesellschaft sehr viel Narzißmus; aber Wolfe und Lasch schätzen seine gefährlichste Quelle falsch ein. Unser Narzißmus kommt weniger von der kleinen Personengruppe, die sich nach innen gewandt hat, als von der unbewußten Mehrheit, die sich weigert, unsere Werte zu untersuchen – unseren grotesken Konsum, unsere Verschwendung der Rohstoffe dieser Welt, unseren unbezweifelten Mythos der sozialen Überlegenheit, unseren arroganten Umgang mit Macht, unseren üppigen Lebensstil in einer Welt, in der Millionen hungern.

Der Unterschied zwischen Narzißmus und Selbstliebe ist eine Sache der Tiefe. Narziß verliebt sich nicht in das Selbst, sondern in ein Bild oder eine Spiegelung des Selbst – in die Persona, die Maske. Der Narzißt sieht sich durch die Augen eines anderen, ändert seinen Lebensstil, um sich dem anzupassen, was von anderen bewundert wird, schneidet Verhalten und Gefühlsausdruck auf das zu, was anderen gefallen wird. Narzißmus ist ein Augenproblem, freiwillige Blindheit, eine Übereinkunft, Erscheinungen aufrechtzuerhalten (daher die Wichtigkeit des „Stils") und nicht unter die Oberfläche zu schauen.

Beim Streben nach Selbsterkenntnis müssen alle Bilder, bequemen Illusionen und selbstgefälligen Ideologien in Frage gestellt werden. Alle übernommenen Gewißheiten müssen bezweifelt werden. Das Selbst muß erprobt, bis zum Äußersten gedehnt werden. Diese Übung ist so quälend, so angstbeladen, daß normale Menschen ihren Wert bezweifeln. Warum größere Einsamkeit, größere Angst, größere Ambivalenz ertragen? Freud bemerkte, das beste, was die Analyse bewirken könne, sei, neurotisches Leid gegen reales Leid einzutauschen. Jeder, der den Weg des Gesetzlosen beschritten hat, kennt die Versuchung, umzukehren und möglichst in unbewußter Einfachheit weiterzuleben. O, wie tröstlich wäre es, dichtete Walt Whitman, sich umzudrehen und wie Tiere zu leben, die nicht wachliegen und sich um ihre Seele sorgen. Aber es gibt keine Umkehr. Ich kann nicht rückgängig machen, was ich gesehen habe, kann keine Zweifel zur Ruhe bringen, bloß weil sie mich bedrücken, kann nicht aufhören, Fragen zu stellen, die meinen Seelenfrieden stören. Der Bergsteiger versucht sich am Everest, „weil er da ist". Ich erforsche meine Tiefen, weil ich da bin, ohne eine sichere Karte, die mir sagt, wo ich bin, woher ich komme und wohin ich gehe.

Ist es das wert? Wenn ich die Mythen und Rollen abstreife, entdecke ich dann einen bleibenden Kern, ein Wesen, eine Seele?

Das Selbst zu lieben, bedeutet nicht, auf ein unveränderliches Bild oder Wesen zu stoßen, sondern die ganze Vielfalt der Erfahrung im Bewußtsein zu wollen. Mich selbst zu lieben, heißt erklären, daß ich eher in einer demokratischen als in einer diktatorischen Beziehung zur Vielfalt in meinem Inneren leben will. Ich werde allen meinen Teilpersönlichkeiten, widersprüchlichen Impulsen, unbekannten Wünschen, fremden Begierden, verbotenen Bedürfnissen gestatten, zusammen im Gemeinwesen meines Bewußtseins zu leben. Ist mein Selbstbild erst einmal erschüttert, werde ich immer mehr sein, als ich wissen kann. Ich werde mich niemals ganz verstehen. Wenn ich also weiß, daß ich niemals der Allwissende sein werde, lerne ich zu akzeptieren, was ich nicht begreifen kann. Erst wenn ich die unergründlichen Tiefen meiner selbst respektiere, entdecke ich, daß Liebe wertvoller ist als Erkenntnis oder Handeln. Selbstliebe ist für den Erforscher des Bewußtseins, was Neugier für den Wissenschaftler bedeutet. Ich muß bereit sein anzuerkennen, was der Fall ist, bevor mein Streben nach Erkenntnis beginnen kann.

DIE DISZIPLIN DER SELBSTLIEBE

Zur Praxis der Selbstliebe gehört die Übung, auf die komplizierten Zusammenhänge der eigenen physischen, geistigen und emotionalen Zustände zu achten. Die frühesten Yogaübungen beruhten auf der Beobachtung, daß unterschiedliche Atemrhythmen, die Tiefe von Einatmung und Ausatmung, mit verschiedenen Geisteszuständen einhergingen. Ein unruhiger und gestörter Geist ist immer durch schnelle, unregelmäßige Atemzüge gekennzeichnet. Angst ist die flache Atmung eines eingeengten Geistes. Beruhige die

Atmung, und du wirst den Geist beruhigen, so daß er die Muster und Schwingungen der Dinge akkurater reflektieren kann. Atme in die Rhythmen deines Lebens oder deines Liebhabers hinein. Koordiniere deine Atmung mit anderen, und du wirst herausfinden, was in ihrem Geist vor sich geht. Atme zwischen dem Impuls und der Handlung dreimal tief durch, und du wirst feststellen, wie sich die Pause mit einer Myriade von Sinneseindrücken und Bildern füllt. Der Schlüssel zur tantrischen Sexualität ist das gemeinsame Atmen mit dem Partner (eine bewußte Kon-spiration). Das Entscheidende am Liebesspiel wie am Leben ist das Genießen der Reise, nicht so sehr das (An-)Kommen. Die Praxis der Selbstbeobachtung dient dazu, uns so zu verlangsamen, daß wir der Atmung, dem Empfinden, der Liebe, uns selbst gestatten können, sich in-spirieren zu lassen.

Seit mehr als viertausend Jahren hat der Osten Disziplinen wie Yoga, Meditation, *tai chi, kung fu* und Akupunktur verfeinert, die Geist, Körper und Seele miteinander in Einklang bringen. Neuerdings beginnen wir im Westen mit Hilfe von Biofeedbackmaschinen, ein winziges Maß der antiken Kunst und Technik der Selbsterkenntnis und Selbstregulierung zu erlernen. Wir entdecken, was tibetanische Ärzte schon vor Jahrhunderten wußten: daß aktives Sichtbarmachen uns von vielen unserer Krankheiten heilen kann und daß die richtige Ernährung oft unsere beste Medizin ist. Im nächsten Jahrzehnt wird das entstehende Gebiet der holistischen (ganzheitlichen) Medizin wohl viele der geistigen Disziplinen zusammenführen, die für eine intelligente Praxis der Selbstliebe erforderlich sind. Das fleischliche Selbst zu lieben, bedeutet Verantwortung für Körper und Geist zu übernehmen. Ich kann meinen Körper nicht mit Alkohol, Streß und Hemmungslosigkeit mißbrauchen und doch behaupten, daß ich mein Selbst liebe. Der Gesetzlose muß diejenigen Formen der Selbstfürsorge erlernen, die seine Gesundheit optimal fördern. Das Streben nach einem leidenschaftlichen Leben ist nicht von einer intelligenten und phantasievollen Selbstfürsorge zu trennen. Der Eros muß gut genährt, geübt und in seinem Wachstum gefördert werden. Da mein Körper meine Weise ist, die Welt zu verinnerlichen, und da mir meine Sinne die einzige

Möglichkeit bieten, in Berührung zu bleiben, muß ich die Instrumente meines Erkennens und Liebens gut pflegen.

DAS FLEISCHLICHE SELBST: DEMUT UND SINNLICHKEIT

Oft wird der Vorwurf erhoben, daß Selbstliebe zu Arroganz, Stolz und Hybris führt. Konzentriere die Aufmerksamkeit auf das Selbst, und du wirst aufgeblasen, dünkelhaft. Das ist ein altes Ablenkungsmanöver, mit dem man den Gesetzlosen häufig von seiner Spur abbringen will.

Nichts könnte weiter von der Wahrheit entfernt sein. Selbsterkenntnis entfernt sich niemals weit vom Wissen um den Tod. Die Kultur würde mich gerne in den Glauben locken, daß ich unsterblich sein werde, solange ich der offiziellen Religion folge. Durch Eingliederung ins Vaterland, ins Mutterland, in das großartige Schema Gottes in der Geschichte, könnte ich eine Art Unsterblichkeit erlangen.

Der Gesetzlose schiebt das alles beiseite. Keine Loyalität mehr gegenüber Fünfjahresplänen oder Zukunftsutopien. Ich bin mein Körper. Meine erste Gewißheit ist in der Erkenntnis verwurzelt, daß ich vor allem ein fleischliches Wesen bin. Am realsten für mich ist, was ich schmecke, berühre, rieche, höre und sehe. Keine Abstraktion ist für mich so wichtig wie das Fleisch – mein eigenes und das der Menschen, die ich liebe. Ich glaube zum Beispiel nicht, daß irgendein Wert, wie die „Rettung der freien Welt", einen Atomkrieg rechtfertigen könnte, dem mein Volk und meine Heimat geopfert würden.

Fleischlich zu sein, bedeutet, mit einer geschärften Bewußtheit dafür zu leben, daß Zeit sehr wesentlich ist. Wie das Gras auf dem Felde bin ich heute hier, und morgen wird der Wind über diesen Ort fegen, und ich werde verschwunden sein. Obwohl ich nur kurz verweile, ist mein Leib Krankheiten, Unfällen und den sicheren Gebrechen des Alters ausgesetzt. Ich kann plötzlich niedergestreckt werden. Es gibt keine Gewißheit, daß das Morgen, für das ich plane, mich noch lebendig sehen wird, so daß ich die Früchte meiner Arbeit genießen kann.

Fleischlich zu sein, Fleisch zu sein, bedeutet, mich auf eine irdische Weise zu kennen. Die Fantasie trägt mich auf Flügen in bloß mögliche Welten, die in der Zukunft existieren könnten, aber die Sinnesempfindung verwurzelt mich im Hier und Jetzt. Sehe ich die Gesten der Pinie im Wind, dann gebe ich alle Gedanken an morgen auf. Liebkose ich eine Frau, dann gebe ich mich dem Augenblick hin. Jeder Akt des Sichhingebens an die Sinnesempfindung ist ein kleiner Tod. Ich verliere die Kontrolle; wenn ich mit allen Sinnen wach durch diesen Tag gehen will, dann kann ich nicht programmieren, was ich genießen werde. Schon im nächsten Augenblick kann mich das Aroma gerösteter Kaffeebohnen oder ein Abfallgeruch überfallen. Anblicke und Geräusche stürmen auf mich ein. Wenn ich auf ein Ziel gerichtet durch den Tag gehe, werde ich nur sehr selten durch unerwartete Schönheit abgelenkt. Jedesmal, wenn ich mich der Sinnesempfindung hingebe, unterwerfe ich meinen Willen. Sexuelle Lust oder die Schönheit einer einzelnen Meereswelle in den Strahlen des Sonnenuntergangs kann ich nur genießen, wenn ich einen Augenblick der Erfüllung, der mir gegeben ist, annehme, schätze und dankbar begrüße. Demut und Sinnlichkeit gehen Hand in Hand.

DAS JENSEITS IM INNEREN: DAS SELBST ALS NEXUS

Unmerklich geht der Pfad des Gesetzlosen in den Weg des Liebenden über. Das Streben nach Autonomie führt über sich selbst hinaus. Tiefe Einsamkeit mündet in eine Bewußtheit der Zugehörigkeit. Ich mühe mich ab, den Gipfel der Selbstbewußtheit zu erklimmen, mein ursprüngliches Gesicht kennenzulernen, meine Grenzen zu überprüfen, alle Widersprüche meiner Erfahrung zu leben, die Welt als erste Person Singular zu verstehen. Dann, plötzlich, treffe ich, wo es nur mich gab, auf dich. Im Innersten meiner Privatheit entdecke ich, wie öffentlich ich bin. Die Selbstliebe führte mich in den Hinterhof meines Nachbarn.

LEIDENSCHAFT ALS MITGEFÜHL: DIE ETHIK DER
RESONANZ

Sex ist ein Gleichnis, aus dem man lernt, daß das Selbst ein
Schnittpunkt ist. Ich bin kein isoliertes Atom, sondern ein Reso-
nanzpunkt, eine Vibration.

Nehmen wir an, ich mache mich auf, „meine Sexualität zu
erkunden", und verfahre dabei rein hedonistisch und selbstsüchtig.
Ich will mein Vergnügen. Schon bald entdecke ich, daß die Art, wie
ich über meine Geliebte empfinde, wie ein Thermostat auf meine
sexuellen Empfindungen wirkt. Bin ich mißtrauisch, wütend oder
ganz von mir selbst eingenommen, dann werde ich mit einem
verspannten, abwehrbereiten Körper zu ihr kommen. Unsere
Bewegungen werden einem Kampf gleichen. Ich werde versuchen,
Reaktionen in ihr auszulösen, so daß ich mich ihr als überlegen
erweisen kann. Nähere ich mich ihr bloß als einem Körper, einem
Stück, einem Instrument, das mir Lust verschaffen soll, reduziere
ich auch meinen Körper auf eine Maschine, die nichts empfinden
kann, auf eine Reihe von Nervenenden, die bei der entsprechenden
Stimulation angenehme oder schmerzhafte Eindrücke produzieren.
Löse ich mich von der Resonanz zarten Empfindens, das liebevolle
Sexualität begleitet, dann verwandle ich meinen Körper in ein „Es".
Ich beobachte, wie er es schafft oder nicht. Ich werde teilnehmen-
der Beobachter, der mit innerer Distanz ein sexuelles Drama leitet.
Je mehr ich versuche, die Begegnung auf einen Austausch von
Sinneseindrücken zu begrenzen, desto mehr tue ich meinem eroti-
schen Potential Gewalt an. Der richtige Name für diesen Typ der
Sexualität, zu dem zwei Personen gehören, ist wechselseitige
Masturbation. Eine genuine Leidenschaft (passion) entwickelt sich,
weil ein Mitgefühl (compassion) zwischen Selbst und Selbst, zwischen Selbst und Welt da ist.

Fleischliche Sexualität ist das Abstimmen einer Saite auf eine
andere. In der Mathematik der Psyche wird meine Lust dadurch
verdoppelt, daß ich an deiner Lust teilhabe. Die Stärke meines
Gefühls beruht auf der Offenheit meines Empfindens für dich. Die
Grammatik der Leidenschaft: Zwei erste Personen Singular werden
eine erste Person Plural. Ich habe nur eine Möglichkeit, meine

höchste sexuelle Ekstase kennenzulernen: tief in ein anderes Selbst einzudringen. Meine tiefste Form der Selbsterkenntnis wird mir durch einen anderen vermittelt. Ohne Großzügigkeit und Fürsorge kenne ich weder mein Selbst noch ein anderes.

Meditieren über das Selbst führt unweigerlich zu der Schlußfolgerung, daß ich mein Selbst nur in dem Maße lieben kann, wie ich bereit bin, meinen Nächsten zu lieben. Heisenbergs Prinzip beherrscht sowohl die persönliche als auch die wissenschaftliche Wahrnehmung: Das Auge des Beobachters gestaltet und verändert immer, was es sieht. Ein strenges Gesetz der Psyche besagt, daß ich andere beurteile wie mich selbst. Die „Faulheit", die ich an A nicht ausstehen kann, ist genau die Trägheit, die sich direkt unter der Oberfläche meines zwanghaften Aktivismus verbirgt. Die „Promiskuität", die ich an B verurteile, hat die dionysischen Tücken und Klauen des Satyrs, der ständig versucht, sich in meinen Träumen auszutoben.

Beobachte den Geist, wie er Urteile fällt, die auf Furcht und Begierde beruhen – auf Abneigung und Anziehung –, und du entdeckst, daß die Welt ein Rorschachtest ist, eine Leinwand, auf die du dein Selbstbild projizierst. Was man sieht, das ist man selbst. Und was man sieht, das bekommt man auch. Wenn man „das da draußen" verändern will, muß man erst die Augen ändern, mit denen man sieht. Du willst deinen Nächsten lieben? Dann erforsche deine vielfältigen Persönlichkeiten, bis du erkennst, daß dir nichts Menschliches fremd ist. Erkenne deine Wut, und du wirst den Mörder, den Kindesmißhandler verstehen. Erkenne deinen Todeswunsch, und Gary Gilmore wird dir nicht mehr fremdartig vorkommen. Erkenne den Knecht und den Herrn in dir, und du wirst Mitgefühl mit Masochisten und Sadisten haben. Lasse deine Sehnsucht nach dem Heiligen unter der Fassade deiner säkularen Persönlichkeit aufwallen, und du wirst feststellen, daß Heilige keine Plastikstatuen, sondern deine Gefährten und Führer sind.

Bei der Erforschung meiner persönlichen Geschichte höre ich plötzlich Echos aus fernen Zeiten und Orten. Eine Unzahl von Helden, Schamanen und Poeten scheinen ihre Spuren auf meinem Weg hinterlassen zu haben. Die Erzählungen von den „Helden mit tausend Gesichtern" sind Bestandteil der archetypischen

Geschichte, die in die Substanz des Selbst verwoben ist. Was alle Individuen gemeinsam haben, das ist ihre Einmaligkeit. Jeder von uns hat den Gruppengeist hinter sich gelassen und eine gemeinsame Reise angetreten, indem er da in den Wald eindrang, wo es am dunkelsten und unwegsamsten war. Alle, die überlebten und zurückkehrten, um ihre Geschichte zu erzählen, reden über einen ähnlichen Prozeß: Tod des Ich und Wiederauferstehung des Selbst. Die Dämonen, denen man begegnete, mögen zu verschiedenen historischen Zeiten unterschiedliche Verkleidungen getragen haben – der Minotaurus, der Teufel, Frankenstein, das Gesicht des Wahnsinns –, aber ihre Macht schwand jedesmal, wenn man sich ihnen stellte, sie benannte und als Projektionen des Selbst enttarnte. Die Karte, die ich aufgrund meiner Erfahrung angelegt habe, könnte mit kleineren Abweichungen auf das Leben zahlloser moderner Männer und Frauen passen, die mehr daran interessiert sind, menschlich als modern zu sein. Es ist ein Trost zu wissen, daß ich meine einsame Reise in Gesellschaft von so vielen unternehme.

VON DER AUTONOMIE ZUR THEONOMIE, VON DER FREIHEIT ZUM SCHICKSAL

Mein Streben, das Gesetz meines eigenen Seins – Autonomie – zu entdecken, führt mich an die Schwelle dessen, was Tillich Theonomie nannte – den Punkt, an dem Freiheit und Schicksal, das Gesetz des Selbst und das Gesetz Gottes, zusammenfallen.

Mich selbst zu kennen, bedeutet, meine Mit-gift zu kennen. Mache ich extremen Gebrauch von meiner Freiheit, dann stelle ich fest, daß ich von einem Schicksal geleitet werde, das meinem Bewußtsein vorausgeht. Schäle ich die mythischen Schichten ab, die mich geprägt haben, dann entdecke ich einen Kern des Gegebenseins, der ursprünglich zu sein scheint. Dieser Kern, der eher entdeckt als erfunden wird, ist schwer zu beschreiben. Nennen wir ihn meine Prädisposition, mein Schicksal, das Wesen, das mich ins Sein ruft, meine Seele, das Bündel von Begierden, die mich antreiben. Kein Begriff fängt ganz die Erfahrung ein, der Witterung meines Seins durch den Wald der Ablenkungen und falscher Selbstbilder zu folgen. Man kann sich diesen „Kern" als die

Programmierung meiner Gene vorstellen, die sich entschlüsselt, sobald ich die Laufbahn meines Lebens einschlage. Jedes Jahr werde ich ein Stück mehr darüber aufgeklärt, wie der genetische Code (das neueste biologische Inkognito für „Gott") mich prägt. In alten religiösen Begriffen kann man es auch als meine Berufung bezeichnen. Gott oder das transmoralische Gewissen fordert mich auf zu werden, der ich sein sollte – ein Liebender. Humanisten, die sich an der offen religiösen Sprache stören, können es „Potential" nennen.

Gewiß hat mein Schicksal etwas mit meiner Anatomie und Disposition zu tun. Da ich ein Mann bin, lädt Testosteron mein System mit einem bestimmten Stil der Lust auf. Ich reagiere auf eine Frau mit einem anderen Grad des erotischen Interesses als auf einen Pilz oder einen Computer. Ich kann mich entscheiden, ob ich dem Impuls der Lust nachgebe oder nicht, aber ich kann nicht entscheiden, wonach mich gelüstet. Meine Freiheit ist auf seltsame Weise mit der Anerkennung bestimmter Gegebenheiten verwoben. Wie Merleau-Ponty (der Sartres Idee, daß wir dazu verdammt sind, uns in völliger Freiheit selbst erschaffen zu müssen, ablehnt) sagte: „Wir sind zum Sinn verdammt." Die Welt, in der wir uns finden, ist bereits in großem Maße geformt.

Aber das menschliche Schicksal wird durch mehr als nur Anatomie und Gene programmiert. Unsere Entscheidungsfreiheit ist so groß, daß wir sogar beschließen können, unser angeborenes Mitgefühl und unser Bewußtsein so zu entstellen, daß wir unmenschlich werden. Obwohl wir nicht wissen, wie der Begriff des menschlichen Schicksals intellektuell zu klären wäre, stimmen wir darin überein, daß einige Menschen die Bedingungen vergewaltigen, die uns als Menschen kennzeichnen. Die Monstren – von Iwan dem Schrecklichen bis zu Adolf Eichmann – wirken auf uns, als hätten sie sich selbst geweigert, menschlich zu sein.

Der Sinn, der mein Leben prägt, läßt sich nicht durch allgemeine Formeln aufdecken. Obwohl es mir so schrecklich mißlingen kann, *mein* individuelles Schicksal zu erfüllen, und dies allgemein erkennbar wäre, gibt es doch keine universelle Formel, nach der ich in meinem Leben einen Sinn finden werde. Mit anderen Worten: mein Schicksal, der Sinn meines Lebens, meine Berufung läßt sich nur in der Intimität meiner Erfahrung entdecken. Mein Schicksal wird nur mir enthüllt. Jeder von uns wird bei seinem Namen gerufen. Eine leise Stimme, die man leicht überhört, flüstert: „Dies ist deine Arbeit. Dies ist dein Ort. Dies sind deine Nächsten. Dies ist deine Frau, dein Mann. Dies ist die Bürde, die du zu tragen hast. Dies ist die Heilung, die dir obliegt. Dies ist die Gabe, die du zu entfalten hast. Dies sind die Wunden, an denen du leiden mußt. Dies ist die Arena, in der du das Schauspiel deines Lebens aufführen mußt."

Auf meine Berufung zu hören, der Witterung meines Schicksals zu folgen, ist eine andauernde und schwierige Aufgabe. Oft übersehe ich die Hinweise. Indem ich mich gegenüber anderen darstelle oder das, was ich tun sollte, nach den Erfolgsstandards meiner Kultur beurteile, vergesse ich, auf meine Träume, auf meine inneren Stimmen zu achten. Es gibt eine sichere Regel: Nur, wenn ich den Mut habe, ein Individuum zu sein, kann ich meine Grundlage in der Gemeinschaft finden. Ich kann Sie zwar ermutigen, auf Ihre Berufung zu hören, aber nur Ihre Ohren können den Ruf vernehmen.

Die Stimme, die das Schicksal eines Individuums enthüllt, ist leicht zu überhören. Wenn ich Ihnen von Augenblicken berichte, in denen ich die Richtung meines Schicksals kannte, werden sie Ihnen keinen besonderen Eindruck machen. Es sind gewöhnliche kleine „Geistesblitze". Zum Beispiel: Ein Freund fragte mich einst: „Was willst du, Sam? Was für Träume hast du?" (Vorher hatte er mich über die richtige Reihenfolge erotischer Prioritäten belehrt. „Die erste Frage, die ein Individuum zu stellen hat, lautet: ‚Wohin geht meine Reise?' Erst danach hat man die Sicherheit zu fragen: ‚Wer wird mich begleiten?' Vertauschst du die Reihenfolge der Fragen, dann wirst du Schwierigkeiten bekommen.") Ich wußte nicht, wie ich ihm antworten sollte. Ich war ein erfolgreicher junger Professor mit Ideen und Lebensstellung, aber ohne Träume. „Ich habe im Augenblick keine Träume", erwiderte ich. „Nun", sagte er, „dann ist es besser, du siehst dich nach einem um." Diesen Abend zog ich mich mit einer Flasche Bourbon in eine stille Ecke zurück und saß. Die Leere war erschreckend. Nach einer geschlagenen Stunde des Wartens durchbrach ein einzelnes Bild die Oberfläche meines Bewußtseins. Ich sah einen Windschattenfahrer. Tagelang ließ ich das Bild vom Windschatten am Rande meiner Bewußtheit aufflakkern. Schließlich entfaltete sich mir langsam seine Bedeutung. Ich hörte, wie es mir zurief, die Professur aufzugeben und wieder auf die Straße zurückzukehren. Binnen eines Jahres hatte ich meine Stelle gekündigt und machte mich selbständig.

Auf der Ebene unserer intimsten Selbsterfahrung sind nicht alle Augenblicke gleich, sind nicht alle Geschehnisse demokratisch gleichbedeutend. Bestimmte Momente ragen heraus und packen uns. Die Enthüllung des individuellen Schicksals findet manchmal in höchst gewöhnlichen Augenblicken statt, die aber mit außergewöhnlicher Bedeutung aufgeladen sind. Etwas öffnet sich. Plötzlich sehe ich eine Frau in einen Raum treten und weiß, daß ich sie tiefer begehre als andere und daß wir zusammengehören. Ich weiß nicht, warum ich es weiß, aber ich weiß es. Und wir heiraten. Erst, indem ich im Augenblick der Wahrheit auf diese besondere Frau reagiere, findet das universelle menschliche Schicksal, zu heiraten und meine Spuren in der Geschichte zu hinterlassen, seinen Ausdruck. Plötzlich, an einem gewöhnlichen Herbsttag, fällt ein gewöhnliches Espenblatt, das im Sonnenlicht leuchtet, in meinen Gesichtskreis. Mein Magen entkrampft sich und etwas in mir weiß, daß der Tod nicht das letzte Wort hat. Obwohl es Sartre in *Der Ekel* leugnet, *gibt* es „besondere Augenblicke", herausragende Situationen, richtige (kairotische) Momente, magische Ereignisse, die dem Individuum die Schlüssel zum Sinn des Lebens reichen. Nur, wenn es auf diese Offenbarungen des Augenblicks reagiert, findet das Individuum sein Schicksal. So führt die Suche des Gesetzlosen nach seiner individuellen Berufung über die Schwelle hinaus in die Welt des Liebenden, wo jede Blume in einer rissigen Mauer, wo jedes Sandkorn die Ewigkeit enthüllen kann.

IX. KAPITEL

Perversionen des Gesetzlosen: Die prometheische Krankheit

In unserer Größe liegt die Saat unserer Selbstzerstörung. Der tragische Fehler, der den Helden ins Verderben stürzt, ist seine übergroße Tugend. Das individuierte Selbst steht alleine da, strahlend und verletzlich – ein Bilderstürmer und Grenzüberschreiter. Aber die Stärke des Gesetzlosen führt mühelos zu jener Form der geistigen Verblendung, die von den Griechen als Hybris bezeichnet wurde – übermütiger Stolz.

Ein pervertierter Individualismus verführt uns zu der Illusion der Selbstgenügsamkeit und zu dem Glauben, daß unsere Fähigkeit, das Selbst und die Welt zu verändern, grenzenlos ist. Ein altes Kirchenlied warnt den Gesetzlosen, der in heroisch-prometheischer Haltung dasteht: „Herr, wenn wir stark sind, laß uns nicht allein, sei unsre Zuflucht." Genau auf dem Höhepunkt unserer Potenz als individualisiertes Selbst müssen wir die Macht als eine Metapher für die Lebensorganisation aufgeben, oder wir riskieren jene Form der Ohnmacht, die sich einstellt, wenn wir vorgeben, allmächtig zu sein. Der Mensch lebt nicht vom Adrenalin allein. Oder von Erfolgen. Von Bilderstürmerei. Die heroische Haltung, wird sie zu lange beibehalten, erschöpft das System.

KRANKHEITEN DER GESELLSCHAFT: NATIONALISMUS UND TECHNOLATRIE

Die Perversion des gesetzlosen Impulses wirft ihren deutlichen Schatten als Krankheit, die heute die westliche Kultur bedroht. Die moderne Welt leidet an einem Wettstreit zwischen perversen Erwachsenen und perversen Gesetzlosen, oder zwischen Nationalismus und Technolatrie – der unkritischen Anbetung der Technik. Nationalismus ist die Pathologie der Masse, die Perversion derjenigen, die auf der Erwachsenenebene des Bewußtseins stehen bleiben und sich weigern, ihre provinzielle Moralität und ihre provinziellen politischen Interessen zu überwinden. Im Siegeszug der Technologie und der multinationalen Konzerne sehen wir den wild gewordenen Impuls des Gesetzlosen. Der prometheische Geist des Helden, die das Feuer stahlen und der Natur Erkenntnis und Herrschaft abrangen, droht jetzt, die Welt in die Luft zu jagen. Die Träger des Lichts und die Eroberer des Feuers können uns einäschern. Ein Akupunkteur, der die moderne Politik diagnostiziert, käme zu dem Schluß, daß wir an einem Übermaß von Hitze leiden. Die Atomkraft oder der Treibhauseffekt können uns überhitzen. Die Wiederherstellung unserer Gesundheit hängt davon ab, daß wir die Dinge wieder verlangsamen. Cool bleiben. Überhitzt die Atmosphäre nicht. Hast, das Verhalten des Typs A, führt zum Ausbrennen. Intensität muß immer durch Pausen, durch Erholung ausgeglichen werden. Vielleicht können wir aus der Tatsache lernen, daß Tiere, die in einer leicht unterkühlten Umgebung gehalten und leicht unterfüttert werden, um ein Drittel länger leben als ihre überfütterten, überhitzten Artgenossen.

Die Entwicklung der Technik und das Streben nach Selbsterkenntnis sind zentrale Kapitel in der Geschichte des menschlichen Heroismus. Der Impuls, zu erkennen und zu verändern, was uns von Gesellschaft und Natur gegeben wurde, ist die zentrale Triebkraft des Gesetzlosen. Die ersten Menschen waren oft noch Opfer der Natur. Weil sie nicht die geeigneten Werkzeuge hatten, um die Dinge zu verändern, mußten sie die Launen der Natur hinnehmen. Leider gehörten zu den „Gesetzen" von Mutter Natur auch Orkane, Dürrezeiten, Seuchen, Krankheit und früher Tod. Und die Kinder dieser grausamen Mutter nahmen ihr Los mit kindlicher Passivität an und opferten Tiere, Sklaven, manchmal ihre geliebten Erstgeborenen, um sicherzustellen, daß sich die gebrechliche Ordnung des Kosmos gegen das Chaos durchsetzen werde. Mit der Entwicklung von Werkzeugen rebellierten wir gegen die Natur und erlangten größere Kontrolle über unser Schicksal. Wir lernten die Gesetze der Natur, entlockten ihr ihre Geheimnisse und erfanden Maschinen, um unseren Willen durchzusetzen. Wissen führte zu Macht; Macht zu der Fähigkeit, die gegebenen Bedingungen herauszufordern. Die Maschinen befreiten uns von der Seßhaftigkeit und von der Unausweichlichkeit des Schicksals.

Der Hauptirrtum, der den Impuls des Gesetzlosen in die prometheische Perversion verkehrte, war die Gleichstellung von Wissen und Macht (ein Fehler, der mindestens so alt ist wie Adam, aber gewöhnlich Francis Bacon zugeschrieben wird). Zweifellos hat uns unser fortschreitendes Wissen eine unglaubliche Macht über die Natur gegeben. Aber heilsames Wissen wird immer durch das Gewahrsein der Unwissenheit ausgeglichen, genau wie menschliche Macht durch ein Gefühl für unsere wesensmäßige Ohnmacht gemäßigt wird. Wir müssen nur über die Unausweichlichkeit des Todes meditieren, um uns daran zu erinnern, daß unsere Macht real, aber endlich ist. Ebenso *nimmt unsere Unwissenheit in demselben Maße zu wie unser Wissen*. Das menschliche Bewußtsein ist wie ein Blitzlicht. Es kann alles erleuchten, worauf es gerichtet wird. Aber um *einen* Gegenstand zu erkennen, muß es andere außer acht lassen. Bestenfalls übersehen wir 180 Grad des Kreises von 360 Grad. Die unbekannte Dunkelheit begleitet immer das bekannte Licht. Im Augenblick sind wir so verliebt in den Wissenstyp, den das technologische Denken zugänglich machte, daß wir die anderen Arten des Wissens, die wir dafür opfern, völlig vergessen. Nur wenige moderne Menschen wissen noch, wie sie ihre Nahrung selbst anbauen oder in der Wildnis überleben können. Wir können uns kaum die Fertigkeit vorstellen, die ein antiker polynesischer Seefahrer einsetzte, wenn er Tausende von Meilen ohne Instrumente über den Ozean segelte; oder die Feinheit der Sinne eines indianischen Jägers, der einem Berglöwen über den hart gefrorenen Boden folgen konnte; oder die Beherrschung der Atmung und des Geistes, die es Yogis erlaubte, mit dem Atmen auszusetzen und tagelang lebendig begraben zu werden. Ivan Illich hat sich einen Beruf daraus gemacht, uns zu zeigen, wie dumm wir durch unser *Know-how* geworden sind, wie sehr die Schulen unsere Lernfähigkeit zerstört haben; wie die Medizin unsere Fähigkeit der Selbstheilung vernichtet hat. Die prometheische Krankheit verleitet uns, an den Fortschritt und an die Vervollkommnung des Selbst zu glauben, weil sie auf der Illusion beruht, daß sich Macht endlos ausdehnen und Erkenntnis vermehren läßt, ohne daß man gleichzeitig das Maß der Unkenntnis erhöht.

Die prometheische Illusion, der Mensch sei der allmächtige Gestalter seines eigenen Schicksals, kann durch eine Analyse fast jedes beliebigen Aspekts der modernen Kultur veranschaulicht werden.

Zum Beispiel:
Philosophisch wird sie in Sartres Form des Existentialismus reflektiert, die annimmt, daß menschliche Wesen nur sind, was sie aus sich machen. Seine berühmte Formel – die Existenz geht dem Wesen voraus – bringt den Glauben zum Ausdruck, daß wir uns selbst geschaffen haben.

Biologen und Gen-Ingenieure formulieren die prometheische Illusion in dem Traum, die Elemente der DNS in der Weise neu zu kombinieren, daß eine vollkommene menschliche Spezies dabei herauskommt. Hannah Arendt sagt: „Dieser zukünftige Mensch, von dem die Naturwissenschaften meinen, er werde in nicht mehr als hundert Jahren die Erde bevölkern, dürfte, wenn er wirklich je entstehen sollte, seine Existenz der Rebellion des Menschen gegen sein eigenes Dasein verdanken, nämlich gegen das, was ihm bei der Geburt als freie Gabe geschenkt war, und was er nun gleichsam umzutauschen wünscht gegen Bedingungen, die er selbst schafft"[1].

Ökonomen schmuggeln die Annahme der Omnipotenz in das Prinzip ein, daß nur ökonomische Überlegungen unsere Ressourcen begrenzen. Paul Ehrlich demaskiert die Illusion:

> Die Abspaltung der Ökonomie von der Realität der Umwelt zeigt sich in extremer Form in der Vorstellung, daß der Marktmechanismus auf lange Sicht völlig von der Notwendigkeit entbindet, sich um schwindende Ressourcen zu kümmern. ... Diese ernsthaften, anerkannten Ökonomen [Anders, Gramm und Maurice] haben geschrieben: „Die natürlichen Rohstoffe sind im Grunde genommen nicht festgelegt, sondern Funktionen der Kapitalakkumulation und damit der Wissenschaft und Technologie. ... Der Mensch schafft sich seine Umwelt und seine Rohstoffe im wesentlichen selbst. ... Nur wenn wir die Marktanreize für Motivation und Investition ausschalten oder die Bandbreite der Rohstoffe für die Marktkräfte einschränken, müssen wir wirklich langfristig mit einer ‚Rohstoffkrise' rechnen. Der einzige nicht erneu-

erbare und nicht ersetzbare Rohstoff sind die Institutionen, die wir als Marktordnung kennen, und sie schalten alle Krisen im Hinblick auf physische Rohstoffe aus"[2].

Diese Omnipotenz-Annahme beruht auf einem kurzsichtigen, städtischen, elitären, unternehmerischen Individualismus, der die menschliche Spezies von anderen empfindenden Wesen trennt. Die Rechte oder die Heiligkeit von Robben, Walen oder Wäldern erkennt er nicht an, und auch nicht den Zusammenhang zwischen dem Humus und dem Humanen. Außerdem trennt er die privilegierten Industrienationen, die den Großteil der Rohstoffe verbrauchen, von den Habenichtsen der Dritten Welt. Bei dem Bemühen, die Grenzen zu überschreiten, die einst durch eine mittelalterliche theologische Naturauffassung gesetzt waren, haben die Technokraten auch Mitgefühl, Gesundheit und das Bewußtsein für das gemeinsame Band, das alle Lebewesen miteinander verbindet, hinter sich zurückgelassen.

Betrachten wir die perverse Machtfülle des zwanzigsten Jahrhunderts. Noch nie hatten wir mehr Feuerkraft; aber Dr. Strangelove führt uns in die Apokalypse. Wir scheinen im Griff Frankensteins gefangen. Unsere technologisch-ökonomisch-militärische Maschine läuft Amok. Niemals hatten wir mehr Macht, unser Leben zu beherrschen, niemals fühlten wir uns ohnmächtiger. Und derweilen reden wir uns ständig ein, daß unsere Probleme durch mehr von dem, was wir bereits im Übermaß haben, gelöst werden können – Macht. Mehr machtvolle Maschinen, Waffen, Drogen, Energiequellen. Mehr allwissende Datenverarbeitungssysteme. Mehr Wissen. Mehr Fachleute. Aber je mehr wir die Fähigkeit haben, unser Schicksal zu gestalten, desto mehr schwindet unser Gefühl dafür, daß wir überhaupt ein Schicksal oder gar eine Zukunft besitzen. Die Botschaft ist klar: Machtbesessenheit erstickt die Lebens-Lust. Das Streben nach Allmacht führt zu Ohnmacht. Inflation und Depression halten unter dem Tisch Händchen.

KRANKER INDIVIDUALISMUS

Lassen wir unseren Blick von der Gesellschaft auf das einzelne Selbst schweifen, dann erscheint die Perversion des Gesetzlosen in vielen Formen des Individualismus. Der Kapitalismus des alten Stils idealisierte den rauhen Kerl. Die Räuberbarone, Andrew Carnegie, Henry Ford und andere Industriekapitäne lieferten Modelle für das Selbst-ist-der-Mann. Der Mythos von Horatio Alger war die amerikanisch-pragmatische Version des Existentialismus. „Richtige" Männer stehen alleine, sind selbstgenügsam und brauchen keinen anderen. Sie setzen sich Ziele und haben genügend Antrieb, um zu gewinnen. Und Gewinnen, die Konkurrenz zu schlagen, ist, wie Vince Lombardi sagte, „nicht alles; es ist das einzige". Das Individuum, das an die Spitze kommt, ist hart und wagemutig genug, um anderen seinen *Willen* aufzuzwingen.

Der Mythos des Individualismus wird auch allabendlich durch das große amerikanische Lehrstück – den Western – im Theater unserer Psyche aufgeführt. Cowboys und Revolverhelden verkörpern die Tugenden der Männlichkeit. Der Macho ist derb, zäh, schwer zu bluffen und hält nichts von weiblichem Firlefanz. Groß und einsam steht er da. Weint nicht. Umgeht die zarte Falle der Abhängigkeit. Er kann was einstecken, und er kann austeilen.

Im „Zeitalter des Wassermanns" hat der Individualismus eine spirituelle Tracht angelegt, seine Stimme ist sanft, er spricht von „Wachstum", „Realisierung des vollen menschlichen Potentials" und „totaler Verantwortlichkeit". Fritz Perls' Gestaltgebet hat das Vaterunser im neuen Zeitalter der Spiritualität scheinbar abgelöst, es spiegelt die neue Form der Selbstverkapselung wider:

Ich tue das Meine, du das Deine.
Ich bin nicht in dieser Welt, um deine Erwartungen zu erfüllen.
Du bist nicht in dieser Welt, um meine zu erfüllen.
Wenn wir uns zufällig begegnen, ist das schön.
Wenn nicht, dann ist es nicht zu ändern.

Es überrascht mich kaum, wenn sich Perls in *In and Out the Garbage Pail* darüber beklagt, daß er noch in seinen Siebzigern mit dem Problem der Masturbation zu kämpfen hat. Die Zeile „Ich tue

das Meine, du das Deine" isoliert das Individuum, läßt die Verknüpfung zwischen Leidenschaft und Mitgefühl außer acht und
reduziert den Geschlechtsverkehr auf wechselseitige Masturbation.
Das neue Evangelium der totalen Verantwortlichkeit, wie es von
Perls, EST, Wellspring und all denen verkündet wird, die Glück aus
der Dose und Sofort-Erleuchtung anbieten, ist in Wahrheit eine
Leugnung der Ver-antwortung *(response-ability)*. Diese solipsisti-
sche Auffassung vom Selbst als einsamem Zentrum der Autonomie,
als sich selbst erschaffendem Einzelwesen, erlaubt es den spirituellen Individualisten des „neuen Zeitalters", die Wunden der Klas-
sengesellschaft, die Verschwörungen der Machtelite und die politische Realität der Ungleichheit zu übersehen. Im Namen der
„persönlichen Verantwortlichkeit" zerstört diese Lehre das Mitgefühl und mißachtet die Verantwortlichkeit, welche die Privilegierten für die Armen und Entrechteten haben. Die hemdsärmeligen
Individuen des alten Stils beriefen sich im Frühkapitalismus auf den
Sozialdarwinismus und den Calvinismus, um ihre politische Verantwortungslosigkeit zu rechtfertigen. Natürliche Auslese oder
Vorbestimmung sorgten dafür, daß es genügend Arme gab, um eine
industrielle Reservearmee zu bilden, die zum Wohlstand des selb-
ständigen Unternehmers beitrug und die Sache des Fortschritts
vorantrieb. Die Gurus des „neuen Zeitalters" berufen sich auf die
alte hinduistische Idee des Karma, um zu zeigen, daß sie dafür
„verantwortlich" sind, als Privilegierte geboren und wohlhabend
zu sein, und daß die Kinder von Vietnam total dafür „verantwortlich" sind, sich (in einer früheren Inkarnation) dafür entschieden zu
haben, dort geboren zu werden, wo man sie mit Napalm bombar-
diert. Solche Vorstellungen von „totaler Verantwortlichkeit"sind
im Grunde nichts anderes als das Eingeständnis völliger Ohnmacht.
Das Dogma, wonach das Individuum alles, was in seinem Leben
passiert, selbst gewählt hat, zwingt uns zu der Annahme, daß diese
„Wahl" unbewußt oder in einem früheren Leben getroffen wurde.
Daher gibt es nichts, was ich jetzt tun könnte, es sei denn, meine
Ideen und Empfindungen zu ändern. Ganz folgerichtig ist das
isolierte Individuum des „neuen Zeitalters" weitgehend damit
beschäftigt, an sich selbst zu arbeiten – selbst wenn der Kontext
dafür eine Gruppe oder Kommune ist. Die Gurdjeff-Schule, die

neuen tibetanischen Buddhistengruppen und das Arica-Institut sind in ihrer gelehrten Unkenntnis der Politik typisch. Sie alle bieten ein Buffet geistiger Disziplinen – Meditation, Psychokinese, Mantras, Mudras, Rituale für die Reinigung des Karma und die Ausrichtung der eigenen Schwingungen auf die Planeten und so weiter. Aber sie vergessen, daß zur realen Macht der Zusammenschluß mehrerer Individuen gehört, die gemeinsam auf die Veränderung der Politik hinarbeiten. An dem opulenten geistigen Festmahl, das vom Naropa-Institut in Boulder, Colorado, geboten wird, ist etwas schmerzhaft Symbolisches; seine Mitglieder waren *nicht* unter den Demonstranten, die kaum zwanzig Meilen entfernt, in Rocky Flats, Eisenbahnschienen blockierten, um die Produktion von Plutoniumwaffen zu stoppen. Das Streben des Gesetzlosen mag im individuellen Bewußtsein beginnen, aber es muß zu politischem Handeln führen, es muß darauf zielen, den fürchterlichen Mythos zu verändern, der die Gesellschaft prägt und systematisch unsere Liebesfähigkeit zerstört.

Die populärste Form der prometheischen Perversion im neuen Zeitalter findet sich vielleicht in Castanedas Gleichnissen über Don Juan. Eine Generation, die sich politisch machtlos fühlte, wandte sich Don Juans magisch-mystischem Streben nach „persönlicher Macht" zu. Wenn wir uns aber nicht von Castanedas schönem Stil bezaubern lassen wollen und den von ihm erteilten Rat untersuchen, dann stellen wir fest, daß seine Philosophie der gleichen Grundmetapher entspringt wie die des kapitalistischen Individualisten. Castaneda ist das introvertierte Gegenstück zum militärischen Eroberer. Die Gespenster und obskuren Geister, denen sein Krieger in einsamen Wüstenwachen begegnet, sind das private Äquivalent zum russischen Bären, der die Träume des Pentagon überschattet. Sein Weiser ist ein Krieger, der genügend persönliche Macht ansammeln muß, indem er seinen Willen trainiert und psychische Kämpfe mit Feinden führt, die ihn verhexen wollen. Wie Tom Sawyer läuft er um Mitternacht über den Friedhof und kämpft mit dem Phantom von Geistern, Hexen und verschiedenartigen okkulten Gespenstern. Nirgends rät Don Juan seinem Lehrling jedoch, gegen die wirklichen Dämonen anzutreten, die am hellichten Tag regieren – gegen politische Tyrannen, das Wettrüsten mit seiner Drohung eines atomaren Holocaust, entmenschlichende Bürokratien, Umweltzerstörung und das eskalierende Klima der Gewalt. Auch deutet er nicht an, daß „der Weg mit Herz" die schwierige Kunst umfassen könnte, zu lernen, ein anderes gewöhnliches menschliches Wesen zu lieben – eine Frau, einen Mann, ein Kind, einen Nachbarn oder einen Freund.

Jeder, der darin geübt ist, zwischen den Zeilen zu lesen, kann hinter der zwanghaften Beschäftigung mit der Macht die Furcht erkennen, die unausweichlich zur unbewußten Triebkraft des prometheischen Individuums wird – die Furcht vor der Ohnmacht. Es ist gleichgültig, ob die Form der angestrebten Macht sexuell, militärisch, finanziell, politisch, persönlich oder geistig ist. Machtbesessene Männer und Frauen sind von einem unterdrückten Gefühl ihrer eigenen Machtlosigkeit und Wertlosigkeit angetrieben. Die Macht soll irgendeinem fernen und kritischen Auge beweisen, daß wir der nicht empfangenen Liebe und Anerkennung würdig sind. Armaturen dienen als Ersatz für die Arme, die uns eigentlich hätten umschließen müssen. Geistige Macht wird angestrebt, wenn die Gnade fehlt. Sexuelle Macht wird als Ersatz für fehlende Leidenschaft gesucht. Militärische Macht muß herhalten, wenn Menschen die Überzeugung verloren haben, andere ohne Einsatz von Gewalt bewegen zu können. Ökonomische Macht wird erstrebt, wenn wir der Illusion verfallen, daß uns Waren für das Fehlen von Gemeinschaft und Freundschaft entschädigen können. Das Streben, ein Supermann, ein *Übermensch* zu werden, beruht auf der Furcht, daß ich weniger bin als ein Mensch, ein *Untermensch*. Wir werden hart, weil wir in einer Welt leben, in der man uns nicht berührt.

PROMETHEISCHER SEX

Die prometheische Perversion wird zur Farce, wenn sie sich dem Sex zuwendet. Die Macher, Manager und himmelstürmenden Technokraten haben Frau Irene als Ratgeberin für Menschen mit Liebeskummer abgelöst. Der Großteil moderner Sex-Handbücher scheint von Genitalingenieuren geschrieben worden zu sein, die sexuelle Befriedigung für ein technisches Problem halten, das durch

effektive Techniken zu lösen ist. Hier ein Beispiel aus einem noch
unveröffentlichten *Handbuch der psychosexuellen Integration.*

Bioelektrische Natur des Orgasmus. Das Aufnehmen reaktiver Bewe-
gungen bei vollständigem Genitalkontakt aktiviert einen sexuellen
Kreislauf bioelektrischer Natur. Das Auf und Ab stellt ein Kraftfeld
her ... Bleibt die Bewegung konstant, nimmt das Feld an Umfang und
Dichte zu, bis es einen Kapazitätspunkt erreicht, der dem kombinierten
Potential der beiden Beteiligten entspricht und die unwillkürlichen
Reaktionen des Aufsteigens zum Höhepunkt aktiviert ...

Im Hintergrund dieses völlig entmenschlichten Zugangs zur Lust-
maximierung lauert der mechanische Geist des Technokraten. Man
kann sich leicht vorstellen, daß wir nur Monate von einer Sexual-
utopie entfernt sind, in der Computerdatendienste die Paarung von
Individuen arrangieren werden, deren Sexualprofile, Genitalpro-
portionen und Fetischpräferenzen einprogrammierbar sind.

In dem prometheischen Bemühen, den Körper und die Politik
von oben zu programmieren, zu lenken und zu kontrollieren,
verbirgt sich eine Tyrannei. Sozialingenieure und Verhaltensmodi-
fikatoren verstärken letzten Endes die Entfremdung, von der ihre
Techniken heilen sollen, weil sie menschliche Wesen trivialisieren,
indem sie sie auf Mechanismen reduzieren. Der Ingenieur steht, wie
der Großinquisitor, immer auf einer höheren Position als der Stoff,
an dem er arbeitet. Wenn wir danach streben, eher *Macht über*
unseren Körper, unsere Liebhaber, unsere Kinder, unsere Ange-
stellten, unsere Umwelt zu gewinnen, als einen Austausch *mit*
ihnen, dann verhalten wir uns wie Herren zu Sklaven, wie Sadisten
zu Masochisten. Ein technologisches Modell, das die Komplexität
von Gemeinschaft-Bewußtsein-Kooperation auf Reiz-Reaktion
reduziert, macht den Anderen (selbst wenn dieser Andere *mein*
Körper ist) zu einem Ding, das sich manipulieren und beherrschen
läßt.

Wo der prometheische Geist herrscht, wird Sex in einen Kampf
oder ein Versuchsgelände verwandelt. Der Mann übernimmt traditionell die Rolle eines sadistischen Herrschers über Frau und Natur.
Die Frau ist der Feind, der dem Helden seine Feuerkraft stehlen
könnte. Der willensbetonte Mann sieht die Frau als Bestandteil des
dunklen, verbotenen, unbewußten Elements, das er erobern muß.

Sie ist eine Bedrohung seiner Autonomie, weil sie ihn zur Lust anstachelt, die ihn nach der Erfüllung weich und kraftlos macht. Der prometheische Held betet nur den erigierten Phallus an. Er kennt nur das Draufgängerische, die Maschine rammt den Kolben in den Zylinder. Aus Furcht vor der Weichheit seines Körpers kennt er nur den gepanzerten Leib. Daher gibt er der Frau die Schuld für das, was er als den Verlust seiner Potenz erfährt.

Nicht zufällig hatten die Männer, die den Impuls des Gesetzlosen bis an einen Punkt wahnsinniger Intensität trieben, Angst vor Frauen und nahmen entweder gar keine oder nur entwürdigende sexuelle Beziehungen zu ihnen auf. Nietzsches Rat ist typisch: „Du gehst zu Frauen? Vergiß die Peitsche nicht!" Oder: „Endlich: das Weib! *Die eine Hälfte der Menschheit* ist schwach, typisch-krank, wechselnd, unbeständig – das Weib braucht die Stärke, um sich an sie zu klammern, und eine Religion der Schwäche, welche es als göttlich verherrlicht, schwach zu sein, zu lieben, demüthig zu sein – oder besser, es macht die Starken schwach ..." So erklärt Nietzsche, daß der höhere Mensch die Massen und „alles, was verweichlicht, sanft macht", bekämpfen müsse[3].

Überall, wo Herrschaft, Wille und Macht als das Zentrum der Selbstidentität erfahren werden, reduziert man Frauen immer auf Dekorationen oder „Mösen". Man ist ihrer nur dann sicher, wenn sie beherrscht oder erniedrigt werden können. Der spanische Stierkampf ritualisiert und lebt diese supermännliche Haltung lebhaft aus, die so charakteristisch ist für die westliche Kultur. Der Stier, das antike Symbol für das Animalische, das Unbewußte, wird verspottet, verwundet, geschwächt und schließlich von dem phallischen Matador getötet. In einem weniger prometheischen Zeitalter, in der minoischen Kultur, sprangen akrobatische junge Männer und Frauen zwischen den Hörnern (den Widersprüchen) des Stiers hindurch und über seinen Rücken hinweg und spielten mit der Inkarnation der dunklen Mächte, die das Labyrinth unterhalb des bewußten Geistes bewohnen.

SELBSTEROBERUNG: DER EWIGE KAMPF

Der prometheische Mensch bleibt ein Krieger, dessen Schlachtfeld schließlich das Selbst, dessen Feind die dunkle „weibliche" Macht im Inneren und dessen Aufgabe es ist, das Selbstbild als ein schuldfreies und vollkommenes Wesen neu zu erschaffen. Niemand hat das klarer gesehen als Thomas Merton. Ich kann nichts besseres tun, als seine Analyse ausführlich zu zitieren:

> Prometheus läßt die gewöhnlichen Menschen durch die Intensität und Macht seines Egoismus, durch den Glanz seines Abenteuers und durch die Gewalt seines Selbsthasses hinter sich zurück. Er hat es gewagt, in die Tiefen seines eigenen Geistes einzudringen und das verbotene, lebenswichtige Feuer zu finden. ...
>
> Im Verhältnis zum Rest der Menschheit ist er tatsächlich ein Riese. Denn wer den Mut hat, einen Berg zu besteigen, selbst wenn die Besteigung völlig sinnlos ist, besitzt zumindest einen gewissen Vorteil gegenüber denjenigen, die in der Ebene bleiben. Er hat den Mut zuzugeben, daß er sich fürchtet, und er hat den Mut, das zu tun, wovor alle Angst haben.
>
> Wenn Prometheus größer erscheint als die „rechtgläubige" Masse am Fuße des Berges, dann deshalb, weil er in seiner Selbsttäuschung doch etwas ehrlicher ist als sie. Sie behaupten, die Götter zu lieben und zu achten. Er gibt zu, daß er sie fürchtet. Sie behaupten, ohne Feuer auszukommen – das heißt, sie sind es zufrieden, nicht oder in schmerzloser Dumpfheit zu existieren. Im Gegensatz dazu beschließt er, das Problem seiner eigenen Existenz frontal anzugehen und von den Göttern zu verlangen, daß sie ihm sagen, warum er keine Person ist. Und er hat ein gewisses Recht, eifersüchtig über die Antwort zu wachen, die er glaubt, vom Gipfel eines Olymp gestohlen zu haben, den er zu seiner Überraschung frei von den Göttern fand, die er dort anzutreffen gefürchtet hatte. Und so wandert er schließlich freiwillig zum Kaukasus und kettet sich an den Felsen, um nach seinem Schmerz und nach seinem Adler zu rufen. Dabei ist auch nicht der Adler unerbittlich, sondern Prometheus selbst, der darauf beharrt, daß der Vogel kommt. So steht er da und leidet einen Schmerz, der zugleich monumental und absurd ist, bestraft und bemitleidet sich, weil es keine Götter gibt und weil er, der sein eigener Gott sein will, erkennt, daß er dies nur sein kann, indem er bestraft wird. ...
>
> Prometheus ist nicht das Symbol des Sieges, sondern der Niederlage. Die prometheische Mystik hat genau diese negative Qualität an sich: Da sie keinen wahren Sieg erkennen kann, macht sie einen Sieg aus der Niederlage und verherrlicht sich in ihrer Verzweiflung. Das aber nur,

weil Prometheus mehr an seinen Tod als an sein Leben glaubt. Er ist vorab davon überzeugt, daß er sterben muß. ...
Der prometheische Instinkt ist so tief wie die Schwäche des Menschen. Das heißt, er ist fast unendlich. Er ist der verzweifelte Schrei, der aus der Düsternis der menschlichen metaphysischen Einsamkeit aufsteigt – der nicht artikulierte Ausdruck eines Schreckens, den der Mensch sich nicht eingestehen will: Seine unsägliche Angst, er selbst, eine Person sein zu müssen. Denn das Feuer, das Prometheus den Göttern stiehlt, ist seine eigene nicht mitteilbare Realität, sein eigener Geist. Es ist die Bestätigung und Rechtfertigung seines eigenen Seins. Doch dieses Sein ist ein Geschenk Gottes, und es muß gar nicht gestohlen werden. Man kann es nur als ein freies Geschenk haben – schon die Hoffnung, es durch Diebstahl zu erringen, ist reine Illusion.

Der große Irrtum der prometheischen Mystik liegt darin, daß er nur auf das Selbst Rücksicht nimmt. Für Prometheus gibt es keinen „Anderen". Sein Geist, sein Streben sind nicht auf irgendeine andere Person bezogen. ... Was Prometheus will, ist nicht die Ehre Gottes, sondern seine eigene Vollkommenheit. Er hat das schreckliche Paradoxon vergessen, daß wir nur vollkommen werden können, indem wir uns selbst verlassen. ...[4].

Das Individuum, der Gesetzlose, der prometheische Mensch akkumuliert die Macht, die er braucht, um die Festung des Selbst zu erobern. Einmal erobert, muß diese Festung jedoch aufgegeben werden, wenn die Pilgerfahrt der Liebe fortgesetzt werden soll.

X. KAPITEL

Der Liebende

DER PROFESSOR UND DIE POLYMORPHE ROSE

Als schmächtiger, junger Professor mit der Mentalität einer Bären-falle war ich stolz auf mein Wissen. Natürlich gab es vieles, das ich nicht wußte; aber ich hatte die Struktur der Erkenntnis und die Schubfächer studiert, in denen der Geist seine Erfahrung unter-bringt. Ich war mir der Kategorien gewiß, in die ich die Tatsachen, Theorien oder Mythen einordnen konnte, die ich von meinen Expeditionen ins Unbekannte mit zurückbrachte. Daher war ich voller Selbstvertrauen bereit, mit LSD zu experimentieren, als mir dies im Jahr 1967 angeboten wurde.

Eines Freitagabends gegen neun Uhr, als die Kinder im Bett waren, nahm ich die magische Oblate und wartete. Die Selbstbeob-achtung sagte mir um 9.30 Uhr, daß sich nichts verändert hatte. Gegen 9.40 Uhr fing ich an, mich weich, entspannt und ein wenig durcheinander zu fühlen. Gegen 9.50 Uhr löste sich die Zeit auf, und alle Gegenstände in dem Zimmer schienen flüssig und gum-miartig zu sein. Alles, was meine Aufmerksamkeit in Anspruch nahm, zog mich völlig in seinen Bann. Oder vielleicht wäre es richtiger zu sagen, daß „ich" mich nach und nach in einen Gummi-ball, einen Schaukelstuhl aus Eiche oder in das Lied verflüchtigte oder verwandelte, das Donovan gerade sang.

In der Ewigkeit bis Mitternacht durchlief ich eine besonders lebhafte Inkarnation. Eine Rose in einer Kristallvase, die auf dem Kaffeetisch stand, sprach mich an. Ich setzte mich zu ihr. Die Blüten öffneten sich leicht und luden mich tiefer in die zinnoberro-ten Tiefen ein. Als ich in die Rose eindrang, bemerkte ich einen üppigen Duft, der durch die Frühlingsluft strömte. Ich atmete ihn tief ein und wurde hinabgeführt, hinab in eine rosenrote Stadt, wo ich verzwickte geometrische Licht- und Formexplosionen sah, hörte und roch – dazu sang Donovan in einem Café. Die ganze Zeit über hatte die Rose auch das Gewebe und Aroma eines weiblichen Leibes. Und ich drang tiefer in sie ein; wir bewegten uns zusammen zum Duft der Musik, zum Rhythmus der Farben und zu unserem gemeinsamen Atem.

Aus großer Entfernung rief mich eine seltsame, aber irgendwie vertraute Stimme: „Sam, kommst du ins Bett und schläfst mit mir?" Ich war verwirrt. Woher kam die Stimme? Warum forderte sie mich auf, die Rosenwelt zu verlassen? Mit aller Kraft, die ich aufbringen konnte, riß ich mich los. Erst da merkte ich, daß ich auf dem Sofa saß und eine Rose in einer Vase anstarrte, die auf dem Kaffeetisch stand. Meine Frau lag zusammengerollt hinter mir auf der Couch und schmiegte sich an meinen sitzenden Körper. „Du hast dich vor und zurück bewegt und heftig geatmet", sagte sie. „Kommst du ins Bett und schläfst mit mir?"

Völlig verwirrt sah ich sie an. „Warum, warum", fragte ich, „sollte ich das wollen?" Ihr Körper fühlte sich warm und freundlich an. Ich war erregt, aber irgendwie schien es im Moment oder Nichtmoment, als wäre mit ihr zu gehen und zu schlafen ein flagranter Ehebruch, Betrug an der Rose.

„Machen wir es nicht schon?" fragte ich.

„Was meinst du?" erwiderte sie.

„Ich weiß nicht, wie ich es erklären soll", gab ich zurück. Die Schubfächer fehlten. Ich konnte überhaupt keine Unterscheidungen zwischen Wissen und Lieben, Erkennen und erotischer Vereinigung treffen. Und ich fand noch nicht einmal die richtigen Worte, um ihr zu sagen, daß ich nicht wußte, wie ich es erklären sollte.

„Es fühlte sich an, als seien wir schon ineinander. Du, ich, die Rose, Donovan waren ineinander. Wir liebten uns bereits, oder besser, wir waren alle innerhalb desselben Dings, das uns liebte."

„Oh", sagte sie. „Ich verstehe nicht ganz, was du meinst."

Was meinte ich? Ich fing an zu grübeln. Mit der Rose hatte ich dieselbe Art von Sinneseindrücken, dieselbe Intimität, dieselben Gefühle der Erregung und Dankbarkeit empfunden, die ich sonst nur kannte, wenn ich mit meiner Frau schlief. Ich hatte mich verloren, wie im Orgasmus. Die klaren Funktionen und Grenzen meiner Sinne verschwammen. „Wie konnte das sein?" fragte ich mich. Es war doch nur eine Blume. Die Maschinerie meines Geistes lief auf Hochtouren. Als ich vorauseilte, um nach Erklärungen zu suchen, ließ ich die Rose, meine Frau und die Musik meilenweit hinter mir. Bald wurde es mir klar: Es mußte die Droge sein. Die Droge hatte meinen Geist verändert. Sie machte mich verrückt. Ja, das war die Erklärung. Ich blinzelte, sah mich aufmerksam in dem Zimmer um, nahm meine Willenskraft zusammen und versuchte, mich ins normale Bewußtsein zu zwingen. Ich wollte die Dinge wieder an ihren vertrauten Stellen haben. Aber die Grenzen waren noch immer verwischt. Jedesmal, wenn ich einen Blick auf die Rose warf, drohte sie, mich in ihre vaginalen Tiefen zu ziehen, meine Klarheit auszulöschen und mein Selbstbewußtsein zu vernichten. Je mehr ich ihre Sirenendüfte bekämpfte, desto ängstlicher und paranoider wurde ich.

Eine Ewigkeit lang wanderte ich durch die Dunkelheit, mein Herz pochte vor Angst, ich war aus meinem eigenen Geist vertrieben. Mein Paß war gestohlen. „Ganz ruhig", sagte meine Frau. „Die Wirkungen der Droge werden in ein paar Stunden nachlassen." Wie ein wandelnder Leichnam, der darauf hofft, daß ein Schuß menschlichen Bluts seine Menschlichkeit wiederherstellt, griff ich nach ihrem Handgelenk und schaute auf ihre Uhr. Ich war noch immer in ewiger Verdammnis, aber es gab einen Hoffnungsschimmer. Ich erinnerte mich an die Zeit.

„Du meinst, ich werde nicht für immer so bleiben?" fragte ich.

„Natürlich nicht, in ein paar Stunden wirst du wieder normal sein", erwiderte sie. Aber in ihrer Stimme war eine Spur Unsicherheit und Furcht.

„Wie lange ist ein paar Stunden?" fragte ich.

Wie eine Mutter, die ein Kind lehrt, die Zeit zu lesen, hielt sie mir ihre Armbanduhr hin. „Wenn der große Zeiger noch dreimal herumgegangen ist. Warum versuchst du jetzt nicht zu schlafen?"

So versichert, daß mich die Zeit wieder heim in meinen eigenen Geist bringen würde, fiel ich ins Bett und in verrückte Träume.

Am Morgen erwachte ich. Ein Schatten der Panik hing über meinem Geist. Ich sagte ein paar Syllogismen her, testete meine Fähigkeit, ein Problem zu formulieren und bis zur Lösung zu durchdenken, überprüfte meine geistigen Funktionen. Ich war erleichtert, festzustellen, daß ich zwar ausgebrannt, aber einigermaßen normal war.

Ich ging ins Wohnzimmer und sah mir die Rose in der Vase genau an. Es war nur eine gewöhnliche Blume. Ohne zu verstehen, warum, weinte ich. Es war, als hätte ich eine Geliebte verloren.

LIEBE ALS HEILIGE GEBROCHENHEIT

Wir kommen als Verwundete zur Liebe. Der Kampf des Gesetzlosen, der Kampf zwischen Ich und Selbst verängstigt uns, wir sind am Ende aufgelöst und exzentrisch. Unser altes Zentrum ist weg. Wir treten die letzte und endlose Etappe der Pilgerfahrt in Richtung Liebe an, inmitten eines Schrottplatzes von zerbrochenen Mythen, kaputten Beziehungen, zerschmetterten Illusionen, gestürzten Helden und obsoleten Göttern. Unsere alte Identität liegt in Scherben um uns herum verstreut. Unsere alten Mitgliedsabzeichen und unser Sinnsystem sind irreparabel zerschlissen.

Doch wenn wir unsere Augen sich an die Dunkelheit der Geschichte gewöhnen lassen, können wir ein neues Licht erkennen. Vertrauen tritt allmählich an die Stelle der zählebigen Überzeugungen und Gewißheitsillusionen, an die wir uns als Erwachsene gewohnheitsmäßig klammerten. Das Genießen der Verdunkelung ersetzt das Streben nach Erleuchtung. (Liebe ist blind. Sie liebt das Dunkel.) Genau da, wo wir auf das unüberwindliche Problem stießen, entdecken wir das Geheimnis, das uns heilt. Indem wir uns als Teil erkennen, finden wir zur Ganzheit. Wir werden erlöst, weil wir anerkennen, daß wir Sünder bleiben. Wir gelangen nach Hause, wenn wir es genießen, unterwegs zu sein. Wir werden geheilt, wenn wir entdecken, daß das Loch in unserem Inneren eine fruchtbare Leere ist. Unsere Angst, Einsamkeit, Rastlosigkeit, Unvollkommenheit, unser Zweifel und unsere Sehnsucht sind die Leere Gottes, die Nostalgie des Sein-Werdens in uns.

Der Blick des Liebenden auf den Lichtschein in der Tragödie der Conditio humana *ist die plötzliche Einsicht, daß das Zentrum überall ist.* Jeder Ort und jeder Zeitpunkt ist heilig. Der Geist Gottes, die formgebende Energie des Lebens, die Intention des Seins sind allgegenwärtig. Der Psalmist sagt:

Wohin soll ich gehen vor deinem Geist, und wohin soll ich fliehen vor deinem Angesicht? Führe ich gen Himmel, so bist du da; bettete ich mich bei den Toten, siehe, so bist du auch da. Nähme ich Flügel der Morgenröte und bliebe am äußersten Meer, so würde auch dort deine Hand mich führen und deine Rechte mich halten. Spräche ich: Finsternis möge mich decken und Nacht statt Licht um mich sein –, so wäre auch Finsternis nicht finster bei dir, und die Nacht leuchtete wie der Tag. Finsternis ist wie das Licht. (139, 7–12)

Es gibt kein Entkommen. Jedes Seiende ist im Sein. Wir sind *Insider*, nicht Fremde; Familienmitglieder, nicht Waisenkinder.

Der Blick des Liebenden hat eine neue Identität und eine neue Bürgerschaft zur Folge – einen Wandel vom mythischen zum mystischen Bewußtsein. Der Liebende zollt keiner Flagge Tribut, sondern er ist ein Teilnehmer am kosmopolitischen Gemeinwesen, ein Mit-Schöpfer in der Familie Gottes.

Lieben bedeutet, sich der Aufgabe des Heilens zu stellen. Die Berufung des Liebenden geht dahin, andere (und den Teil des Selbst, der alte Wunden und Ängste nährt, auf Autonomie stolz ist und die Illusion der Selbstgenügsamkeit birgt) zur Wiederentdeckung ihres wahren Seins und ihrer wahren Verpflichtungen zu verlocken. Es bedeutet, die Kunst des Vergebens zu üben und den Kreis der Fürsorge auszudehnen. Die Lebensweise der Liebe ist immer verwundbar, weil sie die Regeln der Machtpolitik und das paranoide Spiel aufgibt, auf denen der soziale Konsens beruht.

Im leidenschaftlichen Leben durchläuft man stets den Prozeß, das eigene Selbst zu vergessen und sich selbst transzendierender Geist zu werden. Der Liebende schwebt am Rande der Empathie und verschwindet allmählich in ihr. Als Mitfühlende leben wir an der Grenze, in einem Niemandsland. Jeden Augenblick können wir das Selbst vergessen und in den Gesang einer Walddrossel, den Schrei eines verletzten alten Mannes oder die Arme eines Liebhabers schlüpfen. In der Liebe wird der Nachtfalter zur Flamme. Im Mitgefühl verbrennen und verbinden wir uns mit dem anderen.

Lieben bedeutet, in eine Heimat zurückzukehren, die wir nie verlassen hatten, und uns daran zu erinnern, wer wir sind.

DER VEREINIGENDE BLICK

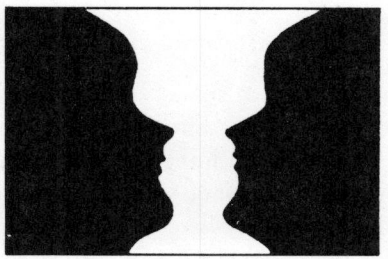

Es geschieht plötzlich. Das Innerste wird nach außen gekehrt. Die Gestalt verändert sich. Was noch im Augenblick zuvor das Bild eines Kelchglases zu sein schien, verwandelt sich vor unseren Augen in zwei Gesichter, die einander ansehen. Figur und Grund kehren sich um. Erscheinung und Realität tauschen die Plätze. Der Träumer erwacht.

Der Übergang von der Perspektive des Gesetzlosen zu der des Liebenden vollzieht sich im Leben eines Individuums tausendmal, aber immer plötzlich. Im Moment eines Augenzwinkerns schreitet man durch das Tor der großen Paradoxie.

Die große Paradoxie liegt darin, daß jedes individuelle Atom und Selbst singulär und einmalig, gleichzeitig aber ein integraler Bestandteil von Gregory Batesons „Muster, das verbindet" ist. Die Quanten-Veränderung in der Identität der Psyche findet statt, wenn man merkt, daß das Selbst, wie Licht, gleichzeitig ein Partikel und eine Welle ist. Das Gesetzlose sieht das Selbst als ein autonomes Zentrum in einer Newtonschen Welt; der Liebende erfährt das Selbst als ein Schwingungsgeschehen innerhalb einer Quantenwelt – als Geist.

Albert Einstein definiert den Blickpunkt und die Aufgabe, ein Liebender zu werden:

Ein menschliches Wesen ist Teil des Ganzen, das wir als „Universum" bezeichnen, es ist als Teil zeitlich und räumlich begrenzt. Es erfährt sich, seine Gedanken und Empfindungen, als etwas vom Rest Abgesondertes – eine Art optische Täuschung seines Bewußtseins. Die Täuschung ist für uns eine Art Gefängnis, da sie uns auf unsere persönlichen Wünsche und auf die Zuneigung zu einigen wenigen Personen begrenzt, die uns am nächsten stehen. Unsere Aufgabe muß darin liegen, uns aus diesem Gefängnis zu befreien, indem wir den Kreis unseres Mitgefühls ausdehnen, so daß er alle Lebewesen und die ganze Natur in ihrer Schönheit umfaßt[1].

Ich spreche lieber von einem Blick als von einer Vision, weil die Initiation in die Perspektive des Liebenden keine momentane Angelegenheit sein muß. Gewöhnlich handelt es sich nicht um eine Vision, die uns einen Überblick oder die Einsicht eines Hegelschen Gottesauges in den Sinn von allem vermittelt. Anfangen kann es ganz einfach mit dem Schock des Staunens.

Plötzlich fallen die Verkrustungen und Wichtigtuereien ab, und wir stehen vor der nackten Tatsache des Seins.

Eines Tages sieht man vielleicht einen ganz gewöhnlichen Marienkäfer einen alten beigen Vorhang hinaufklettern, auf dessen Hintergrundmuster noch von der Sonne ausgebleichte Vergißmeinnicht blühen. Plötzlich überschreitet der Käfer die unsichtbare Linie: Aus einem Bestandteil der bekannten Welt, mit einem Namen und einer Klassifikation, wird ein Wunder. Man merkt, daß man sich darüber wundert, warum es überhaupt Marienkäfer gibt. Und wie wäre es wohl, ein Marienkäfer zu sein? Und schaut er mich auch an und wundert sich?

Willi Unsoeld, der zu dem ersten amerikanischen Team gehörte, das den Mt. Everest bestieg, erzählte mir, daß er beim Abstieg von der Spitze auf einem hohen Paß stehenblieb, um das Panorama zu bewundern. Als er sich herumdrehte, sah er im Schnee ein kleines blaues Blümchen. „Ich weiß nicht, wie ich beschreiben soll, was geschah", sagte er. „Alles öffnete sich, strömte zusammen und ergab irgendeinen seltsamen Sinn. In mir war völliger Friede. Ich habe keine Ahnung, wie lange ich so dastand. Es können Minuten oder Stunden gewesen sein. Die Zeit schmolz. Doch als ich unten ankam, war mein Leben verändert."

Mitten in einer langen Krankheit werfen Sie alle Steine, die Sie haben, auf den lauernden Schatten. Aber der Tod streicht noch immer in der Nähe herum. Und Ihr restliches Leben ist knapp und kostbar, Augenblick für Augenblick ein Geschenk.

Sie werden mit dem Anblick einen bombardierten Dorfs konfrontiert. Alte und junge Leiber, durch Schrapnells zerfetzt, mit

Flüchtlingen überfüllte Straßen. Ihnen ist zum Kotzen. Ein Protestschrei steigt aus den Tiefen Ihres heiligen Sinnes für das Leben auf: „Nein. Gottverdammt *nein*. Das Leben *soll* nicht so sein. Wir sind für etwas Besseres geschaffen."

Es kann jederzeit, überall passieren, Der Schock des Staunens ist ein Erdbeben, das unsere Wahrnehmung von uns selbst und von der Welt verändert und die Grundlagen unserer Identität neu zusammenfügt. Eine Flutwelle des Staunens schwemmt die höflichen Tugenden des Erwachsenen, die Selbstgenügsamkeit des Gesetzlosen hinweg. Erklärungen, Mythen, Ideologien brechen zusammen wie Sandburgen. Wenn der Schock nachläßt, verbleibt uns die Erinnerung, die Gegenwart des Heiligen, des schrecklichen und faszinierenden Mysteriums erlebt zu haben (*mysterium: tremendum et fascinans* – wie Rudolf Otto es nannte).

Der Blick zerschmettert unsere Kategorien und macht uns bereit, Liebende zu werden. Er zeigt uns nicht eine Formel, ein System, eine Theologie oder einen Fünfjahresplan für den Aufbau von Utopia. Weil sich unsere Wahrnehmung und Identität verschoben haben, erhalten wir nicht mehr Antworten, sondern mehr Fragen.

Mystiker, Philosophen und Theologen haben eine Vielfalt von Sprachen verwendet, um die Erfahrung von der Einheit des Seins auszudrücken. Es ist die Vision Gottes, Erleuchtung, Nirvana. Im Tantrismus ist die Öffnung des dritten Auges in der Stirnmitte das Symbol dafür, die Dinge ganzheitlich zu sehen. Die griechischen Philosophen sprachen von der Einheit des menschlichen und des göttlichen Logos. Die östliche Mystik betonte die Wesenseinheit von Atman und Brahman, christliche Mystiker sprachen von der Einheit des göttlichen Willens und des Willens der Gläubigen.

In jedem Zeitalter hat es Skeptiker und kritische Geister gegeben, denen die anthropomorphen Elemente im Gottesbegriff ein Greuel waren und die abstraktere philosophische Begriffe dafür eingesetzt haben – die erste Ursache, der absolute Geist, Natur, die Lebenskraft, kosmisches Bewußtsein, Energie. Aber alle diese Substantive, die in nichttheistischen Visionen auftauchen, sind Pseudonyme für Gott. Sie alle sind dazu bestimmt, die existentielle Aussage zu machen, daß es eine Bindung zwischen dem Selbst und dem Kosmos gibt, daß jedes Seiende zum Sein gehört und daß das menschliche Bewußtsein Bestandteil des Bewußtseins ist, das alle Dinge formt. Gott in seinen Er-Sie-Es-Aliasnamen ist ein Schrei des Selbst: „Ich bin nicht allein."

Trotz der Zeugnisse von Visionären aller Zeiten gibt es heute einen weitverbreiteten Skeptizismus hinsichtlich der Legitimität mystischer Einheitserfahrungen. Freud formulierte *einen* Typ von Einwänden; er sagte, das ozeanische Gefühl sei Ausdruck des Wunsches, in den Mutterleib zurückzukehren. Es sei Projektion, Wuncherfüllung des kindlichen Gemüts, welches nicht wahrhaben will, daß wir Waisen in einer Welt des Zufalls sind. Marx formulierte einen weiteren Einwand: „Die Religion ist der Seufzer der bedrängten Kreatur, das Gemüt einer herzlosen Welt, wie sie der Geist geistloser Zustände ist. Sie ist das *Opium* des Volks." (Man ist versucht zu erwidern: Wenn Religion Opium für die Massen ist, dann sind Erklärungen vielleicht Librium für die Elite.)

Gewiß hat uns die Geschichte genügend blutige Kreuzzüge, Inquisitionen und „gerechte" Kriege vorgeführt, die von wahren Gläubigen angezettelt wurden, um uns an jedem zweifeln zu lassen, der autoritativ im Namen Gottes, des Seins oder der Geschichte spricht. Die Trennungslinie zwischen der vereinigenden Vision und dem Fanatismus ist dünn. Wer das Absolute erblickt, neigt dazu, Absolutist zu werden, *ex cathedra* zu sprechen und zu versuchen, anderen seine Vision aufzuzwingen. Mystizismus (sei er politisch oder kirchlich) degeneriert leicht zu spiritueller Tyrannei. Die Kinder des Lichts finden oft Gefallen daran, die Kinder der Dunkelheit erst zu brandmarken und dann zu vernichten.

Aber die Gefahren des Mystizismus sollten uns nicht vom Streben nach der Vision ablenken. Falsches Gold täuscht uns nur, weil es richtiges gibt. Falschgeld zeugt von einer gesunden Währung. Eine der schwierigsten Aufgaben, die uns im einundzwanzigsten Jahrhundert bevorsteht, wird sein, eine neue, nicht-repressive, nicht-autoritäre und nicht-dogmatische Form zu prägen, über die „höchsten" Formen des menschlichen Bewußtseins nachzudenken und zu sprechen. In einer Welt, die von konkurrierenden Ideologien (ökonomischen und politischen Göttern) auf gefährliche Weise gespalten wird, brauchen wir dringend universelle Ausdrucksformen für die Vision des einzigen Kosmos. Wir müssen unsere alte religiöse und philosophische Sprache entmythologisieren und in unser modernes Idiom übersetzen. In einem Versuch, diese Übersetzung vorzunehmen, wollen wir unsere Geschichte vom Aufstieg des Bewußtseins da aufnehmen, wo wir sie verlassen haben. Wie wir sahen, liegt das neu entdeckte, autonome Selbst des Gesetzlosen jenseits der sozialen Definitionen von Gut und Böse und jenseits der Persönlichkeitsmasken. Aber der Gesetzlose ist noch allein in einem fremden Multiversum. Innerhalb der Psyche mag es wohl Einheit geben, aber draußen herrscht Chaos. Wenn die „psychische" Krise überwunden ist, beginnt die metaphysische oder religiöse. Neue Fragen tauchen auf. Ist das einzelne Selbst eine Bastion des Sinnes und der Zwecksetzung in einer ansonsten sinnlosen Welt? Gibt es kein Band, das Selbst und Kosmos vereinigt? Auch ein intaktes Selbst kann nicht in einer völlig zersplitterten Welt leben. Ohne irgendein Gefühl von kosmischer Einheit sind wir alle dazu verdammt, Fremdlinge zu bleiben – allein und voller Angst in einer Welt, die wir nicht gemacht haben. Sowohl die Gnostiker als auch die Existentialisten ließen sich auf das Experiment ein, das einsame Selbst gegen ein feindliches Universum zu stellen. Beide fanden keine Möglichkeit, eine hinreichende Einheit innerhalb des Selbst zu schaffen, um der Vision einer völlig zersplitterten Welt zu widerstehen. Entfremdung ist nur heilbar, wenn wir eine kosmische Bindung entdecken, die es dem Selbst erlaubt, wieder „Urvertrauen" zu entwickeln. Kosmische Isolation ist eine Bürde, die auch ein reifes Selbst nicht tragen kann. Die Antwort, die jede Person auf die Urfrage – Bin ich allein? – gibt, ist die religiöse Lösung. Denn, wie Whitehead sagte: „Religion ist, was eine Person aus ihrer Einsamkeit macht."

Das dringende Bedürfnis nach einer einheitlichen Vision ist keine metaphysische Krücke für diejenigen, die nicht stark genug sind, ohne Illusionen zu leben. Sie ist eher eine Forderung der Vernunft. William James hat gezeigt, daß zu dem, was er „das Gefühl der Rationalität" nennt, ein Gleichgewicht zwischen zwei Begierden gehört: Die Leidenschaft des Unterscheidens, des Zerlegens von Dingen in ihre Bestandteile, und eine Leidenschaft der Vereinfachung, der Erforschung des vereinigenden Prinzips, das Dinge aneinander bindet. Menschliche Rationalität bewegt sich immer zwischen dem Vielen und dem Einen, zwischen Pluralismus und Monismus hin und her. Vollständiger Pluralismus beläßt uns in einem Sandhaufen-Multiversum. Vollständiger Monismus verdammt uns zu einem monotonen Gefängnis, in dem die Individuen auf Illustrationen universeller Prinzipien reduziert werden. Eine angemessene Wissenschaft muß sowohl individuelle Tatsachen als auch verbindende Muster erforschen. Ohne sich in die zahlreichen Einzelheiten zu verlieben, fehlt dem Leben die Würze. Ohne irgendeine Theorie und Anschauung von dem Ganzen, dem die Teile innewohnen, gibt es für das Individuum keine Sicherheit oder existentielle Einheit.

Der Schock des Staunens ist notwendigerweise selten und unbeständig. In der mystischen Schau, wie auch in der Ekstase des Orgasmus, werden die Grenzen der Individualität aufgelöst. Für einen Augenblick erkenne ich, daß ich eine Zelle im kosmischen Körper bin, vielleicht ein Nervenende oder ein Neuron im Herzen des Seins. Aber wie jeder Teil eines organischen Ganzen muß ich schnell wieder in meine begrenzte Sichtweise und Funktion zurückfallen, da ich sonst nicht meinem Zweck in der Ökonomie des Ganzen dienen kann. Das Herz existiert in vorbestimmter Harmonie mit dem Gehirn und mit der Leber. Das Wissen um die Gesamttätigkeit des Körpers ist in jede Zelle einprogrammiert. Aber die einzelne Zelle muß primär im Rahmen der Definition des Organs funktionieren, in dem sie sich befindet. Jede Person ist ein kosmisches Arbeitspferd, dessen Scheuklappen in außergewöhnlichen Augenblicken wegrutschen, um einen Blick auf den universellen Zweck freizugehen. Wenn, wie Hegel sagt, „das Ganze das Wahre ist", dann bedeutet, ein Fragment zu sein, in qualifizierter Unwissenheit zu existieren. Der Blitz der Erleuchtung, durch den wir die Ganzheit sehen, mit der wir verbunden sind, ist notwendig, um vollends menschlich zu sein, aber es kann eben nicht permanent blitzen. Momente außergewöhnlicher Erhellung sind es, die uns gestatten, vertrauensvoll in Howard Thurmans „leuchtender Dunkelheit" des Alltags zu leben.

Aus der Natur der Dialektik, die dem Bewußtsein eingebaut ist, wenn es sich zwischen

Unterscheiden	und	Zusammenfassen
Vielen	und	dem Einen
Daten	und	dem vereinigenden Prinzip
einzelnen Seienden	und	dem Sein
Besonderem	und	dem Universellen

hin und her bewegt, folgt, daß die Perspektiven des Gesetzlosen und des Liebenden in kontinuierlicher Oszillation verbleiben werden. Für einen Augenblick können wir „sehen", „fühlen", „wissen" oder eine Vorahnung haben, daß alles eins, daß die Tragödie nicht endgültig und daß das Selbst nicht allein ist. Einen Augenblick später jedoch verlagert sich unsere Aufmerksamkeit, und wir kehren zum Chaos des Alltags, zum Existenzkampf und zum Willen zur Macht zurück. Das Vertrauen, mit dem wir uns hingeben, Teil eines größeren Ganzen sein und unser Leben als Geschenk annehmen können, wechselt ab mit dem Mut, als autonome Individuen zu existieren. Sprechen wir über das nacherwachsene Leben, dann können wir logisch zwischen den Stufen des Gesetzlosen und des Liebenden unterscheiden. *Um aber ganz genau zu sein, sollten wir von der zweiten Lebenshälfte als einer aufsteigenden Spirale sprechen, in welcher der Geist des Gesetzlosen/Liebenden zunehmend die erwachsene Persönlichkeit ersetzt.* Je tiefer wir in das Geheimnis unserer Individualität eindringen, desto weiter reisen wir in das vereinigende Jenseits des Kosmos.

Menschliche Wesen müssen immer trennen und vereinen; abstrahieren und heilen. Wenn wir sagen, daß der Geist trennt, dann müssen wir auch sagen, daß uns das Herz an unsere Zugehörigkeit erinnert *(re-minds)*. Wir sind nur solange vollends menschlich, wie wir getrennt bleiben und zusammenkommen. Genau diese Bewegung hat die Gesetzlosen-Mystik aller Zeiten darauf gebracht, daß uns die Metapher der Liebe, und insbesondere der liebevollen Sexualität zwischen Mann und Frau, den besten Schlüssel dafür liefert, zu verstehen, wer wir sind.

Jede Religion hat anerkannt, daß man den Blitz nicht fangen kann. Die geistigen Disziplinen, die im Umkreis der mystischen Erfahrung hervorsprießen, sind Versuche, nahe genug an der Sphäre des Heiligen zu bleiben, so daß das normale Leben etwas von der Vision Gottes widerspiegeln kann. Beschwörung, Gebet, Ritual, Meditation, Hymnen, Tanz und das gesamte Vokabular der Religion sind Formen, uns an die kosmische Einheit zu erinnern, die wir notwendigerweise vergessen, um Individuen sein zu können. Sie schaffen Möglichkeiten, die Spannung zwischen dem Einen und den vielen, zwischen LEBEN und leben, zu handhaben und zu zelebrieren.

Ein Beispiel wird genügen. Atem, Wille und Feuer sind bekannte religiöse Metaphern. Eine beliebte Kirchenhymne sagt:

> Hauche mich an, Odem Gottes
> Mach mein Herze rein
> Bis dein Wille meiner ist
> Zu tun und zu ertragen.

> Hauche mich an, Odem Gottes
> Bis ich ganz der Deine bin
> Bis dieser Erdenteil von mir
> Mit deinem Gottesfeuer glüht.

Im Augenblick der mystischen Schau wird der menschliche Atem nicht als ein bloßes biologisches Phänomen, ein Prozeß der Sauerstoffaufnahme und der Abgabe von Kohlendioxyd erfahren, sondern als eine Bewegung innerhalb des göttlichen Geistes. Zu sein, bedeutet, inspiriert zu werden und exspirieren zu wollen. Für den Mystiker ist der menschliche Wille nicht mehr das autonome Zentrum der Entscheidung, sondern er wird als das Innere des göttlichen Wollens erfahren. Autonomie wird durch Theonomie ersetzt, sobald der Liebende herausfindet, daß seine oder ihre tiefsten Wünsche mit der göttlichen Absicht identisch sind. Und die Einheit von Atem und Geist, Wille und WILLE, ist die Erfahrung der Leidenschaft, die das ganze Leben in Bewegung hält. Sexualität und Religion werden in der mystischen Schau wiedervereinigt. Dieser Geschichte wenden wir uns nun zu.

DER KÖRPER DES LIEBENDEN: EMPATHIE UND KOSMISCHE EROTIK

Im vereinigenden Blick wird der ganze Kosmos als eine Manifestation des Spiels göttlicher Energie gesehen. Folglich werden Sexualität und Eros umgewandelt und fortan nicht mehr als bloße biologische Phänomene, sondern als Formen der ontologischen Anziehung erfahren.

Daß sich der Körper des Liebenden, und damit der erotische und sexuelle Stil, radikal von dem des Gesetzlosen unterscheiden, folgt zwingend aus den Axiomen der Psyche, die wir in unserer Untersuchung der verschiedenen Lebensphasen auftauchen sahen. Um zu rekapitulieren: (1) Die Psyche erreicht ihr umfassendstes Potential über eine Reihe von Phasen, in denen sie sich auf ein universelleres Verständnis und Mitgefühl zubewegt; (2) jede Phase hat ihre charakteristische Lebensphilosophie und psychische Orientierung; (3) jede philosophische und psychologische Haltung gestaltet den Körper, seine Abwehrmechanismen und seinen Charakterpanzer; und (4) die Natur unserer Motivation, unseres Eros, verändert sich jedesmal, wenn wir die Welt umfassender verstehen.

Wie verändert sich der Körper des Liebenden? Er hört auf, eine verschlossene, autonome Einheit zu sein, die mit dem Selbst anderer in Kommunikation stehen kann oder nicht. Er wird zu einem Nexus, einem Ort der Begegnung, einem Treffpunkt, einem Zentrum, wo alle Linien zusammenlaufen, einem Prisma, das reines Licht in die Farben des Regenbogens bricht.

Im strengsten Sinne ist es nicht richtig, vom Körper des Liebenden zu sprechen. Kein Substantiv kann das pulsierende Gemeinwesen von Zellen einfangen, aus denen jedes lebende Ding aufgebaut ist. Wir existieren als Verben, sind immer im Prozeß begriffen. Jede singuläre Pluralität ist ein Schwingungszentrum, das andauernd mit anderen Schwingungszentren verkehrt. Im Universum gibt es keine isolierten Geschehnisse oder Einzelwesen.

Man kann diese Identitätsverschiebung auch durch den Begriff des Geistes darstellen, der eine lange und ehrwürdige Geschichte hat, jedoch kürzlich aufgrund seiner Vagheit ins Zwielicht geraten ist. Unter dem Einfluß sowohl des religiösen Dualismus, der Geist und Körper nebeneinanderstellte und nur den Geist achtete, als auch des säkularen Reduktionismus, der die Menschen in Gehirn und Körper aufteilte, zerfiel die Idee des Geistes und wurde zu einer leeren, frommen Phrase ohne ernsthaften Inhalt. Ich schlage vor, den Begriff Geist zu verwenden, um die Identität des Liebenden exakt zu charakterisieren. *Geist ist die Fähigkeit, die Verkapselung der Persönlichkeit (die Rollen und Mythen, die das erwachsene Ich prägen) wie auch das autonome, individualisierte Selbst des Gesetzlosen zu transzendieren. Geist ist die Erkenntnis, daß wir innerhalb eines Kontinuums verkörpert und nur dann lebendig sind, wenn eine universelle Lebenskraft durch uns fließt, wie Atem durch Lungen.*

Um in zeitgenössischen Kategorien über die Wandlungen im Körper des Liebenden nachzudenken, beginnen wir am besten mit Norman O. Browns monumentalen Büchern *Life Against Death* und *Love's Body.*

Brown zeigt durch eine komplizierte und doch elegante Analyse, daß die Psyche des westlichen Menschen durch Desensibilisierung des Gesamtkörpers und Beschränkung der ekstatischen Lust- und Überschreitungserfahrung auf die Genitalien herausgebildet wurde. Die Besessenheit von genitaler Sexualität bestimmt *ein* Körperorgan als *das erotische Zentrum.* Diese Zentralisierung des Eros ist eine unausweichliche Folge der Erwachsenenidentität, die auf Loyalität gegenüber einem einzigen mythischen Zentrum beruht. Erwachsene opfern ihren Körper der Politik *(body politic).* Ihr Lohn für ihre Unterwerfung unter das, was sie für „das Realitätsprinzip" halten, ist die Lust der rollenbeherrschten genitalen Sexualität und das Prestige des Status. Uns macht die genitale Sexualität besessen, weil sie die einzige erotische Lust ist, die uns verbleibt, nachdem wir unseren Körper, unsere Zeit und unsere Energien einem Leben der Kriegführung und der zwanghaften, entfremdeten Arbeit hingegeben haben. Wir bestrafen uns, indem wir unser Leben um Abstraktionen herum organisieren, indem wir die Lust des Hier und Jetzt opfern, um überflüssige Besitztümer anzuhäufen. Wir stellen die Befriedigung fortwährend zurück und versprechen uns, das Leben zu genießen, wenn die Arbeit erst einmal getan ist. Wir sind wie die Figur im *Endspiel*, die gefragt wird: „Glaubst du an das zukünftige Leben?" und antwortet: „Meines ist es immer gewesen."

Unsere Augen konzentrieren sich so sehr auf Ziele, daß wir vergessen, beim Anblick einer Rose zu staunen. Unsere Ohren gewöhnen sich so sehr an Klatsch, Propaganda und Absichtserklärungen, daß wir nicht mehr auf das Singen des Windes lauschen. Unsere Nasen werden durch Umweltverschmutzung, Zigaretten, Deodorants so verkleistert, unsere Lungen durch flaches, schnelles Atmen so eingeengt, daß uns der Duft des Lebens entgeht. Die tiefen emotionalen Zentren des limbischen Gehirns, die direkt durch Geruch stimuliert werden, liegen im Schlaf. Kurz gesagt, unsere Körper werden zu erotischen Wüsten, wir entziehen ihnen eine Vielfalt sinnlicher Genüsse. Und in einem Ödland der Lust wird den Genitalien die Rolle der Oase zugewiesen. Wir erwarten das Aufblühen der Sexualität, um uns für ein entweihtes sinnliches Leben zu entschädigen.

Brown meint, es sei an der Zeit, die Psyche neu zu organisieren, nach dem Lustprinzip zu leben, den ganzen Körper wiederzuerwecken und „polymorph pervers" zu werden. Alle Sinne müssen von unserer Sucht, zu erwerben und zu besitzen, emanzipiert werden. Wenn wir unseren Körper und unseren Geist erotisieren wollen, müssen wir die Tyrannei des Besitzes durchbrechen. Brown macht kaum Vorschläge, wie diese psychische Revolution herbeizuführen wäre. Seine zahlreichen Kritiker, die vermutet haben, daß er sich für Androgynie, Bisexualität, Homosexualität oder Promiskuität einsetzt, scheinen völlig an der Sache vorbeizugehen. Brown versucht zuallermindest, den Eros von seinen genitalen Verankerungen zu befreien und ein Leben anzuvisieren, in dem ein Mensch mit einer Intensität an die ganze Umwelt gebunden wäre, die einst dem Genitalzusammenhang vorbehalten war. Es geht nicht darum, die genitale Sexualität aufzugeben, sondern sie muß aufhören, die vorherrschende Form des Verkehrs zu sein. Von einer Vision der Einheit aller Dinge beseelt zu sein, bedeutet zu erkennen, daß Verkehr die Grundtatsache des Universums ist; es handelt sich dabei jedoch nicht um einen Akt, den man wie einen Auftrag ausführen müßte.

Die christliche Vorstellung von der Agape kann uns dem Verständnis der kosmischen Erotik näherbringen. Die christliche Tradition kennt viele Formen der Liebe – *eros, philia, caritas, agape*. Der Eros gilt als eine niedere, bloß menschliche Form der Liebe, die immer durch einen Hunger oder ein Bedürfnis des Ich determiniert ist. Ausgangspunkt ist der Mangel. „Ich will, ich brauche, ich begehre dich, weil ich ohne dich unvollkommen bin." Agape dagegen ist die Liebe Gottes, die aus dem Überfluß hervorgeht und nichts von ihrem Objekt verlangt. Obwohl die Quelle der Agape göttlich ist, können die Menschen ihrer durch Gnade teilhaftig werden. Wir können uns über unsere Lebensorientierung an Bedürfnis-Besitz-Eroberung erheben und an der göttlichen Perspektive teilhaben.

Man kann die Agape als eine metakulturelle Fähigkeit verstehen, mit dem Herzen zu sehen, in die Tiefen der Dinge einzudringen. Als kulturelle Wesen achten wir immer besonders auf äußere Erscheinungen. Unser erotisches Leben wird von Fetischen beherrscht. Propaganda und Werbung schaffen ein *Bild* von wünschenswerten Liebesobjekten und Verheißungen. Ist man schön (bist du ein Ubangi, dann steckst du dir Scheiben zwischen die Lippen, bist du ein Amerikaner, dann trägst du Designer-Jeans), dann wird man geliebt. Die Agape erlaubt uns, hinter die Erscheinungen, hinter jeden Nutzen zu sehen, den wir daraus ziehen könnten, den anderen zu lieben. Die Agape macht es möglich, daß wir *vom innersten Wesen des anderen bewegt* werden. Die Prädikate (alt/jung, häßlich/schön, reich/arm, klug/dumm) sind keine Aphrodisiaka für den agapistisch Liebenden.

Um die Agape zu reklamieren, müssen wir nicht die gesamte Überfrachtung der christlichen Theologie mit akzeptieren. Die Fähigkeit zu radikaler Empathie, das Wesen der Agape, ist universell. Die menschliche Fantasie kann in jedes erdenkliche Wesen eindringen. Wir alle sind wandelbare Geschöpfe; mehrmals täglich wechseln wir die Gestalt. Wir gehen bei uns selbst ein und aus. Eine Mutter beobachtet einen Arzt, der sich darauf vorbereitet, ihrem Kind eine Spritze zu geben. Sobald die Nadel das Kind erreicht, zuckt sie zusammen. In diesem Augenblick hat sie die Identität mit ihrem eigenen Körper zerbrochen und ist in den Körper des Kindes eingedrungen. Diese Fähigkeit zur Empathie war bei Ramakrishna, dem indischen Mystiker des neunzehnten Jahrhunderts, so weit entwickelt, daß auf seinem eigenen Körper Striemen auftraten. Mein Körper ist ein formbares Medium, das in einem Augenblick „in meiner Haut" steckt, sich aber im nächsten auf eine andere Person erstreckt. Je empfindsamer, offener und ungeschützter unser Körper wird, desto weiter reicht unser Wissen. Ein gottgleiches oder agapistisches Bewußtsein wäre polymorph oder wandelbar genug, um in jedes Einzelwesen zu schlüpfen. Auf der tiefsten Ebene ist Erkenntnis die Bewußtheit über unsere Teilhabe an der Realität des anderen. Unwissenheit beruht auf der Illusion unserer Losgelöstheit.

Wie weit können wir die menschliche Erfahrung in diese Richtung treiben? In welchem Maße können wir die Fähigkeit entwikkeln, die Grenzen unseres individuellen Körpers (Interesse, Standpunkt, Ideologie, Abwehrmechanismen) verlassen, um intuitiv-empathisch-phantasievoll in anderen Körpern zu leben? Die einzig mögliche Antwort scheint in einer Paradoxie zu liegen, die sowohl für die Mystik als auch für die Erotik gilt:

Man braucht eine starke Identität, um sich hingeben zu können.

Je mehr wir die Grenzen des Körpers akzeptieren, desto mehr können wir „ihn" überschreiten.

Je sicherer ich bin, desto mehr kann ich riskieren.

Die ekstatischste Erfahrung des Selbst ereignet sich, wenn die Grenzen des Selbst überschritten werden.

Ich bin am stärksten ich, wenn ich meiner Teilhabe an einer Welt jenseits meiner Grenzen gewahr bin.

In der mystischen und in der erotischen Erfahrung ist die Selbstüberschreitung nur durch den Widerwillen gegenüber dem Sterben auf das alte Selbst begrenzt. Kreuzigt man das Ich, dann kann das Selbst wiederauferstehen – das ist der Kern jeder Religion. Für die erotische Erfahrung gilt dieselbe Paradoxie. Der Orgasmus ist der kleine Tod. Die Ekstasen, die wir lieben und fürchten, finden statt, wenn wir die Schwelle zwischen Selbst und anderen überqueren. Fleischliche und mystische Erkenntnis ist durch unsere natürliche Abneigung begrenzt, unsere normale Selbsteinkapselung zu überwinden und an den Tod zu denken. Liebende (oder Philosophen, wie Sokrates anmerkte) werden wir nur, indem wir uns gut in der Kunst des Sterbens üben.

Ob wir nun in der Sprache der Religion, der Erotik oder der Psychologie sprechen, die großen Umrisse einer Theorie des Sterbens und der Wiedergeburt sind leicht genug zu skizzieren. Aber das Tun ist schwierig! Die Vision des tanzenden Gottes, innerhalb dessen wir alle leben, uns bewegen und unser Dasein fristen, ist ein Vorspiel zu der abschließenden Reise, in der das Selbst, das wir uns so schmerzhaft erkämpft haben, vergessen wird und in der Welt aufgeht.

DER GEIST DES LIEBENDEN: INKARNATION UND HEIMKEHR

Mit dem vereinigenden Blick entdeckt der Liebende, daß das Reich der Gnade überall ist. Bis zum letzten Augenblick kämpft sich der Pilger, der den Berg des Bewußtseins erklimmt, zu einem eingebildeten Gipfel empor. Plötzlich gibt es keinen Ort mehr, zu dem er gehen könnte. Die Gipfelerfahrung zerstört den Berg. Wenn wir dort ankommen, „Dann ist dort kein Dort", wie Gertrude Stein sagte. In dem Augenblick, wo das Selbst bei der Vision von der Einheit des Kosmos anlangt, wird das Auge [*eye, I*, ich] mit dem Gesehenen eins. Auf dem Gipfel der Welt entdecken wir, daß es eine Illusion ist, sich zu einem Punkt vorzukämpfen, der als Gipfel der Welt bezeichnet wird. Es gibt keinen Heiligen Berg, auf dem die Götter leben, keine Achse der Welt *(axis mundi)*, welche die Himmel trägt und sich in die Eingeweide der Erde bohrt. Es gibt kein einzelnes Zentrum, in dem Gott weilt. Nikolas von Kues sagte: „Gott ist eine begreifbare Sphäre, deren Zentrum überall, deren Umfang nirgends ist." Kein Tempel, kein Glaubensbekenntnis, kein Ritual und keine Nation können das Heilige enthalten. Das Eine liegt in dem Vielen. Das Sein trägt alle Seienden. Daher kann jeder Tag ein heiliger Tag, jeder Ort ein Heiligtum sein. Zeit ist unbewußte Ewigkeit. In jeder Episode der Natur und der Geschichte steckt die Erleuchtung. Am Ende der Suche erwachen wir vom Mythos der Suche: Was wir gesucht hatten, war niemals verlorengegangen.

*Werdet wie die Kinder: Rückbe-
sinnung)*

Was geschieht also nach der Vision mit dem Liebenden? Die meisten brechen in ein kosmisches Lachen aus (das Gegenteil des Urschreis!), das den Dämon der Ernsthaftigkeit zerstört. Die Illusion löst sich mit der Erkenntnis auf, daß unser sorgsam konstruiertes Selbst nur eine durch Angst befestigte Maginot-Linie war, die uns vor imaginären Feinden schützen sollte. Unser prometheischer Kampf gegen die Götter erweist sich als ein Schattendrama, das wir mit uns selbst spielten. Das mystische „Aha-Erlebnis" wird zur Pointe des großen Witzes, der die Grundlage des Ich bildet. Was könnte närrischer sein als:

ein Mann, der auf einem Ochsen reitet, um einen Ochsen zu suchen

etwas zu suchen, das nicht weg ist

einen nicht existierenden Berg zu besteigen

nach Zufriedenheit zu streben

die Welt bei der Suche nach Einheit zu unterteilen

für den Frieden zu töten

dem Glück nachzulaufen

sich Gnade zu erarbeiten

Entfremdung zu schaffen, damit wir zusammenkommen können

nach Gott zu suchen, wenn wir auf heiliger Erde stehen.

Aber wenn das Lachen verstummt – was es unausweichlich tut, sobald man einen Blick zurück auf die blutige Schlacht wirft, die in der menschlichen Geschichte noch immer von denen geführt wird, die die große Illusion nicht durchschaut haben –, bleibt doch die Frage: Was nun? Wo und wie soll der Liebende leben?

Wenn wir die Geschichten, Legenden und Gerüchte untersuchen, die alle Mystiker umgeben, von denen es heißt, sie haben die göttliche Einheit erblickt, finden wir radikal unterschiedliche Darstellungen ihrer Kräfte und ihrer Lebensweise.

Oftmals werden Heilige, Mystiker und geläuterte Personen fast als Halbgötter mit wunderbaren Kräften dargestellt. In Tibet und Indien werden den Erleuchteten alle Arten von außergewöhnlichen Kräften (siddhis) zugeschrieben. Sie können ihren Körper auf die Größe eines Atoms schrumpfen lassen oder so ausdehnen, daß sie das gesamte Universum umgreifen; sie können die Zeit überwinden und in die Zukunft und Vergangenheit schauen, sich unsichtbar machen; Gegenstände materialisieren oder entmaterialisieren; Heilungswunder vollbringen und so weiter. Es ist schwierig zu erkennen, was man mit Berichten über Wunder anfangen soll. Vielleicht konnte Sai Baba aus der Luft Goldspielzeuge materialisieren, konnte Jesus über das Wasser gehen oder Ramana Maharshi die Kranken heilen. Mir geht es hier nicht darum, eine klare Linie zwischen Tatsachen und Phantasie zu ziehen (ein Spiel, das Wissenschaftler und Poeten in jeder Generation wieder von neuem aufnehmen). Es wäre Hybris, die Grenzen des menschlichen Bewußtseins kennen zu wollen. Vielleicht sind die *siddhis* echt und die Heiligen evolutionäre Durchbrüche, die Vorboten dessen, was die Evolution mit uns allen plant. Eines Tages stehen wir vielleicht alle, als die Herrscher über Zeit und Raum, in telepathischer Kommunikation mit entfernten Geistern. Wir könnten Glanztaten der Psychokinese vollbringen und durch Handauflegen heilen. Bedenkt man die Hunderte von Millionen Jahren, die das Universum in den Prolog zum Auftreten des Menschen investiert zu haben scheint, dann darf man wohl spekulieren, daß wir uns erst am Anfang des ersten Kapitels befinden, was die Entwicklung der Bewußtseinskräfte angeht. Es ist noch zu früh, um voraussagen zu können, was der menschliche Geist sein könnte, wenn er ausgewachsen ist. Aber das alles bleibt im Konjunktiv, in der Sphäre des Könnte-sein, Vielleicht und Dereinst.

Sowohl im Buddhismus als auch im Christentum gibt es noch eine zweite, ganz andere Tradition, die Liebende als Menschen darstellt, die mit außergewöhnlicher Gnade in der gewöhnlichen Welt leben können.

In der buddhistischen Tradition ist ein Bodhisattva eine erleuchtete Person, die in die Peripherie des Nirvana eindringt, dann kehrtmacht und in die gewöhnliche Welt zurückgeht, um anderen den Weg zu weisen. Er legt das Gelübde ab, selbst nicht ins Nirvana einzudringen, bevor nicht alle empfindenden Wesen erlöst sind. Obwohl diese Person voller Mitgefühl ist, kehrt sie nicht aus „Altruismus", moralischer Verpflichtung oder sentimentalem Mitleid mit anderen um. Da alles eine Einheit bildet, kann sie wohl eher nicht ganz ins Nirvana eindringen, solange noch irgendein einzelner draußen verbleibt. Ihr Mitgefühl entspringt dem Bewußtsein der kosmischen Identität. Gewissen und Bewußtsein sind dasselbe. Eugene Debs sagte: „Solange es eine Unterklasse gibt, gehöre ich dazu; solange es Kriminalität gibt, bin ich daran beteiligt; solange noch eine Seele im Gefängnis ist, bin ich nicht frei." Ist einmal die Illusion eines unabhängigen, separaten Selbst verschwunden, läßt sich Mitgefühl für alle Lebewesen nicht von Selbstliebe trennen. „Ich" bin ein Teil der kämpfenden Masse von bewußten und unbewußten Wesen, der Kreatur, die sich mit uns sehnet und ängstet (Römer 8, 22) und hofft, von der Knechtschaft befreit zu werden. Der Bodhisattva erkennt die Verbundenheit mit allen empfindenden Wesen, genau wie das Kind die Verbundenheit mit der Mutter annimmt. Das radikale Vertrauen in die Absicht des Kosmos ist auf der höchsten Ebene der Reife eine Wiederholung des kindlichen „Urvertrauens" in die Mutter. Wir sind alle miteinander verbunden. Empathie ist das Wesen der menschlichen Identität. Unser Dasein ist unsere Gemeinsamkeit.

Sowohl im tantrischen als auch im christlichen Mythos muß die Glorie im Niedrigsten entdeckt werden. Erleuchtung oder Gnade verwandeln die Grundfunktionen des Körpers. Die protestantische Reformation begann, als sich die Eingeweide des chronisch obstipierten Luther in dem Moment öffneten, wo er schließlich verstand, „daß der Gerechte durch den Glauben leben soll". Das abolute Bewußtsein (unlösbar mit meinem Bewußtsein vom Absoluten verbunden) kann man in jeder Krippe und in jedem Supermarkt finden. Wenn man also, wie Meister Eckhart sagte, im Entzücken des siebenten Himmels schwelgt und von einer hungernden alten Dame hört, dann muß man von seiner mystischen Erfahrung herunterkommen und diesem Geschöpf Gottes eine Schale Suppe bringen. Mystik hört bei der Politik auf. Das Bewußtsein erklimmt die höchsten Höhen und kehrt dann ins Heimatland zurück, um als ein Hirte des Seins zu leben.

Der Zen-Buddhismus lehrt, das Wunder des erleuchteten Menschen liege darin, daß er ißt, wenn er ißt, schläft, wenn er schläft und die normale Realität als die Manifestation des Bewußtseins Buddhas akzeptiert. *Samsara* (die Welt des Leidens und der Unbeständigkeit) ist Nirvana.

Ganz ähnlich sagt die lutherische Tradition des Christentums, daß die Gnade über uns kommt, wenn wir noch Sünder sind. Das wahre Wunder liegt nicht darin, daß wir in moralisch vollkommene Halbgötter mit magischen Kräften verwandelt werden, sondern daß wir fähig sind, innerhalb der Widersprüche und Leiden der Geschichte glücklich zu sein. Kierkegaard zeichnet ein unvergeßliches Bild des unsichtbaren Heiligen, den er „den Ritter des Glaubens" nennt. Obwohl Kierkegaard zugibt, kein Beispiel für den Ritter des Glaubens gefunden zu haben, kann er ein imaginäres Portrait zeichnen. Der Mann sieht ganz gewöhnlich aus, wie ein Steuerbeamter. Sein Gang ist kraftvoll, und er ist gut gekleidet, wenn er sonntagnachmittags spazieren geht. Er freut sich an allem, geht seiner Arbeit nach, liebt seine Frau, raucht seine Pfeife. Keine äußere Tätigkeit kennzeichnet ihn als ungewöhnlich. Doch er gibt sein endliches Bewußtsein jeden Augenblick seiner unendlichen Identität hin.

> ... doch hat dieser Mensch die Bewegung der Unendlichkeit gemacht und macht sie jeden Augenblick. Er entleert des Daseins tiefe Wehmut in die unendliche Resignation, er kennt die Seligkeit des Unendlichen, er hat den Schmerz empfunden, allem zu entsagen, dem Liebsten, was man auf der Welt hat, und doch schmeckt ihm die Endlichkeit ebensogut wie dem, der nie etwas Höheres kannte ...[2].

Die tiefste Paradoxie des Kampfs um die Erkundung der höchsten Ebenen des Bewußtseins liegt darin, daß wir am Ende zum Normalen zurückkehren. T. S. Eliot schrieb:

> Wir sollen das Forschen nicht lassen,
> Und das Ende all unseres Forschens
> Wird die Ankunft am Ausgangspunkt sein,
> Und jetzt erkennen wir den Ort zum ersten Mal.

Alles ist dasselbe, und alles ist anders. „Gott" ist nicht sichtbarer als zuvor. Das göttliche Bewußtsein, der kosmische Geist, ist weiterhin nur in seinen Manifestationen erkennbar – in Bergen, Bäumen, Marienkäfern, Raumschiffen und Kongreßabgeordneten. Aber die erleuchtete Person sieht ein einziges Licht-Energie-Bewußtsein, das durch alles Seiende strahlt, und verweilt bei dem einzigen Moralprinzip des heiligen Augustinus – „Liebe und tu, was du willst."

DIE VERKÖRPERUNGEN DER LIEBE:
EROTISCHE HALTUNGEN ODER KÖRPERSCHICHTEN
DES LIEBENDEN

Aus unserem Sein fließt unser Tun. Die Ethik folgt natürlicherweise aus der Metaphysik. Wer wir sind, bestimmt, wie wir handeln werden. Der Liebende erblickt die substantielle Ganzheit und Heiligkeit, der alle Dinge angehören, bleibt aber schmerzhaft der Krankheit, Leiden und Entfremdung gewahr, die uns alle befallen haben.

Die Aufgabe des Liebenden besteht also darin, eine heilende Kraft zu sein, Gesundheit zu verkörpern und eine Inkarnation der Leidenschaft zu bilden. Richard Baker Roshi meint, wir könnten das Wort „leben" durch „heilen" ersetzen. Wenn wir wirklich im vollen Sinne des Wortes leben, befinden wir uns im Prozeß, die

Die Verkörperung der Liebe und die
Körperschichten des Liebenden

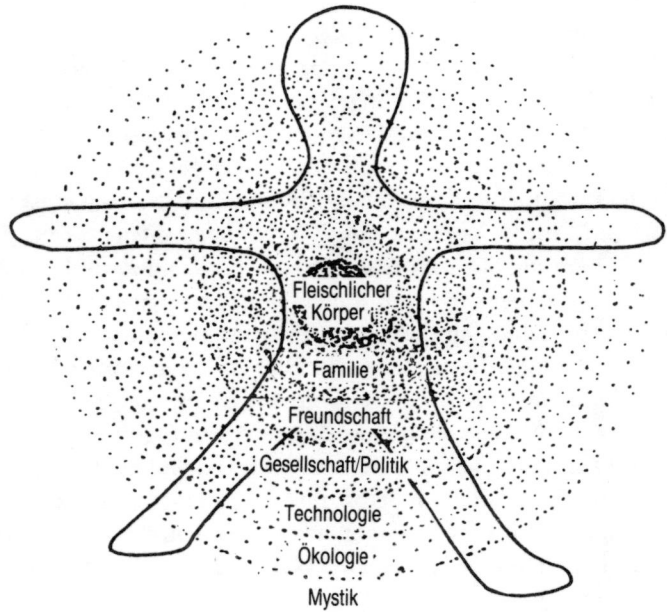

künstlichen Spaltungen, die unnötigen Krankheiten und die sinnlosen Tragödien zu heilen.

Zu jeder Darstellung des leidenschaftlichen Lebens sollte eine Beschreibung der Vielfalt der Liebe gehören – ein Repertoire für den Heiler. Die folgende Darstellung der konzentrischen Dimensionen, Sphären oder Schichten, die den Körper des Liebenden aufbauen, können als die wichtigsten erotischen Haltungen, die Umgangsweisen aufgefaßt werden, die unser Sein und Tun als Liebende definieren. Sie sind die geistigen Disziplinen, die Asanas, die Gebete, Meditationen und Rituale, innerhalb derer wir unserer Liebe zur Inkarnation verhelfen und entdecken, daß das Selbst sich selbst transzendieren kann.

DIE FLEISCHLICHE KÖRPER-GEIST-SEELE

Das fleischliche Selbst ist die erste Schicht vom Körper des Liebenden.

Wir beginnen mit dem individuellen fleischlichen Selbst und kehren immer wieder zu ihm zurück. Der Gesetzlose/Liebende lebt als ein Provinzler, dessen Bewußtsein stets die Grenzen überschreitet. Das Selbst verschmilzt mit der Grenzenlosigkeit des Geistes und kehrt dann heim in die vertrauten Umrisse seines eigenen Körpers. Wenn ich dem Ruf folge, ein Liebender zu werden, dann hat dies nichts mit einem nebulösen oder allgemeinen menschlichen Wesen zu tun, das ich lieben soll, sondern es geht um mein Selbst, meine Kinder, meine Frau, meine Freunde, meine Gemeinschaft, mein Land, mein Volk, meine Werkzeuge, meine Welt. Der Liebende heilt die Welt nicht durch eine vage und abstrakte Liebe zu allem und jedem, sondern indem er leidenschaftlich wird und konkreten Beziehungen, Personen, Institutionen und Orten Treue gelobt. Das einzige *Jenseits*, das ich kennen kann, finde ich *innerhalb* der intimen Erfahrung der Welt, wie sie mir gegeben ist. Nur wenn ich dem Wesen treu bleibe, dessen Autobiographie ich allein schreiben kann und dessen Leib ich bin, transzendiere ich wirklich mein Selbst, finde ich mein Selbst im Sein-Werden selbst aufgehoben. Fleischlich zu sein, bedeutet, anzuerkennen, daß *Fleisch Geist ist*. Mein Leben, meine Zeit, meine Gemeinschaft sind der Ort der Offenbarung.

DER FAMILIENKÖRPER: EIN HERD DER FREUNDLICHKEIT

Die Familie ist die zweite Schicht im Körper des Liebenden. In den Verwandtschaftsbindungen können wir die Praxis der Freundlichkeit und die Fähigkeit des Verzeihens erlernen.

Wir waren, sind und werden immer Familienmitglieder sein. Wir sind in einem Netzwerk verkörpert, zu dem Mutter und Vater (anwesend oder abwesend) und deren Familien gehören, die sich in Zeiten weit jenseits der Erinnerungen unserer Großeltern erstrecken und zu einem Netz von Onkels, Tanten und Cousins verzweigen. Ob gut oder schlecht, reich oder arm, sorgsam oder nachlässig, die Besonderheiten unserer Familie werden sich durch die Tapisserie unserer Tage ziehen. Die Gaben und Wunden, die uns mitgegeben wurden, lassen sich auf die Formen zurückführen, in denen wir gehegt, ermutigt, mißachtet, unterdrückt und mißbraucht wurden. Ob unsere Familien gut oder schlecht, schwach oder stark waren, sie prägten uns unsere frühesten Selbstbilder ein und die Erwartungen, die wir gegenüber der Welt haben.

Jede Familie stellt eine Herausforderung dar, eine Gegebenheit, die akzeptiert und überschritten werden muß, wenn wir uns zu unabhängigem Selbst-Sein und darüber hinaus entwickeln wollen.

Freud war es, der zuerst entdeckte, wie sehr die erwachsene Psyche noch immer von einem Schattendrama heimgesucht wird, in dem infantile Empfindungen, Erinnerungen und Gewohnheiten eine Rolle spielen. Er lehrte uns, daß wir das unbewußte Familiendrama durcharbeiten müssen, um den Eros zu befreien – das heißt, wir müssen das zügellose Bedürfnis nach verbotenen Personen, den Schmerz, mißverstanden, enttäuscht, bestraft, mißachtet zu werden, die Angst vor Liebesentzug und die Furcht vor Strafe noch einmal durchleben. Wir leben nur dann unser selbstgewähltes Leben, wenn wir unsere fremdbestimmte Vergangenheit wiederauferstehen lassen. Um geheilt zu werden, kehren wir zu unserer Gebrochenheit zurück. Um unsere Macht kennenzulernen, erinnern wir uns unserer Ohnmacht. Um zu lieben, erfahren wir die ambivalente Haß-Liebe, die wir nicht zu empfinden wagten, als unser frühestes Liebesbedürfnis enttäuscht wurde. Um frei zu werden, müssen wir uns an die Gefangenschaft erinnern, die wir in den Bindungen und in der Gebundenheit der Familie kennenlernten.

Diese Archäologie des Selbst bringt uns dazu, unsere Wut und unseren Groll auf unsere Eltern noch einmal zu erleben und uns so von infantiler Abhängigkeit und Unterwerfung zu befreien. Zu gegebener Zeit schließt sich der Kreis wieder, und wir können sie verstehen, ihnen verzeihen und das Mitgefühl empfinden, welches das Wesen der Familienbande ist. Solange wir nicht sowohl die Wut als auch die Dankbarkeit empfunden und unseren Eltern und Geschwistern verziehen haben, bleiben wir in der Familie stecken und sind Gefangene des Beschuldigungsspiels.

Gegenwärtig zerfallen Familien immer schneller, unter dem Druck ökonomischer Zwänge, Mutter und Vater müssen beide arbeiten. Schnelle Scheidungen, hohe Mobilität, Entwurzelung und die neue Ethik der Selbstsucht sind weitere Faktoren. Die Aufgabe, Kinder zu versorgen und zu initiieren, wird immer mehr Profis übertragen, da sich Mutter und Vater dafür entscheiden, ihre Identität lieber auf das Ökonomische als auf das Familiäre zu konzentrieren.

Genauer gesagt ist die Krise der Familie begleitet von einer modernen Umdefinition des Wortes „ökonomisch". *Ursprünglich bedeutete „Ökonomie" die Kunst und Wissenschaft der Haushaltsführung.* Unter dem Einfluß der allesfressenden Marktmentalität veränderte das Wort seine Bedeutung und wurde zu: „die Produktion, Distribution und Konsumption von Waren". Die Unterwanderung und Zerstörung der Familie läßt sich an dem Abstand zwischen diesen beiden Definitionen ermessen – zwischen haushälterischer und unternehmerischer Ökonomie. Weil *unser Mythos in der neuen Definition der ökonomischen Ordnung als der Realität zentriert ist,* haben wir Schwierigkeiten zu erkennen, daß die Zerstörung der Familie nicht eine zufällige, sondern eine notwendige Auswirkung unseres Systems ist. Unser Wirtschaftssystem braucht schwache Familien. Die Industrie braucht Männer und Frauen, die sich über die Arbeit definieren. Die Welt der Unternehmen kann nicht „effizient" mit Personen arbeiten, die ihr Zentrum in der Familie haben.

Um Arbeiter, Soldaten und Konsumenten zu bekommen, muß das Industriesystem die Familie zerstören und atomisieren, die Autorität des Vaters usurpieren und die Ökonomie des Haushalts durch eine des Konsums ersetzen. Wir opfern die Götter und Göttinnen des Herdes für das Streben nach Profit und Bequemlichkeit. Wir schaffen isolierte Individuen und eine Philosophie der „Selbstverwirklichung", weil unser mythisches System verlangt, daß wir unsere Loyalität eher der abstrakten Welt professionalisierter Arbeit als der intimen Welt von Familie und Gemeinschaft schenken. Unser täglich Brot ist jetzt der Gehaltsscheck, unser Vater im Himmel der Boß in der Führungsetage, der seine Macht und Herrlichkeit aus Aktienpaketen bezieht.

Keine auch noch so große Menge von Produkten, Geld oder abstrakten Gütern kann uns befriedigen. Das ist der Grundfehler, den wir begehen, indem wir das Ökonomische als Wurzel der Identität an die Stelle des Familiären setzen. Der ökonomische Mensch ist von Unersättlichkeit getrieben, weil er, wie meine Freundin Anne Valley Fox sagt, „niemals genug von dem bekommen kann, was er ursprünglich gar nicht wollte". Jenseits des komfortablen Überlebens werden Güter zu einer Ersatzbefriedigung für die Güte, die man uns ursprünglich verwehrte – Familiarität, Intimität und Freundlichkeit. Freud erinnerte uns daran, daß Geld uns deshalb nicht wirklich befriedigt, weil es kein infantiles Bedürfnis war. Wenn wir keine Familien mehr aufbauen, in denen Kinder willkommen sind, umsorgt und geliebt werden, richten wir eine Gesellschaftsordnung ein, in der wir immer mehr Ersatz für die fehlende Freundlichkeit produzieren. Diese Gesellschaft wird von fernen Autoritäten regiert, die die Massen entweder durch eine Schwemme von Waren oder durch repressive Polizeistaatsmethoden unter Kontrolle halten. In einer solchen Welt werden wir niemals das Gefühl haben, als derjenige erkannt zu sein, der wir sind. Wir werden immer eine Maske tragen, Rollen spielen, uns verstecken.

Ohne die Wiederherstellung des Familiären – was nicht nur die erweiterte und die Kernfamilie betrifft, sondern auch die Integrität des Ortes, der Umwelt und der Gemeinschaft, worin allein die Familie gedeihen kann – gibt es keine Möglichkeit, die Sache des

Friedens zu fördern. Die Fähigkeit, freundliche Zuwendung über den Bereich der biologischen Familie hinaus zu erstrecken, beruht auf der Erfahrung, in eine liebevolle Verwandtschaft eingebunden gewesen zu sein. Nur wenn wir erkennen, daß der Fremde einer der Unseren ist, läßt sich das herrschende Gesetz der Paranoia und des Krieges ändern.

Man sollte sich daran erinnern, daß die meisten utopischen Modelle und tyrannischen Staaten versuchen, die Familie zu zerstören, indem sie die konkrete Treue zu den uns nahestehenden Menschen aus Fleisch und Blut durch eine abstrakte Einschwörung auf Pflicht, Nation und irgendwelche Autorität ersetzen. Von Plato bis zu Marx und Mao ist die Familie immer die Zielscheibe für die „Verbesserer" der Menschheit (das sind immer Menschen) gewesen. Wer ein Liebender werden will, braucht die Familie als eine unerläßliche Schule des Mitgefühls. Kein Guru, kein Programm zur Verringerung des Egoismus ist so effektiv wie die Disziplin und Opferbereitschaft, die man benötigt, um eine Familie zu gründen. Auch ist kein Unsterblichkeitsversprechen so überzeugend, so handgreiflich wie der Anblick der eigenen Kinder, die zur Reife heranwachsen. Indem sie für ein Kind sorgen, können Mann und Frau ihre eigene Kindheit rekapitulieren, zu den schrecklichen und wundervollen Korridoren der frühesten Erinnerung zurückkehren. Bewußte Elternschaft ist ein fast vollkommener Ersatz für eine Psychoanalyse. Ein Kind bringt uns ganz einfach in eine Lage, wo wir uns wieder dazu bequemen müssen zu lernen. Dann krabbeln wir wieder auf dem Boden, sehen die Welt als kleine Person, erinnern uns daran, wie es war, einem Hund zu begegnen, der größer ist als man selbst. Achten Sie darauf, wie Sie Ihr Kind ansprechen, und Sie hören das Echo Ihrer Eltern. Vielleicht sind wir erst dann in der Lage, unsere Eltern zu verstehen, zu schätzen und ihnen zu verzeihen, wenn wir selbst Eltern geworden sind.

Die genitale Besessenheit, die überall in der westlichen Kultur wuchert, läßt sich weitgehend darauf zurückführen, daß man versucht, die Sexualität vom Familienkontext abzutrennen. Die Sprache selbst hätte uns zu denken geben müssen, daß wir Probleme heraufbeschwören, wenn wir Sex als Entspannung [recreational sex] von Sex als Fortpflanzung [creational sex] scheiden. Es ist ein Stück moderner Hybris zu glauben, daß sich sexuelle Leidenschaft aufrechterhalten läßt, wenn wir in allgemeiner Verschwörung die mächtigste Intentionalität des Geschlechtsakts vergessen. Gewiß muß nicht jede sexuelle Begegnung im bewußten Denken der Liebenden auf ein Kind gerichtet sein. Um aber heilsam wirken zu können, muß sie Familiarität und Freundlichkeit erzeugen. Schließlich ist die zweite Unschuld und Fürsorglichkeit, die wir lernen, wenn wir die Kleinen aufziehen, für das Reifen eines Liebenden notwendig. Wird die Sexualität völlig von der Atmosphäre der Fortpflanzung und Familiarität geschieden, wie zwischen Playboys und Playgirls, dann gleitet sie ab in Sterilität und verliert ihre Zärtlichkeit.

Möglicherweise stirbt der Eros, wenn er von der Familiarität getrennt wird. Im westlichen Mythos hat der schaffende Geist alle Tätigkeiten erfaßt und verstellt jede Möglichkeit der Gnade. Alles muß gemacht werden. Wir *machen* sogar Liebe [make love]. Auch machen wir uns einen Namen. Doch wir wissen, daß Anonymität Gewalt erzeugt. Diejenigen, die nicht berührt werden, schlagen zu und fordern Anerkennung von einem widerwilligen Publikum. John Hinckley, Jr., der Mann, der versuchte, Präsident Reagan zu ermorden, tat es, um berühmt zu werden. In unserer Machsucht haben wir fast vergessen, daß jeder von uns einen *gegebenen* Namen trägt. Wenn wir das Geschenk der Familie nicht zurückweisen, müssen wir uns letzten Endes gar keinen Namen machen. Die Familie gibt uns unseren ersten Namen, unsere erste Geschichte und unseren ersten Ort zum Leben. Gleichgültig, wie sehr wir gegen die Grenzen ankämpfen müssen, die uns von der Familie auferlegt werden, Gesundheit ist nur möglich, wenn wir zu einem Kreis von Vertrauten gehören, in dem wir bekannt und akzeptiert sind.

FREUNDSCHAFT UND FREIHEIT

Freundschaft *(philia)* bildet die dritte Schicht im Körper des Liebenden. Sie ist der Geburtsort der Freiheit. Durch die *philia* lernt der Liebende Selbstüberschreitung, Geist und Freiheit kennen.

Die Familienbande waren uns auferlegt. Wir hatten nicht die Freiheit, unsere Eltern, Geburtsreihenfolge oder Geschwister auszusuchen. Wir treten das Leben mit einem biologischen Schicksal an, in dem fast alles notwendig, nur wenig frei ist. Selbst wenn wir gegen die Familienbande rebellieren und versuchen, sie zu durchtrennen, gelingt uns das niemals ganz und gar. Wie Howard Thurman einmal sagte: „Die Bindungen, die uns am stärksten festhalten, sind jene, die wir durchbrochen haben."

Das Band der Freundschaft dagegen ist frei gewählt. Obwohl es Kulturen gibt, in denen Freundschaften und Ehen von den Eltern gestiftet werden, sind diese nur dann dauerhaft, wenn sie zu reichen und freien Beziehungen aufblühen. In der Freundschaft erheben wir uns über das biologische Schicksal. Der Eros legt seine Schwingen an und zeigt seine wahre Natur als die *Macht des Überschreitens*, die innerhalb des menschlichen Geistes schlummert. Mit unseren Liebhabern und Ehepartnern kämpfen wir, aber mit unseren Freunden ist das Leben einfach. Wir verstricken uns in Gespräche, die bis spät in die Nacht dauern. Wir enthüllen unsere tiefsten Empfindungen. Unsere Worte fließen zusammen. Ein Vertrauen nährt das andere. Gerade weil Freundschaften geschlossen werden, wenn zwei Menschen durch wechselseitiges Wohlgefallen und nicht durch ein wahnsinniges, leidenschaftliches, biologisch angetriebenes Bedürfnis voneinander angezogen werden, sind sie gewöhnlich regelmäßiger und dauerhafter als die Romanze.

In der Freundschaft werden wir durchsichtig; und durch die Selbstenthüllung lernen wir uns kennen. Unsere sozialen Rollen spielen wir vor einem Publikum von Verwandten und Autoritäten, aber die Geheimnisse, die den Schlüssel zu unseren tiefsten Empfindungen enthalten, verraten wir nur den uns nahestehenden Seelen. In der Freundschaft zeigt das Paradox der Liebe eine weitere seiner Facetten: Persönliche Identität gewinne ich nur in Anwesenheit eines anderen, mit dem ich mein Selbst teile.

Freundschaft lehrt uns auch die Disziplin der Unterscheidung. Ich bin nicht jedermanns Freund. Freundschaft hat etwas Exklusives. Nicht weniger als die Ehe beruht Freundschaft auf einem Gelübde und einer Verpflichtung, die verlangen, daß ich viele ausschließe, um *einen* einzubeziehen. Reife Freundschaft muß gehegt und gepflegt werden. Ich komme mit meinem Freund zusammen, verbringe Zeit mit ihm, lasse mir unbestimmt viele Stunden offen, um seine Gesellschaft zu genießen. Wir laden nicht jeden vorüberkommenden Fremden zu unserer Freundschaft ein. Unsere gemeinsame Zeit ist begrenzt. Im Laufe eines Lebens haben wir eine Vielzahl von Bekannten, aber nur eine Handvoll wahrer Freunde.

Freundschaft existiert als ein Zufluchtsort, der zwischen der privaten Welt der Familie, den Vieldeutigkeiten der sexuellen Liebe und der öffentlichen Welt von Gemeinschaft und Politik angesiedelt ist. Wir träumen vom Aufbau einer Gesellschaft, die nur aus Freunden besteht. In der Hoffnung träumen wir, einander Philadelphier sein zu können, Einwohner einer Stadt der brüderlichen Liebe. Aber das Ideal zerbricht und das zu Recht, weil es ein falsches Ideal ist. Freundschaft ist gerade deshalb ein Zufluchtsort, weil wir in ihr *mehr* und *anders* sein können als das Schicksal, mit dem wir in der Familie zu kämpfen haben, oder als die Rollen, die wir annehmen müssen, um in die Vertragsordnung der Gesellschaft eintreten zu können. Für meinen Freund bin ich weder Vater noch Kaufmann oder Bürger. Ich bin ausschließlich ich selbst. Der Wert der Freundschaft liegt darin, daß sie von den Regeln der Nützlichkeit und von den Kompromissen ausgenommen ist, die wir als Bürger freiwillig schließen. Mit meinem Freund teile ich meine asozialen, häretischen, hochverräterischen, antisozialen, tabuisierten oder anstößigen Ideen, Visionen und Empfindungen.

Freundschaft befreit uns auch für einen Augenblick von der süßen Bürde der Sexualität. Es ist nirgends leichter, das Erotische mit dem Sexuellen zu verwechseln und zu identifizieren als in der Freundschaft, besonders wenn sie zwischen Menschen unterschiedlichen Geschlechts besteht. Wir sind voneinander angezogen. Der Sog ist unwiderstehlich. Natürlich haben wir die Phantasie und den Drang, Philia und Libido zu vereinigen. Wäre es nicht herrlich, wenn unser bester Freund auch unsere leidenschaftlichste Liebe sein könnte? Aber die Erfahrung zeigt, daß es selten möglich ist. Die Forderungen der genitalen Sexualität und der Freundschaft überschneiden einander, vermischen sich aber oft nicht gut. Heutzutage, in den schwarzen Zeiten der Freundschaft, behaupten

Ehemänner und Ehefrauen oder Liebhaber oft, sie seien einander auch die besten Freunde. Ich vermute aber, daß dies eher einen Niedergang der Freundschaft als einen Fortschritt der Ehe signalisiert. Die Bindungen der familiären und sexuellen Liebe haben ihre eigene spezielle Würze – einen warmen, intimen, gemischten Beigeschmack von Biologie und freier Wahl. Der stärkste Reiz der Freundschaft ist, daß sie uns von den Notwendigkeiten entbindet, die uns durch Biologie und Politik auferlegt sind. Innerhalb der Freundschaft kommt eine Beziehung zustande, deren einziger Zweck darin besteht, genossen zu werden. Wahrscheinlich sind wir deshalb bereit, genitale Lust zu opfern und die Würden der Freundschaft zu genießen, weil es selten und kostbar ist, uns selbst als zweckfrei und wundervoll kennenzulernen.

Wenn Männer und Frauen die Fähigkeit zur Freundschaft verlieren, dann sind sie in einer inzestuösen Familie eingekapselt oder folgen der Illusion romantischer Liebe oder verkaufen sich mit Haut und Haaren an ein Unternehmen oder geben ihre Einmaligkeit für die Sicherheit einer tyrannischen politischen Ordnung hin, die das, was ehemals ihre Seele war, mit einer offiziellen Ideologie kolonisiert. Freundschaft ist das sicherste Gegenmittel gegen Selbstbetrug und politische Tyrannei, das wir überhaupt haben. Freunde legen Zeugnis davon ab, daß im Innersten jedes einzelnen von uns etwas ist, daß sich niemals durch eine offizielle Ideologie oder Doktrin definieren oder von irgendeiner Institution vereinnahmen läßt. Unsere Weite und Unausschöpflichkeit können wir nur erahnen, wenn wir von unseren Freunden ohne Bedingungen, Einschränkungen, ohne Wenn und Aber, mit allen Warzen, Falten, Wunden und, vielleicht, Heiligenscheinen akzeptiert werden.

Philia scheint auf den ersten Blick die bescheidenste aller Formen der Liebe zu sein. Sie ist so ruhig wie eine gemeinsame Tasse Tee oder ein gemeinsames Glas Bier. Zwischen Männern und Frauen, die lange zusammen leben, ist sie so friedlich, daß sie fast der Aufmerksamkeit entgeht. Sie ist ein gemeinsames Gespräch. Nicht das Anbellen des Vollmondes. Nicht die dämonische Explosion widersprüchlicher Leidenschaften. Freundschaft macht *gentlewomen* und *gentlemen* so offen und furchtlos, daß sie im täglichen

Umgang geben und nehmen können. Ihr fehlen die romantischen Verzierungen; sie verlangt keine schönen Partner. Oder Jugend. Ja, sie ist der Trost derjenigen, die sonst nichts haben. Und wenn sie stark genug ist, brauchen wir kaum etwas anderes – außer Brot und ein Dach überm Kopf.

Blickt man aber tiefer, dann erkennt man in der Freundschaft das Prinzip, das es uns erlaubt, die Grausamkeiten des Schicksals zu ertragen und doch menschlich zu bleiben. Isak Dinesen sagte: „Man kann alle Sorgen ertragen, wenn man sie in eine Geschichte steckt." Geschichtenerzählen ist das Herz der Freundschaft. (Der Aufstieg des Romans – die Veröffentlichung der Geschichte – und später des Kinos steht im direkten Verhältnis zum Niedergang der Freundschaft. Wir lesen oder sehen die Geschichten anderer und hoffen, unser eigene zu finden, eine Hoffnung, die vergeblich ist, solange wir keine Freunde haben.) Das erinnert mich an eine Frau aus Israel, mit der ich kürzlich gearbeitet habe und die Schwierigkeiten mit dem Atmen hatte. Während unseres Gesprächs sah ich die auf ihren Unterarm tätowierte, verblaßte, blaue Konzentrationslagernummer. Als sie mir ihre Geschichte erzählte, hustete und weinte sie abwechselnd. „Wann haben Ihre Atemschwierigkeiten angefangen?" fragte ich sie. „Als meine Freundin vor zwei Jahren starb," erwiderte sie. „Als sie noch lebte, konnten wir über alles sprechen. Obwohl sie nicht im Lager war, verstand sie mich. Jetzt habe ich niemanden mehr. Und die Alpträume verfolgen mich. Ich kann in dem Haus nicht alleine schlafen. Ich weiß, wenn ich weiterleben will, muß ich eine neue Freundin finden."

Einer der Grundsteine für eine erotische Philosophie ist der philharmonische Sinn für das Selbst, der die Erfahrung der Freundschaft begleitet. Wenn ich einen Freund wähle, übe ich meine Freiheit aus. Ich überschreite meine Einsamkeit, Selbstverkapselung, Paranoia und meinen Nazißmus. Ich begegne einem Fremden, der in keiner Hinsicht ein Feind ist. Wir genießen eine Beziehung, die zu sein scheint, „wie es gemeint war". Indem wir die Worte und die Form unserer Beziehung gestalten, scheinen wir von irgendeiner prästabilisierten Harmonie bewegt zu sein. Da ich mich

in der vermittelnden Anwesenheit meines Freundes selbst kennen-
lerne, bin ich ein philharmonisches Wesen. Ich bin in den Rhythmen und Harmonien der Freundschaft verkörpert.

DER STAAT: DIE MITFÜHLENDE KÖRPERSCHAFT

Die Politik bildet die vierte Schicht im Körper des Liebenden. Hier
kommt die Liebe als radikale Zivilisiertheit mächtig zum Ausdruck,
indem man beim Streben nach Gerechtigkeit mit anderen zusam-
menwirkt.

IDIOTISCHE LIEBE UND POLITISCHES MITGEFÜHL

Eine der verbreitetsten Perversionen der Liebe ist der Versuch, sie
auf die Privatsphäre zu begrenzen. Die Griechen hatten einen
besonderen Namen für jene unpolitischen Personen, die glaubten,
der Eros komme auf angemessene Weise nur im Privaten zum
Ausdruck. Sie hießen „Idioten". Im ursprünglichen Sinne bedeutete „Idiot" eine reine Privatperson. Für Sokrates, Plato und
Aristoteles war der Mensch ein soziales Tier; wer sich also nicht am
Leben der Gesellschaft beteiligte, war weniger als menschlich.
Sklaven, Frauen, deren Horizont auf den Haushalt verengt war,
Liebende, die sich so stark voneinander faszinieren ließen, daß sie
nur ihrem Privatvergnügen nachgingen, religiöse Visionäre, die den
Konflikten des politischen Lebens aus dem Weg gingen – sie alle
wurden als Idioten angesehen. Jede Besessenheit, welche die öffent-
liche Verantwortung einer Person zerstörte, wurde für dämonisch
und nicht für erotisch gehalten.

Die religiöse Mystik hat historisch in großem Maße die Tendenz
gezeigt, zur Idiotie zu degenerieren. Viele der großen Visionäre, die
die Illusionen ihres Stammes durchschaut und einen Eindruck von
der Einheit des Seins gewonnen haben, erlagen der Versuchung,
sich vom politischen Engagement zurückzuziehen und in der
Glückseligkeit der mystischen Kontemplation zu verharren. Von
Plotin bis zu Ramana Maharshi zieht sich eine Linie mystischer
Denker, denen sich die Reise der Seele als „der Flug des Einsamen
zur Erkenntnis des Einsamen", als Rückkehr von Atman zu
Brahman erschließt. In dieser Tradition des Hochmystizismus

erhält der wahre Suchende den Rat, der Zeit den Rücken zu kehren, um die Ewigkeit zu erkennen; der Welt, dem Fleisch und dem Teufel zu entsagen und dem Geist zu folgen; die Politik oder jeden Versuch, das Reich Gottes auf die Erde zu bringen, zu vergessen und bei einer direkten, unvermittelten Erfahrung Gottes jenseits der Geschichte Zuflucht zu suchen.

In neuerer Zeit verschmolz der unpolitische Mystizismus mit der psychedelischen Bewegung der späten sechziger und der siebziger Jahre (*"turn on, tune in, and drop out"*), mit dem heutigen Einfluß von Gurus und religiösen Gemeinschaften, die sich der Suche nach Erleuchtung hingeben, und mit der orthodoxen Psychoanalyse, die die Psyche in der Privatheit des Sprechzimmers sondierte.

Alle idiotischen Modelle für die Erlösung der Seele, sei es durch Yoga, den Glauben an Jesus, einen Guru, durch Meditation oder durch Psychoanalyse, beruhen auf einer falschen Trennung zwischen Innen und Außen, Psyche und Gemeinschaft. Sie alle setzen auf die idiotische Hoffnung, daß das Individuum abseits von der Gemeinschaft geheilt werden kann.

Mehrere Beweisstränge laufen zusammen, um zu zeigen, warum die Idiotie die Intention der Liebe zerstört und zu einer erotischen Perversion wird.

Erstens: Alle Modelle der privaten Erlösung trennen zwischen Liebe und Macht und machen aus der Hingabe an die Ohnmacht eine Tugend. Wer die Welt hinter sich läßt, um die Psyche zu kultivieren, verzichtet auf Macht, akzeptiert den politischen *status quo* und verschwört sich so unbewußt mit der Ideologie der herrschenden Klasse. Indem er sich weigert, mit dafür zu kämpfen, daß die Politik mehr auf die menschlichen Bedürfnisse zugeschnitten und gerechter wird, kehrt er dem Bösen den Rücken und läßt die Welt so lieblos, wie er sie vorgefunden hat. In Indien zum Beispiel bewirkten Jahrhunderte des transzendentalen Mystizismus und Myriaden wandernder Heiliger wenig oder nichts, um die systematische Ungerechtigkeit des Kastensystems abzuschaffen. Solche freiwillige Ohnmacht wird oft als Annehmen des „göttlichen Willens" ausgegeben, nach dem der Regen auf die Gerechten und auf die Ungerechten fällt. Diese Haltung setzt Liebe mit Empfindsamkeit gleich und verspricht, wenn nur genügend Herzen geläutert werden könnten, dann würde die Gemeinschaft „von selbst" gerecht werden. Diese radikale Trennung des Heiligen vom Säkularen und der privaten Erlösung von der öffentlichen Politik hat sowohl die fundamentalistischen christlichen Kirchen als auch orthodoxe Psychologen zu den großen Problemen unserer Zeit, Atomrüstung, ökonomische Ungerechtigkeit und Umweltverschmutzung, stumm sein lassen. Liebe, die menschenfeindliche Bedingungen nicht verändern will, ist in Wahrheit eine Form der Passivität und Gleichgültigkeit.

Zweitens: Wie Paul Tillich gezeigt hat, sind Liebe, die Ausübung von Macht und das Streben nach Gerechtigkeit nicht voneinander zu trennen. Liebe verlangt, daß wir die Integrität des anderen respektieren und daß wir die Gleichheit vor dem Gesetz anerkennen. Zivilisiertheit ist die Vorbedingung dafür, daß intimere Formen der Liebe sich entfalten können. Prophetische Religion mischt sich, seit Amos bis hin zu Martin Luther King, Jr., immer in die Politik ein, weil sie erkennt, daß zwischen Liebe und Bürgerrechten eine notwendige Verknüpfung besteht. Tätige Gerechtigkeit und liebevolle Barmherzigkeit sind die sichersten Zeichen religiöser Wahrhaftigkeit. Wahre Liebende widersetzen sich immer den Forderungen der Großinquisitoren, weil sie wissen, daß es ohne Freiheit keine Würde gibt.

Drittens: Selbst wenn wir nur von Eigenliebe sprechen, ist klar, daß wir unser eigenes Fleisch nur lieben können, wenn wir auch sein soziales Umfeld, die Gesellschaft lieben. Es ist nicht zufällig, daß idiotischer Mystizismus und Askese Hand in Hand gehen. Jeder, der ein entsinnlichtes geistiges Leben kultivieren will, muß gleichermaßen die „Versuchungen" des Leibes und die Verstrikkungen von Familie und Politik und andere Fleischesfreuden vermeiden. Was in jedem Falle zurückgewiesen wird, ist Körperlichkeit. Dieser Rückzug aus der gewöhnlichen Existenz verbirgt einen Haß auf den Körper und das gnostische Gefühl, daß unsere Inkarnation in der Geschichte ein Gefängnis von Zeit und Fleisch ist, aus dem uns das „spirituelle" Leben befreien soll. Diese Trennung des wahren Selbst vom Körper und von der Politik ist eine Art schizophrener Entfremdung, ist Selbsthaß.

LIEBE IM LOYALITÄTSKONFLIKT

Wie soll der Liebende, der die Illusionen des Stammes verloren und eine universelle Quelle seiner Identität entdeckt hat, in einer Gemeinschaft handeln, deren Horizonte und Loyalitäten provinziell sind?

Das Dilemma und die Agonie des Liebenden folgen unvermeidlich aus einem grundlegenden Unterschied zwischen normalen Erwachsenen und Gesetzlosen/Liebenden – *dem Grad der Zivilisiertheit*. Die Politik eines Liebenden beruht auf dem Prinzip, daß sich die Verpflichtung der Zivilisiertheit auf alle menschlichen Wesen erstreckt, wahrscheinlich auf alle empfindenden Wesen. Die soziale Identität des Liebenden ist in einem Gewissen verwurzelt, das alle moralischen, nationalen und artbezogenen Grenzen überschreitet. Letzten Endes strebt der Liebende danach, ein Weltbürger zu werden.

Aber hier verschärft sich das Dilemma. Denn obwohl der Liebende in einer transnationalen Identität verwurzelt ist, gibt es keine „Weltgemeinschaft"; deshalb kehrt er, wie der Bodhisattva oder der verlorene Sohn, nach Hause zurück, um bei den Seinen zu arbeiten und sie zu ermutigen, gerechter zu werden, ihr Herz Fremden gegenüber zu öffnen und ihre Feinde zu lieben.

Der Liebende ist immer ein Prophet, der mit einem Fuß innerhalb und mit dem anderen außerhalb seiner Gemeinschaft steht. Die Mehrheit interpretiert die Kritik des Liebenden als einen Akt mangelnder Loyalität, als Atheismus und Häresie gegenüber dem offiziellen Kult. Liebende tragen die Bürde, mißverstanden zu werden, weil das Mitgefühl sie zwingt, die Ideologie, Theologie und Mythologie ihres eigenen Volkes als Propaganda anzusehen, die das Bewußtsein eher einengt als erweitert.

Durch die ganze Geschichte hindurch haben kosmopolitische Liebende versucht, ihre Einsamkeit zu mildern, indem sie ihre Zugehörigkeit zu einem kommenden Reich Gottes, einer jetzigen und zukünftigen utopischen Gemeinschaft, einem neuen Zeitalter des Geistes, einer Nationenvereinigung bekräftigten. Jeder mitfühlende Mann, jede mitfühlende Frau sehnt sich nach einer Gemeinschaft, in der man nicht die bittere Wahl zwischen Loyalität gegenüber den Seinen und Gerechtigkeit für alle Menschen zu treffen hat.

Aber die Hoffnung auf eine Politik, die eher auf Mitgefühl als auf Macht beruht, bleibt nur eine Hoffnung oder, wie Kant sagte, „eine regulative Idee". Das Bild einer transnationalen Gemeinschaft inspiriert weiterhin die prophetischen Bemühungen, lokale Gemeinschaften gerechter zu gestalten, die Ansprüche auf staatliche Souveränität zu schwächen und das blutigste Idol des zwanzigsten Jahrhunderts zu stürzen – den Nationalismus. Die Nationen der Erde stehen kurz davor, die Notwendigkeit radikaler Zivilsiertheit und einer kosmopolitischen Gemeinschaft zu erkennen, aber sie weigern sich, ihren Anspruch auf Souveränität fallenzulassen. Jede Nation fordert von ihren Bürgern Gehorsam gegenüber dem Gesetz, behält sich selbst jedoch das Recht des Gesetzlosen vor, über Gut und Böse hinauszugehen.

Der Liebende ist gefangen zwischen der Vision eines idealen, mitfühlenden Gemeinwesens und der harten Wirklichkeit der Machtpolitik, „in der unwissende Armeen bei Nacht aufeinanderprallen". Die Vision enthält keinen Bauplan für eine ideale Gesellschaft oder für die Utopie (über alledem liegt die eiserne Hand eines Großinquisitors, der den Menschen im Tausch gegen Freiheit und Gerechtigkeit Wunder, Mysterien, Autorität und die Illusion der Sicherheit anbietet). Was der Liebende aus seiner Vision ableitet, ist bescheidener, fragmentarischer und verletzlicher – es ist der Entschluß, sich einzelnen Fällen von Entweihung und Ungerechtigkeit zu widersetzen. Niemand hat ein klareres Zeugnis für die Handlungsweise des Liebenden abgelegt als der existentialistische Schriftsteller Albert Camus:

Die Revolte stößt dauernd auf das Böse und kann dann weiter nichts tun, als einen neuen Anlauf nehmen. Der Mensch kann Herr über alles das in ihm sein, was beherrscht werden muß. Er muß an der Schöpfung alles das in Ordnung bringen, was in Ordnung gebracht werden kann. Wenn das geschehen ist, werden die Kinder noch immer zu Unrecht sterben, auch in der vollkommenen Gesellschaft. Auch bei seiner größten Anstrengung kann der Mensch sich nur vornehmen, den Schmerz der Welt rein mengenmäßig zu verkleinern[3].

Jene Männer und Frauen, die sich engagieren, suchen sich einen Ort, an dem sie gegen das Böse und die Ungerechtigkeit angehen. Es mag ein kleiner Rahmen sein – in einem Lehrerkollegium, wo dafür gekämpft werden muß, daß erzogen und nicht indoktriniert wird; im Aufsichtsrat einer Investmentfirma, die entscheiden muß, ob einem Elektronikbetrieb Geld geliehen wird, der Steuerungssysteme für Raketen herstellt; in einer Bürgerinitiative, die gegen die Verschmutzung eines Flusses oder gegen den Verkauf öffentlicher Ländereien zur Förderung privaten Profits ankämpft. Aber ihre Entscheidung für das Mitgefühl hält die Hoffnung auf erotische anstelle von neurotischen Gemeinschaften am Leben.

POLITISCHE BERUFUNG

Die Welt ist groß, und wir sind klein, und wer versucht, alles zu lieben, liebt am Ende nichts richtig. Nirgends gilt mehr als in der Politik, daß wir wirksame Mittel und feste Grenzen finden müssen, um Liebe ausdrücken zu können.

Wie kann Liebe stark, gerecht und zivilisiert sein?

Zwischen den Regeln privater und öffentlicher Liebe besteht kein so großer Unterschied.

1. Die Inkarnation oder Verkörperung der Liebe setzt voraus, daß wir uns *einem* Körper hingeben und auf viele verzichten. Wir müssen uns *eine* Arena, *eine* Institution, *ein* Ziel suchen.

2. Aber wie treffen wir die Wahl? Hört. Wir werden zur Liebe berufen. Jemand oder etwas spricht uns an. Wir werden gezogen. Eine Stimme ruft uns beim Namen. Unsere Berufung ist, wie unser Schicksal, nicht etwas, das man herstellen müßte, sondern eine Reaktion.

Um unsere politische Berufung zu finden, müssen wir uns in der Kunst des mitfühlenden Zuhörens üben. Die tägliche Zeitung bringt uns einen Chor von Schreien. Wir trauern mit der Familie von Donald Teal, einem Tischler, der am Mittwoch nach längerer Krankheit im Alter von neununddreißig starb. Wir freuen uns mit den Eheleuten Bruce Hagman, deren Sohn George, sieben Pfund, einhundert Gramm, gestern geboren wurde. Wir teilen die Sorge von zweiunddreißig Männern, die gestern arbeitslos wurden, weil ihre Firma *Specialty Electronics* Konkurs anmelden mußte. Wir spüren Wut, weil der fragile Waffenstillstand zwischen Israel und der PLO zum vierten Mal gebrochen wurde. Der Schrecken kriecht in uns hoch, wenn wir uns die Wirkung der Atomsprengköpfe ausmalen, die die USA und die UdSSR aufeinander gerichtet haben. Stellen wir uns die Hoffnungslosigkeit der neuen Flüchtlingsmassen in Bangladesch vor. Wer beim Lesen jeder einzelnen Meldung Empathie übt, stellt fest, daß er dadurch *bewegt* wird.

3. Reagieren, sich zusammenschließen, handeln. Suchen wir gleichgesinnte Menschen und vereinigen unsere Ideen, unsere Macht, unsere Phantasien und Energien, um wirksam zu werden.

DER ERWEITERTE TECHNISCHE KÖRPER

Die Technik bildet die fünfte Schicht im Körper des Liebenden. Die Liebe beschafft sich die Hilfsmittel, Medien und Organe, durch die wir mit anderen Lebewesen interagieren und auf sie einwirken.

DIE NEUROTISCHE TRENNUNG VON ZWECK UND
MITTEL, VON WERTEN UND TATSACHEN

Es mag kaum angemessen scheinen, in einem Buch über Liebe von Technik zu schreiben. Maschinen werden nur selten in einem Atemzug mit dem Eros genannt. Es ist schwierig, sich vorzustellen, daß kalter Stahl und warmes Fleisch zusammengehören. Aufgrund allgemeiner Übereinstimmung haben wir die objektiven, pragmatischen Denkweisen, die für Wissenschaft und Technik erforderlich sind, von den subjektiven und intuitiven Denkweisen abgetrennt, die notwendig sind, wenn es um Werte, Ziele und das Schicksal des menschlichen Geistes geht. Wie C. P. Snow gesagt hat, haben sich zwei Kulturen herausgebildet, eine von nüchternen, „harten" Wissenschaftlern und eine andere der „weichen" Künstler und Humanisten. Und die beiden kommen nur selten zusammen. Die wissenschaftlich orientierten Menschen, die Robert M. Pirsig in seinem Buch *Zen und die Kunst, ein Motorrad zu warten* als „klassisch" bezeichnete, haben Freude an abstrakten Formen und logischen Gedankenketten, sprechen aber nicht über vage Themen wie Liebe. Die Romantiker dagegen schwelgen in ozeanischen

Gefühlen, wissen aber nicht, wie man einen Rasenmäher einstellt oder ein Proton von einem Quark unterscheidet. Die meisten Teilnehmer an diesem schizophrenen Abkommen scheinen darin übereinzustimmen, daß es sinnvoll ist, Sachfragen von Wertfragen abzusondern und die Sphäre des Ich-Es von der Sphäre des Ich-Du zu trennen, so daß man zwei geschiedene Berufe und Vereinigungen für die Wissenschaften und für die Künste erhält. Es ist aber gar nicht sinnvoll.

Schauen wir genauer auf die Unterscheidung zwischen:

Wissenschaft und Technik und		die Künste, Psychologie, Philosophie
die dienenden Künste	und	die freien Künste
die Sphäre von Tatsachen und und Mitteln		die Sphäre von Werten und Zwecken
Ich-Es-Beziehungen	und	Ich-Du-Beziehungen
das Streben nach Erkenntnis	und	die Praxis der Liebe,

dann sehen wir, daß es sich nur um eine kaum verschleierte moderne Version des alten schizophrenen Dualismus handelt, der uns seit den Anfängen der westlichen Kultur auf Schritt und Tritt verfolgt hat. Es ist die antike Krankheit, die unterscheidet zwischen:

Mutter Natur	und	Gott, dem Vater
dem Säkularen	und	dem Heiligen
dem Fleisch	und	dem Geist
Sex-Eros	und	Liebe-Agape.

Diese Unterteilung ist keine Arbeitsteilung, sondern eine Neurose; eine Krankheit, die geheilt werden muß.

Mit jedem Kriterium, das wir anwenden, um das Vorhandensein einer Neurose bei einer Person zu beurteilen, kommen wir auch zu dem Urteil, daß das wissenschaftlich-technische Unternehmen neurotisch geworden ist. Wie das? Der Kern der Neurose ist das Schwanken zwischen allmächtigen und ohnmächtigen Empfindungen und Handlungen und der Verlust einer realistischen Selbsteinschätzung. Wie die Psychoanalytikerin Karen Horney in *Neurose und menschliches Wachstum* gezeigt hat, ist das Selbstbild des Neurotikers gottähnlich und idealisiert, aber auch wurmähnlich und entwürdigt. Kaum entwickelt ist dagegen sein Sinn für reale Grenzen, Fähigkeiten oder Macht. Überall, wo wir auf den Satz „Alles ist möglich" stoßen, sei es in der Sphäre der Moral (wie bei den Erfindern der Konzentrationslager) oder im Bereich der Technik (wo man glaubt, die Genmanipulation habe keine Grenzen), können wir den Satz um einen Anfang ergänzen, den Dostojewski vor einem Jahrhundert formulierte: „Gott ist tot, daher ist alles möglich." Die Arbeitshypothese des Neurotikers ist genau dieser funktionale Atheismus, der das Selbst als allmächtig verklärt. Und das führt unausweichlich zur Nemesis – dem Zusammenbruch in das entgegengesetzte Gefühl des Scheiterns, der Ohnmacht und der Schuld.

Die beiden entgegengesetzten Empfindungen über Wissenschaft und Technik, die gegenwärtig gleichzeitig nebeneinander bestehen, sind die Polarisierungen der Neurose. Wenn wir uns von der Allmächtigkeitshoffnung verführen lassen, daß irgendeine wissenschaftliche Entdeckung und ein technischer Dreh eventuell dafür sorgen wird, daß wir uns einen globalen Lebensstil endlosen Konsums erlauben können, dann werden wir zwangsläufig von der Furcht heimgesucht, daß die Maschinen außer Kontrolle geraten und die Technik auf automatischen Piloten geschaltet ist und nicht mehr angehalten werden kann. Wir fühlen uns hilflos, weil wir meinen, die Wissenschaftler und Techniker nicht mehr daran hindern zu können, alles, was möglich ist, in die Tat umzusetzen – neue Organismen, die aus dem Labor entkommen und das Leben zerstören könnten, oder militärische Raumstationen und Laserwaffen, die uns massenweise in den Selbstmord treiben. Das Versprechen unbegrenzter Energie wird durch den Verdacht ausgeglichen, daß die Plutonium-Technologie das Beruhigungsmittel ist, das wir trinken sollen, um unsere Lebensweise beizubehalten. Werkzeuge, Maschinen, Waffen – unsere einzige Hoffnung? Oder die Geräte, die wir einsetzen, um die Erde in unseren eigenen Friedhof zu verwandeln? Das ist das neurotische Dilemma, die ausweglose Situation, vor der wir heute stehen.

Um von vorne anzufangen, müssen wir die alten Kategorien zurückweisen, die uns unausweichlich in die Neurose führen. Wir müssen neu über die Beziehung zwischen unseren Rädern und unseren Füßen, unseren Händen und unseren Werkzeugen, unseren Köpfen und unseren Computern nachdenken.

ICH BIN MEINE MASCHINEN

Wir müssen aufhören, Maschinen als Dinge, als neutrale Mittel oder bloße Instrumente aufzufassen, die unserem Körper und unserer Psyche äußerlich sind; wir müssen erkennen, daß sie, wie Marshall McLuhan gesagt hat, *Erweiterungen* unseres Körpers sind. Mikroskop und Teleskop erweitern die Reichweite der Augen und gestatten uns, das infinitesimal Kleine und das unendlich Große zu sehen. Telekommunikationsmittel erweitern das Netzwerk unserer Nerven und Sensoren, so daß unser Körper an Orten gegenwärtig sein kann, die ehemals außer Reichweite lagen. Eine Bombe fällt, in Uganda bricht eine Hungersnot aus, und die Wirkungen sind in New York spürbar. Wir haben uns daran gewöhnt, zwischen Kernfamilie und erweiterter Familie zu unterscheiden. Jetzt müssen uns die Unterschiede zwischen dem Kernkörper und dem erweiterten Körper zu Bewußtsein kommen. Maschinen bilden unsere *Technodermis* – das neue sensorische Informations- und Rückkoppelungssystem, durch das wir uns auf die Welt beziehen. Als solche sind sie Bestandteil unseres geistigen Körpers – unserer Potentialität, die Grenzen unserer Haut und unserer Örtlichkeit zu überschreiten und eine universellere, metanationale Bewußtseinsform zu erreichen.

Vor einer Generation machten uns existentialistische Philosophen wie Marcel, Sartre, Jaspers, Merleau-Ponty und Heidegger bewußt, daß wir uns selbst Gewalt antun, wenn wir unseren Körper als etwas auffassen, das wir *haben*. Wenn ich sage, „mein Körper ist nicht wichtig", dann deute ich an, daß es irgendein Ich gibt, das sich von einem Ding trennen läßt, das ich besitze und als meinen Körper bezeichne. Sie argumentierten, um unsere Entfremdung von uns selbst zu überwinden, müßten wir lernen zu sagen und zu denken: „Ich bin mein Körper." Auf ähnliche Weise dehnten sie dieses

Prinzip so aus, daß alle Dimensionen meiner Existenz darunter fallen, mit denen ich untrennbar verbunden bin. Also: Ich bin mein Körper. Ich bin meine Familie. Ich bin meine Umwelt. Ich bin meine Gemeinschaft.

Jetzt müssen wir dieses Prinzip um einen weiteren Schritt ausdehnen. *Ich bin meine Maschinen.* Sie gehören nicht mehr in die Sphäre des *Es.* Das Werkzeug gestaltet die Hand und die Psyche, die es benutzt. Die Maschinen, die wir schaffen, geben die Gunst zurück. Die Mittel und Medien, die wir verwenden, informieren und täuschen uns darüber, welchen Sinn wir finden sollen. Bedenken wir zum Beispiel die unterschiedlichen Informationstypen, die wir erhalten, wenn wir auf dem Fernsehschirm das Bild einer hungernden afrikanischen Mutter mit ihrem Kind betrachten. Im angenehmen Zwielicht eines gut eingerichteten Wohnzimmers, beim Essen hinschauend, haben wir nicht den sensorischen und emotionalen Eindruck, wirklich dort zu sein, die abgemagerten Arme zu berühren, die Fliegen zu vertreiben und die endgültige Müdigkeit und Hoffnungslosigkeit einer Frau zu empfinden, die zusehen muß, wie ihr Kind stirbt. Zum Guten und zum Schlechten sind wir durch das Medium, das uns die Information bringt, mit der Welt verheiratet. Und wir müssen uns ständig daran erinnern, daß *alles, was uns informiert, die mythische Struktur erzeugt, innerhalb derer wir leben, uns bewegen und unser Dasein fristen.* Daher gehört die Maschine inwendig zu unserem Leben. Sie geht in unseren Blutstrom ein. Wir hauchen ihr unsere Fantasien ein. Auf sie projizieren wir unseren Eros und unseren Thanatos, unseren Lebens- und unseren Todestrieb, unsere Hoffnungsbilder, die Welt nach unseren Bedürfnissen zu verändern, wie auch die Bilder der Verzweiflung über unsere Unfähigkeit, unser Schicksal in den Griff zu bekommen.

In dem Maße, wie Maschinen, Medien und Datenverarbeitung unseren erweiterten Körper bilden, müssen wir neue Fragen an die Technik stellen, die erst nach vielen Generationen vorläufig beantwortet werden können. Welches ist die Verknüpfung zwischen Eros und Techne? Auf welche Weise kann die Technik der Sache des Eros dienen? Neuerdings wird behauptet, daß wir eine neue Generation von Denkmaschinen geschaffen haben, Computer, die mit kreativer Intelligenz, fast mit Empfinden, auf neue Situationen und Probleme reagieren. Die Frage, ob Maschinen denken oder nicht, ist akademisch. Die wichtigere Frage lautet, wie wir mit unseren Maschinen leben können, um Menschlichkeit und Fürsorge zu maximieren. Wir haben gesehen, wie der Krieger die Maschine verwendet, um dem paranoiden Zwang nachzugeben, zu produzieren und den Feind zu vernichten. Heute, an diesem Punkt unserer unmenschlichen Geschichte, steht eine Mehrheit der wissenschaftlich-technischen Intelligenz im Dienste des Thanatos. Unsere fortgeschrittenste Technik ist zum Töten bestimmt. Souveräne Staaten planen Mord im Namen der „Nationalen Verteidigung", sie riskieren Genozid, Suizid und Kosmozid. Wenn wir überleben wollen, müssen wir fragen, wie wir die Maschine eher im Dienste der Metanoia als in dem der Paranoia anwenden können. Wie können wir die Maschine in einen Commonwealth der Liebe einbeziehen? Was sind die Prinzipien der erotischen Technik?

EINIGE PRINZIPIEN EINER EROTISCHEN TECHNOLOGIE

1. Die Technik hat Grenzen. Die Neurose endet, wenn man sich darüber bewußt wird, daß das Selbst Grenzen hat. Es ist die *Conditio humana*, Krankheit, Tragödie und Tod ausgesetzt zu sein. Wie Camus meinte, können wir erst dann anfangen, ein Handbuch des Glücks zu schreiben, wenn wir diese Absurditäten akzeptieren. Alle utopischen Modelle – seien sie religiös, politisch oder technisch –, die auf eine Vervollkommnung des menschlichen Lebens zielen, bringen mehr Übel in die Welt, als sie heilen können. Nur wenn wir die Hoffnung aufgeben, einen technischen Ausweg aus Tod und Endlichkeit zu finden, können wir anfangen, unsere Technik realistisch einzusetzen. Die Männer in den weißen Kitteln werden uns nicht erlösen können. Wir können diesen Planeten nicht verlassen, nachdem wir ihn unbewohnbar gemacht haben. Er ist unsere Heimat.

2. Eine erotische Technik muß sensibel für ihre Wirkung in anderen Lebensbereichen bleiben: individuelle Freiheit, Ökonomie, Familie, Umwelt. Bis heute hat sich die Technik unter dem Druck von Macht- und Profitinteressen entwickelt. Und wir haben

ihre menschlichen und ökologischen Kosten erst in Rechnung gestellt, als es zu spät war. Jetzt müssen wir überlegen, welche Technologien die Qualität des planetarischen Lebens verbessern und welche sie verschlechtern werden. Die Kostenberechnung muß den Verlust kalkulieren, der eintritt, wenn Familien auseinandergerissen werden, damit Produktionspläne durchgehalten werden können, oder wenn das ökologische Gleichgewicht einer Landschaft durch endlose Verkehrsströme zerstört wird.

3. Die Technik kann nicht die Ungerechtigkeit abschaffen. Herbert Marcuse schrieb in *Triebstruktur und Gesellschaft*, daß uns die Maschinen von der Notwendigkeit der Arbeit befreien könnten für ein Leben mit mehr Entspannung und Erotik. Aber er hatte doch noch die Vision einer Gesellschaft, in der es kein Opfer, keinen Mangel gäbe, weil die Technik genügend für alle produzieren würde. Das heutige Nachdenken über globale Ressourcen und die Logik des Energieverbrauchs zeigt, daß der Entwicklung einer triumphierenden Technik innere Grenzen gesetzt sind. Selbst wenn wir eine umweltfreundliche Alternative zum Erdöl finden könnten, müssen wir doch den Produktions- und Konsumptionsstil aufgeben, der jetzt für die wohlhabenden Nationen charakteristisch ist. Es gibt einfach nicht genügend Ressourcen – Mineralien, saubere Luft und Wasser –, um eine globale Konsumentengemeinde am Leben zu halten. Die Hoffnung, daß uns unsere Technik davor bewahren kann, unsere begrenzten Rohstoffe teilen und konservieren zu müssen, ist eine selbstgefällige Illusion der Wohlhabenden. Wenn es einmal zu ökonomischer Freiheit und Gerechtigkeit für alle kommen wird, dann deshalb, weil wir beschlossen haben, daß freiwillige Einfachheit einem Krieg zwischen der ersten, zweiten und dritten Welt vorzuziehen ist.

4. Das Prinzip der Moralität muß auf das wissenschaftlich-technische Unternehmen angewandt werden. Kants kategorischer Imperativ empfiehlt uns so zu handeln, „daß die Maxime deines Willens jederzeit zugleich als Prinzip einer allgemeinen Gesetzgebung gelten könnte". Was, wenn sich jeder daran hielte? Aussagen über die Veränderung der Umwelt müßten so erweitert werden, daß sie auch die Rechte zukünftiger Generationen mit umfassen. Das Prinzip der radikalen Zivilisiertheit des Liebenden verlangt,

daß wir fragen, ob unsere Handlungen noch ungeborenen Generationen oder auch denjenigen, die jetzt noch als technologische „Hinterwäldler" leben, die Option lassen werden, genauso zu handeln, wie wir es tun. Zum Beispiel: Unser gegenwärtiges Niveau der industriellen Produktion und des Erdölverbrauchs ist eindeutig unmoralisch, weil wir, sofern wir dabei bleiben, zukünftigen Generationen Lebenschancen verbauen – und zwar sowohl wegen des Treibhauseffekts als auch wegen der rasenden Verschwendung der Vorräte. Dasselbe gilt für unseren Wasserverbrauch in der hochtechnisierten Landwirtschaft. Unsere Kindeskinder gehören mit zum Gemeinwesen derer, die ein Recht auf Land, Wasser, saubere Flüsse und unverschmutzte Seen und Meere haben.

5. Eine erotische Technik läßt sich nur innerhalb einer metanationalen Politik einrichten – einem Welt-Gemeinwesen. Bewußtsein, Mitgefühl und Gewissen fordern, daß wir uns der Folgen unseres Handelns bewußt bleiben. Jede neue Technik betrifft jeden einzelnen. Der saure Regen fällt auf die Gerechten und die Ungerechten. Kommunikationssatelliten tragen Bilder einer Weihnachtsparty bei Bloomingdale in die Köpfe von Dorfbewohnern im Tschad. Bis heute sind die verborgenen Kosten technischer Entwicklungen, die eine Eliteklasse wohlhabend gemacht haben, von uns allen getragen worden. Verschmutzte Meere und dreckige Luft, erhöhte Werte von Karzinogenen in unserer Nahrung und in unserem Gewebe, das sind die verborgenen Steuern, die wir bezahlt haben. Ökonomie und Technik der multinationalen Unternehmen müssen einer wirklich repräsentativen Weltregierung weichen.

6. Eine erotische Technik muß unseren Sinn für Macht eher stärken als schwächen. Gegenwärtig haben wir eine paradoxe Situation geschaffen, in der unsere Maschinen so kompliziert sind, daß sie nur von Experten bedient werden können. Daher fühlen wir uns zunehmend inkompetent und jeder Art von Zusammenbruch in der Apparatur ausgeliefert, von der unser Leben abhängt. Unsere Erziehung muß uns darauf vorbereiten, die Oberhand über die Maschinen zu gewinnen, mehr von dem, was wir sehen, zu begreifen und bewältigen zu können. Wir müssen unsere Beziehung zu den Maschinen entmystifizieren und entmythologisieren.

Und das kann uns durch eine Erziehung gelingen, die uns alle mit den entsprechenden Fertigkeiten ausstattet.

7. Als ein Instrument des Geistes muß die Technik unsere Bewußtheit eher stärken als schwächen. Sie muß uns dabei helfen, unser örtlich begrenztes Bewußtsein und unsere Gruppenloyalitäten zu überschreiten. Neuerdings wird viel über die Auswirkung der Kommunikationsmedien, insbesondere des Fernsehens, auf das Bewußtsein gestritten. Einige Forscher kamen zu dem Schluß, daß Fernsehen das Auge physiologisch „einfriert", uns in Halbtrance versetzt und unsere Reaktions- und Denkfähigkeit reduziert. Ob sich das als richtig erweist, bleibt abzuwarten. Gewiß trägt der Inhalt der Fernsehprogramme, mit ihrer Betonung von Sport, seichter Unterhaltung und Gewalt, wenig dazu bei, unsere Bewußtheit zu erhöhen. Die Gefahr des Fernsehens liegt darin, daß wir zu passiven Rezipienten der Meinungen und Wünsche anderer werden. Wie die Menschen in Platos Höhle sitzen wir in einem dunklen Raum und schauen uns Schatten von Schatten an, die wir für Realitäten halten.

8. Eine erotische Technik muß die körperliche Reaktionsfähigkeit eher stärken als schwächen. Die Technik dient eindeutig neurotischen Zwecken, wenn sie mehr Krankheiten verursacht, als sie heilt. Wir müssen Sensibilitätsübungen entwickeln, um uns bewußt dafür zu machen, welchen Einfluß unsere Technik auf unseren Körper hat. Eine Reise durch typische Industriegebiete liefert genügend Beweise für unsere Sorglosigkeit. Die Sinne haben ein natürliches Recht, in einer Umwelt zu leben, die gut riecht. Die Augen haben das Recht, einen Sonnenuntergang zu sehen. Das Ohr hat das Recht auf den Gesang einer Nachtigall. Der Geist hat das Recht auf die nicht überhasteten Rhythmen, die es Nacht- und Tagträumen erlauben, ins Bewußtsein aufzusteigen.

DER ÖKOLOGISCHE KÖRPER: KO-HABITATION MIT DER ERDE

Die Ökosphäre bildet die sechste Schicht im Körper des Liebenden. Hier kommt die Liebe als Sorge um die Natur und um nichtmenschliche Wesen zum Ausdruck.

Carson McCullers erzählt eine Geschichte, in der ein Gleichnis steckt, das unser Nachdenken über das Verhältnis von Demut und Eros, Land und Leidenschaft anregen kann. Ein kleiner Junge kommt in ein Lokal, um eine Tasse Kaffee zu trinken, bevor er die Zeitungen austrägt. Es entwickelt sich ein Gespräch zwischen ihm und einem alten Mann, der das Bild einer Frau aus seiner Brieftasche zieht und dem Jungen zeigt: „Das ist meine Frau", sagt er. „Vor vielen Jahren lief sie mit einem anderen Mann davon. In jenen Tagen wußte ich nicht, wie man liebt. Aber jetzt suche ich sie, weil ich die Wissenschaft der Liebe erforscht habe. Bevor man eine Person lieben kann, muß man mit einfacheren Dingen anfangen und allmählich seine Fertigkeit ausbauen – man fängt an mit einem Felsen, einer Wolke oder einem Baum."

Der einzige hoffnungsvolle Weg, um sich dem Studium der Ökologie zu nähern, liegt in der Wiederentdeckung der Leidenschaft. Unsere Beziehung zu unserem Körper, unserem Land, unserer Sexualität ist singulär, nach demselben Modell geschnitten. Wir wohnen einander liebevoll oder machtlos bei. Unsere erotischen Impulse werden nur dann voll befriedigt, wenn wir uns in einer Umwelt aufhalten, in der wir kontinuierlich zur Fürsorge und zum Genießen stimuliert werden. Der Eros ist nur dann vollends engagiert, wenn wir den kosmischen Zusammenhang herstellen. Sexuelle Liebe ist dann am leidenschaftlichsten, wenn sie ihre rechtmäßige Stellung innerhalb eines Nexus von erotischen Beziehungen einnimmt, die die natürliche Welt aufbauen. Erdhafte Liebe beginnt, wenn wir unsere Teilhabe an einer ökologischen Bindung anerkennen, die alle Arten des Lebens zu einem einzigen Gemeinwesen zusammenschließt. Wir können uns nur dann von unserer Entfremdung gegenüber dem Körper und der Natur heilen, wenn wir die Krankheit der modernen Sexualität und die ökologische Krise *als ein einziges Problem auffassen, das in einer erotischen Unordnung begründet ist.*

Unser Eros definiert unsere Identität. Die ökologische Krise stellt uns folgende Fragen: Wer sind wir? Womit identifizieren wir uns? Wozu gehören wir? Gilt unsere primäre Loyalität der politischen oder der natürlichen Ordnung? Sind wir vollends zu Haustieren geworden, oder bleiben wir nur solange menschlich, wie wir in

Kontakt mit etwas leben, das wild und erdhaft ist? Unseren Erdbezug wiederzuentdecken, ist dasselbe wie die Wiederentdeckung der wahren Bedeutung von Kohabitation, Beiwohnung. Wir nähern uns dieser Aufgabe am besten, wenn wir nach den Prinzipien einer neuen Ethik des Erdreiches suchen.

DIE ENTWEIHUNG VON ERDE UND KÖRPER

Die Entweihung der Erde hallt in unseren Körpern nach. Asbestpartikel in unserer Luft, Nitrate in unserem Fleisch und in unserem Trinkwasser, DDT in unserer Kalbsleber und in der Muttermilch. Achtung: Essen oder Atmen gefährdet Ihre Gesundheit. Die Spermienzahl von amerikanischen Männern im Studentenalter ist in den letzten zehn Jahren um 25 % zurückgegangen. Der karzinogene Teufel hat sich gleichmäßig auf alle unsere Nahrungsquellen verteilt. Mixen Sie lieber ein wenig Bourbon in Ihr Leitungswasser, um die Bakterien abzutöten.

Ich fühle mich ein wenig hilflos, weil ich nicht weiß, wo ich das Problem anpacken soll. Das System, das uns vergiftet, durchdringt alles. Der Wahnsinn steckt in jedem einzelnen von uns. Ich bin ein Teil des Problems. Ich bin genau das Modell des modernen Menschen, ein Konsument. Ich liebe meinen Kaffee aus Brasilien, meine Ananas aus Maui und vielleicht ein paar frische Spargel, gerade aus South Carolina hertransportiert. Ich fliege mit dem Verkehrsflugzeug, habe zwei Autos, einen Hund, eine Stereoanlage und möchte auf die neuesten Annehmlichkeiten nicht verzichten. Mein Geist dringt nicht sehr tief ins Erdreich ein, und ich fühle mich entwurzelt; ich habe Angst vor dem Sterben, aber gleichermaßen auch davor, etwas langsamer zu leben. Ich wüßte nicht, wie ich überleben sollte, wenn das Gas abgestellt würde oder wenn die Karotten nicht mehr vom Supermarkt kämen. Ich bin noch nicht fett, aber in meinen Arterien sammelt sich Cholesterin. Privilegien sind mein täglich Brot, und meine Minimalerwartung ist immer, das Maximum zu kriegen. Ich bin Grundbesitzer und Steuerzahler. Ich habe hart gearbeitet und will komfortabel leben.

In der Zukunft donnert es schon, und alles verändert sich, auch das, was wir über Veränderung, Wachstum, Fortschritt und das

Bruttosozialprodukt denken. Wir stehen am Rande einer neuen Ära und wissen nicht, wie wir wiedergeboren werden. Es gibt da keine kleinen Tricks. Das ganze Verständnis dessen, was es heißt, Mensch zu sein, muß erweitert werden. Das neue Zeitalter muß eine neue Beziehung zwischen dem Menschlichen und dem Nichtmenschlichen, eine neue Ethik des Erdreiches mit sich bringen. Wie können wir über uns selbst und unsere Matrix nachdenken?

ANNÄHERUNGEN AN EINE ETHIK DES ERDREICHES

Die Sprache regiert die Wahrnehmung. Metaphern begrenzen, was wir sehen und erfahren können. Die Kategorie, unter die wir etwas fassen, bestimmt, wie wir damit umgehen werden. In scheinbar unschuldige Worte hat sich eine ganze Logik und Philosophie eingeschmuggelt.

Wie sollen wir über unsere Beziehung zum Land und zur gegenwärtigen ökologischen Krise nachdenken? Welche Kategorie verspricht am ehesten, die Krankheit zu heilen?

Pragmatismus?

Meistens geraten wir in die Falle zu denken, daß wir ein *Problem* haben und deshalb eine *Lösung* finden müssen. Der moderne technologische Geist unterwirft automatisch jedes Dilemma dem System von Problem und Lösung. Die ganze Sache ist pragmatisch. Wenn uns in Los Angeles Wasser fehlt, bauen wir Aquädukte und schaffen es von Colorado herbei. Sind unsere Lebensmittel gefährlich durch karzinogene Chemikalien verseucht, dann erfinden wir eben neue Düngemittel. Haben wir die Erdölvorkommen verheizt, dann entdecken wir die Nutzbarmachung der Kernkraft. Das Wesentliche an dieser Denkweise ist, daß Erkenntnis und Handeln – Wissenschaft und zentralisierte Macht – die Beziehung zwischen menschlichen Wesen und dem Land beherrschen. Innerhalb dieser Denkweise lautet das Problem der Ethik des Erdreiches: Wie können wir verantwortlich Nutzen aus dem Land ziehen? Die Frage ist utilitaristisch. Wir nehmen fraglos an, daß uns das Land *gehört* und daß wir ein Recht haben, *Nutzen* daraus zu ziehen. Besitz und Nutzbarmachung sind die relevanten Kategorien.

Die Armseligkeit dieser Denkweise läßt sich anhand einiger Parallelfragen aufweisen: Welches ist die verantwortliche Weise, einen Sklaven zu *benutzen?* Wie soll ich die Zukunft meiner Kinder *managen?* Wie kann ich meinen Körper *beherrschen?* Diese Fragen deuten an, daß ein Teil unseres Dilemmas der unüberprüften Annahme entspringen könnte, daß Land ein *Es*, ein Besitz, ein *Ding* ist, das man in jeder beliebigen Weise, die unseren Bedürfnissen entspricht, benutzen, managen, über das man frei verfügen kann. Unsere Arroganz verbirgt sich in der Art und Weise, wie wir das „Problem" definieren. Wir halten noch nicht einmal inne, um unsere chauvinistische Annahme zu hinterfragen, daß die menschliche Spezies das Recht hat, alle anderen Lebensformen zu benutzen und zu beherrschen, oder daß wir weise genug sind, ein System zu „planen", das dem ökologischen Gleichgewicht überlegen ist. Ohne nachzudenken, besprühen wir die Würmer in den Fichtenkeimlingen, um unseren Holzertrag zu erhöhen, achten jedoch nicht auf die Zerstörung von Bienen, ohne die es weder Nahrung, andere Insekten, Vögel, noch vierbeinige Geschöpfe geben kann. Ästhetik?

Bei Landschaftsarchitekten und einigen Mitgliedern des Sierra-Clubs wird die Frage einer Ethik des Erdreiches oft wie folgt gestellt: Wie können wir das Land ästhetisch so gestalten, daß man sich daran freuen kann? Es geht um Schönheit. Wir müssen lernen, unsere Umwelt freundlicher und attraktiver zu gestalten, wir müssen Naturparks für Camper und Schongebiete für bedrohte Tierarten einrichten. Land ist Landschaft und Erholungsgebiet.

Der ästhetische Geist ist nicht so grob wie der utilitaristische. Die Schönheit ist eine vornehmere Dame als die Pragmatik. Aber in der Krise, vor der wir jetzt stehen, ist die ästhetische Auffassung zu affektiert, als daß sie wirkliche Veränderungen bewirken könnte. Wir mögen die Enklaven der Umweltkunst und die Naturparks genießen, dabei aber die entscheidenden Fragen von Toxinen, chemischen Düngemitteln und der Zerstörung des Humusbodens außer acht lassen. Wenn Landschaftsarchitekten wie Jacques Simon das Land für ein „Medium ästhetischen Ausdrucks und ein Baumaterial der Umwelt" halten, dann gehen sie an der Sache vorbei. Die Erde ist kein Material, um eine schöne Umwelt zu fabrizieren. Sie *ist* unsere Umwelt. Schönheit für die wichtigste Kategorie einer neuen Ethik zu halten, ist so oberflächlich, als liebte man einen Menschen nur auf der Grundlage seines Aussehens. Wir müssen über den Voyeurismus hinausgehen.

Gerechtigkeit? Die Ökobewegung hat die Diskussion auf eine neue Ebene gehoben, indem sie fragte: Haben Bäume eine soziale Stellung? Genießen die Redwoods *legale* Rechte vor dem Gesetz? Haben menschliche Wesen eine *Verpflichtung* gegenüber allen lebendigen Arten? Die Verlagerung von der Sprache des Besitzes und des Nutzens hin zu einer *moralischen* Sprache bedeutet eine enorme Veränderung der Sensibilität. Land ist nicht ein Es, das benutzt, sondern ein Du, das respektiert werden soll. Wenn Eichhörnchen und Eichen Rechte haben, dann ist dem menschlichen Handeln eine Grenze auferlegt. Ist der Kosmos etwas anderes als tote Materie, dann sind wir verpflichtet herauszufinden, welchen *Respekt* wir Bachläufen, Singvögeln und Hügelketten schulden. Wir müssen lernen, die richtige Sprache der Moral auf unsere Handlungen anzuwenden und uns nicht hinter Euphemismen zu verstecken. Es ist nur ein kleiner Schritt zu der Erkenntnis, daß wir andere Arten vor der menschlichen Gier in Schutz nehmen und die angemessene Sprache verwenden müssen, um unsere Gewalttaten zu beschreiben: Wir ermorden die Sattelrobben, üben Genozid an den Walen, vergewaltigen das Land und rauben Arten, die sich nicht dagegen wehren können, ihr Territorium.

Jedoch wird die ökologische Krise, vor der wir stehen, durch die Einführung einer moralischen Sprache noch komplizierter. Wie müssen wir leben, damit andere Lebensformen nicht nur den Zweck haben, menschlichen Bedürfnissen zu dienen? Wie würden wir die widersprüchlichen Rechte und Bedürfnisse aufeinander abstimmen? Wenn Bäume eine soziale Stellung haben, wie können wir dann einen Wald abholzen, um Bauholz daraus zu machen? Wie können wir allen Arten Gerechtigkeit widerfahren lassen und doch das menschliche Leben aufrechterhalten?

Ein selten bemerktes Charakteristikum der Gesetzessprache hilft uns, unseren Ansatz zu einer neuen Ethik zu vertiefen. Der liberale Geist versucht immer, die Rechte einer zuvor entrechteten Minderheit zu erkämpfen oder anzuerkennen. Räumt man ein, daß Bäume und Wölfe einen Anspruch auf Gerechtigkeit haben, so ist dies eine Ausweitung der Rechtsgarantie gegenüber Frauen, Kindern, Schwarzen und Homosexuellen. Wo die Frage von Rechten und Gerechtigkeit im Vordergrund steht, hat man die Frage der Liebe bisher noch nicht ernsthaft gestellt. Der Liberale kämpft für die Rechte irgendeines anderen. Im Gegensatz hierzu versteht der Radikale oder der Liebende, daß die ganze Gesellschaft zusammenhängt und wir alle Gefangene sind, wenn wir irgendwem seine Rechte streitig machen. Wir verlangen die Rechte nicht für die armen Wölfe – sondern für uns selbst. Der Liberale definiert Probleme von *außen* und versucht, sie auch von dort aus zu lösen: Ich bin o. k. (frei, gesund, erleuchtet, gebildet, emanzipiert), aber mein Nächster nicht. Der radikale Geist des Liebenden versucht, die Krankheit von *innen* her zu heilen: Weder du noch ich können frei oder gesund sein, solange wir nicht beide in einer befreiten Gemeinschaft leben. Für den liberalen Geist ist Land eine Sache, für die wir verantwortlich sind; Tiere sind niedere Arten, die wir respektieren sollten. Für den radikalen Geist sind Land, Tiere und Menschen Verwandte, mit denen wir zusammenleben, Mitglieder einer Gemeinschaft von empfindenden Wesen. Haben wir einmal die Frage nach einer Ethik des Erdreichs gestellt, und zwar nicht aus der liberalen Perspektive, um andere Spezies zu schützen, sondern aus der Perspektive des Liebenden, um die Freude zu schützen, die wir nur alle zusammen erleben können, dann treiben wir das Problem in die Dimension des Religiösen und des Erotischen.

Religion-Eros?

Das Wort „Religion" kommt von einer lateinischen Wurzel mit der Bedeutung „anbinden, fesseln". Die religiös-erotische Frage lautet: Welche Gelübde binden uns an das Land? Ein Gelübde ist das Bekenntnis zu einer ihrem Wesen nach unverletzlichen Bindung. Alles, woran wir als Bedingung unserer Existenz gebunden sind, ist heilig. Aus religiöser Perspektive sind das Land und seine Bewohner kon-sekriert – wir teilen einen heiligen Ort. Unsere Beziehung oder Bindung, das Ökosystem, sind die Vorbedingung unseres Entstehens und Überlebens als Individuen. Daher ist der Zusammenhang zwischen Mensch und Erde nicht äußerlich, zufällig oder eine Sache von Zwecken und Mitteln. Wir sind füreinander geschaffen. Unsere Bindung ist wechselseitig. Unsere Abhängigkeit ist absolut. Wir haben zwar die Macht, das Land zu zerstören, nicht aber die, ohne es zu leben. Die Bindung bedeutet, daß die Beziehung ein Mysterium und nicht ein Problem ist. Wir können uns nicht von der Natur abstrahieren und so eine objektive Distanz zu der Hülle gewinnen, die unser Leben umgibt. Wir können die Frage nach der Relation zwischen Person und Land nicht stellen, als sprächen wir über zwei getrennte Entitäten, von denen die eine die andere besitzt, genauso wenig, wie ich mich fragen kann, in welcher Weise ich mich auf meinen Körper beziehen soll. Das Geheimnis meiner Fleischlichkeit liegt darin, daß ich untrennbar mit meinem Körper verbunden bin. Das Geheimnis meiner Menschlichkeit ist, daß man mich nicht vom Humus trennen kann.

Das Land und mein Körper sind Mitglieder eines Gemeinwesens von aufeinander bezogenen Zellen und Organismen. Was die Leber vergiftet, zerstört das Herz. Was die Luft verschmutzt, zerstört die Lungen. Wir sind *ein* Organismus: Erdkörper; inspirierter Humus; ein Gemeinwesen des Bewußtseins.

Stellen Sie sich das Ökosystem als eine Gestalt vor. Was heute Figur ist, wird morgen Hintergrund sein. Das Individuum von heute ist die Umwelt von morgen. Ein lebendiger Organismus wird zu Staub und nimmt wieder neue Form an. Das Quecksilber in den Fischen wird bald in unserem Blutstrom schwimmen, und unser Blut wird irgendwann in den Ozean zurückfließen. Wir sind dazu verurteilt, alle Formen des Daseins zu durchlaufen. Wir, die wir heute Organismen sind, bilden morgen die Umwelt. Das Kalzium in unseren Knochen wird von der Erde ins Gras, in die Kuh und dann in die Knochen eines Menschen eindringen. Im Körper dieser Welt ist eine furchtbare und wundervolle Gerechtigkeit am Werk. Wie wir säen, so werden wir ernten. Jeder von uns ist ein Periodensystem von Elementen, organisiert von einem kosmischen Traum, der uns in eine verwickelte Demokratie hineinträumt, wo Herz und Knochen in friedlicher Harmonie zusammenleben. Und unsere Sünden werden unser Fleisch heimsuchen. So sicher, wie die Hühner zur Stange zurückkehren, wird das DDT und das 2-4-D

seinen Weg in die Lebern der Kinder der dritten und vierten
Generation finden. Die Verseuchung, die wir einem Teil unseres
kosmischen Körpers antun, kehrt zurück, um unseren Genpool zu
zerstören und um unsere Unsterblichkeit zu bedrohen.

Die religiös-erotische Frage lautet: Wie können wir uns unseres
Körpers er-freuen (en-joy)? Wie können wir das Zusammenkommen der konzentrischen Realitäten (Fleischlichkeit, Familie,
Freunde, Gemeinschaft, Technik, Kosmos, mystischer Körper)
zelebrieren, die unseren gemeinsamen Körper konstituieren? Es
gibt keine Freiheit, wenn ich nicht meine Bindungen, Grenzen und
Begrenztheiten anerkenne. Ich bestehe nicht nur aus den Zellen, die
in diesen Hautsack gestopft sind. Ich bin die Luft, die ich atme. Es
geht um ein Identitätsproblem. Psychologie, Ökologie und Politik
bilden eine untrennbare Einheit. Ich werde durch Austausch
konstituiert. Darin besteht unsere Gemeinsamkeit. Ja, wir *sind*
diese Gemeinsamkeit. Es gibt im Universum kein *Es*, nur *Wir*. Wie
ehren wir unsere Bindungen, wie lösen wir unsere Gelübde ein, wie
wohnen wir einander bei, lieben wir einander?

Das Problem des Erdreiches ist kein praktisches. Nichts wird
durch „neue Programme" gelöst. Die Frage ist metaphysisch oder
religiös, eine Angelegenheit konkurrierender Visionen von der
Realität. Wir sind mitten in Armageddon; Welten prallen aufeinander; es tobt der Kampf zwischen Ideologien, Philosophien, Politi-
ken, Ökonomien und Psychologien. Wie wir uns zum Land
verhalten, wird davon abhängen, welches Paradigma sich durchsetzt. Gegenüber stehen sich:

Das westliche Individuum, dessen Credo lautet:	*Der Liebende, dessen Credo lautet:*
Ich glaube an Machen, Tun, Her-stellen, Leisten, Kämpfen, Akku-mulieren, Konkurrieren.	Wir glauben an Graben, Pflan-zen, Pflegen, Ernten, Teilen, Miteinanderleben.
Das Land ist Eigentum, das mir gehört, und ich habe das Recht, es für meinen Profit zu nutzen. Der Wert des Landes wird durch den	Das Land ist unsere Matrix, ein lebendiger und gemeinsamer Körper. Wir bebauen den Acker und werden von ihm ernährt. Er-

Markt bestimmt; es ist eine Form des Kapitals, das akkumuliert, verbraucht und in genau quantifizierbare Parzellen unterteilt werden kann. Gute Zäune schaffen gute Nachbarn.

Eine Gemeinschaft ist eine Ansammlung von Individuen, die einen Gesellschaftsvertrag schließen, um Gesetz und Ordnung zu erhalten und die Bürgerrechte zu garantieren.

Ich glaube an Mobilität nach oben, an Bewegung in der Zeit, an Weiterentwicklung, Fortschritt, Gestaltung einer neuen Zukunft, an die menschliche Fähigkeit, Probleme zu lösen und eine utopische Gesellschaft aufzubauen.

de und Mensch bilden eine nahtlose Einheit, ein synergistisches System, ein Liebespaar.

Ein Volk ist eine Gemeinde, eine Familie, die im Humus wurzelt. Wir sind Bestandteil eines Gemeinwesens, das Land und Tiere einschließt, und wir alle tragen die Verantwortung für die Gesundheit unserer Kosmopolis.

Wir glauben daran, Wurzeln zu fassen, tiefer in einen Ort einzudringen, den Platz zu teilen, uns mit den Lebensrhythmen zu bewegen; wir glauben an das Gute der ewig wiederkehrenden Jahreszeiten, an die Genügsamkeit dieses Augenblicks.

LERNEN, EINANDER BEIZUWOHNEN

Es ist schwierig, wieder zu einer einfachen Beziehung zu gelangen. Das natürliche Wissen, unser Geburtsrecht, ist unnatürlich geworden. Es wird viele künstliche Hilfsmittel brauchen, um das Ursprüngliche zu befreien. Der Weg zur zweiten Unschuld führt durch Komplizierung und Weisheit, bevor er zur Einfachheit zurückführt. Wir wissen nicht, wie wir tun sollen, was getan werden muß, oder besser, wie wir rückgängig machen sollen, was rückgängig gemacht werden muß, wenn wir überleben wollen. Ich habe zu viele der mich prägenden Jahre in einer konkurrenzorientierten urbanen Gesellschaft verbracht, die mich ermutigte, eine entfremdete Form der Individualität anzustreben, als daß ich Experte darin sein könnte, wie man den Erdboden liebt. Aber ich habe einige Helden und Heldinnen des Mitgefühls kennengelernt, deren Leben einige Maximen des mitfühlenden Zusammenseins nahelegte. Hier sind einige:

Beginne mit der Lust am Entdecken. Untersuche die Lebensweisen einer Maus oder eines Sperlings, bis du die komplizierte Schönheit einer einzelnen, seltsamen Lebensform erkennst. Tu nichts. Sei ruhig und rezeptiv, bis du zu entdecken beginnst, was alles passiert, das nicht von deinem Tun, Machen und Eingreifen abhängt. Übe dich in der Kunst des Zulassens, Hingebens, Bewegtwerdens. Wisse wenig im vorhinein, sei ein Lernender. Liebe kommt vor der Erkenntnis und Vertrauen vor authentischem Handeln. Gib den engen Gesichtskreis auf; meide Positivismus und wissenschaftlichen Schwachsinn. Lerne, im Dunklen zu Hause zu sein, dich an der Dunkelheit der *Conditio humana* zu freuen, ohne dir Allwissenheit einbilden zu müssen. Meide Systeme, die ein Bild des Ganzen geben; liebe die Fragmente.

Entdecke das Tier in dir selbst wieder. Steige ins limbische Gehirn ab und entdecke die Weisheit des Säugetiers – das instinktive Wissen. Bringe den inneren Dialog des Kortex für eine Weile zum Schweigen. Übe riechen. Achte auf die kinästhetische Intelligenz, auf die Information, die durch Bewegung kommt. Lerne zu rennen. Lauf durch dunkle Wälder und vertraue deiner Vision der Umgebung; entspanne deine Augen und nimm die ganze Umwelt in einer einzigen Gestalt auf, wie eine Dohle, die auf einen Grashüpfer wartet. Die Praxis des amerikanischen Indianers, einen Tiernamen anzunehmen, zeugt für die Tierheit von allen. Wähle ein Totemtier. Symbolisches Tier-Sein ist Kommunikation zwischen den Spezies.

Unser artspezifischer Chauvinismus hat die Kommunikation durch unsere mangelnde Bereitschaft, von „den niederen" Lebensformen zu lernen, sehr weit eingeschränkt. Beginne mit der Arbeitshypothese der Gleichheit. Spiele mit der radikalen Idee, mit den „dummen, armen" Tieren in Gemeinschaft zu leben, anstatt mit der liberalen Idee, sie in einer geschützten Reservation zu gettoisieren.

Werde ein Mondsüchtiger. Sei empfindlich für Biorhythmen, zirkadiane Zyklen und jahreszeitliche Bewegungen. Wie beeinflußt der Vollmond die Gezeiten deines Geistes? Die elektromagnetischen Kräfte spielen eine Melodie, zu der alle Zellen tanzen. Jeder,

der darauf beharrt, ein Gesetzloser, ein völlig autonomes Individuum zu bleiben, entscheidet sich für die Illusion der Getrenntheit und bleibt ein Mauerblümchen im kosmischen Tanz. Finde heraus, wie du mit den anderen Tänzern, dem Rhythmus und der Melodie verbunden bist. Nimm dir deine Zeit, anstatt die Tyrannei des Acht-Uhr-Eilzugs hinzunehmen. Übe bescheidene Autoerotik: Liebe deinen Körper. Säe kein Plutonium („Plutonium": von Pluto, der griechische Totengott), sonst wirst du die Hölle ernten. Schütte nichts in einen Fluß, wovon du nicht willst, daß es morgen deine Kinder stromabwärts trinken. Schütze unsere gemeinsame Hoffnung, unsere Nachkommenschaft, unsere gemeinschaftliche Unsterblichkeit, unsere leibhaftige Zukunft.

Werde schmutzig. Staub bist du ... Gib der Erde zurück, was du von ihr nimmst. Kompostiere. Ein menschliches Wesen ist ein Wiederaufbereitungssystem. Öffne deine Schließmuskeln, und laß die Energie durch dich fließen.

Fasse Wurzeln. Mobilität eher nach unten als nach oben, eher Inkarnation als Gnostizismus. Bleibe am Ort. Fasse an einer Stelle Fuß. Lerne hier und jetzt jemanden lieben, anstatt nach dem exotischen Anderswo zu gieren. Wohne bei.

Bleibe empfindlich, verletzbar, offen. Lerne, feine Zusammenhänge und dünne Membranen respektieren. Sei kein Macho. Rüste ab.

Bringe die stummen Elemente des Kontinuums zum Sprechen. Jeder Umweltplaner, jede Landnutzungskommission hat stumme Klienten – Hummeln und, mit sehr viel Glück, einen Braunbären. Jede menschliche Stimme muß Gerechtigkeit für alle fordern. Sprache ohne Liebe ist Propaganda. Logos-Eros-Kosmos leben und sterben zusammen.

Suche eher im Organischen als im Produzierten Halt. Justiere das Gleichgewicht zwischen Wachsen und Machen. Lerne ebenso zu pflegen wie zu produzieren. Ziehe eine Karotte als Nahrungsmittel und um eine Metapher zu lernen. Bebaue deinen Garten.

Setze Macht ein, um die Unschuld zu schützen. Mache die Gemeinschaft stark, um sie gegen die wahren Feinde des Landes zu schützen – die Profiteure, die Konquistadoren, die landwirtschaftlichen Oligopole. Organisiere dich gegen Karzinogene, Toxine: Kepone, Aldrin, Agent Orange, DDT, 2-4-D.

Halte in dir selbst die schmerzliche Bewußtheit der Entweihung wach. Nähre den Widerstand gegen die Umweltverschmutzung.

Selbst um den Preis des Unfriedens, wende dich nicht von den brutalen Fakten ab: Die durchschnittliche Tiefe des Mutterbodens ist in den USA in zweihundert Jahren von neunzig Zentimetern auf achtzehn Zentimeter gesunken. In Vietnam wurden elf Millionen Morgen Land durch Agent Orange entlaubt, ein Dioxin, das so tödlich ist wie Atommüll. Der Grundwasserspiegel in den USA ist um 16% gefallen. Die jährliche Fangquote für Sattelrobben beträgt 170000 Felle, 20% von den weniger als einer Million, die es noch gibt.

Folge dem Prinzip des minimalen Eingriffs. Verwende niemals ein chemisches Toxin, um eine Blattlaus zu töten, wenn ein Marienkäfer die Sache für dich erledigen kann. Achte darauf, daß das Medikament die Krankheit nicht verschlimmert. (Die übermäßige Anwendung von „Wunderheilmitteln" hat die Population der Gonokokken so gestärkt, daß man jetzt 4, 8 Millionen Einheiten Penizillin braucht, um einen Tripper zu bekämpfen, den man vor dreißig Jahren mit 400000 Einheiten behandelt hätte.)

Das Grundprinzip, das uns zu einer neuen Ethik des Erdreiches führen kann, ist das gleiche, das auch eine mitfühlende Beziehung zwischen Menschen beherrscht: Handle immer so, daß du die bestehende Entfremdung überwindest und das Vertrauen vertiefst. In der westlichen Kultur befanden wir uns auf einer verschwenderischen Reise. Wir ließen unsere Heimat in der Wildnis zurück, indem wir Maschinen erfanden, die uns eine noch nie dagewesene Macht über die Natur verliehen. Aber je mehr Macht wir ausübten, desto mehr begannen wir, alles zu fürchten, was sich der Handhabung durch den städtischen Geist widersetzte. Die Wälder und Wildnisse hörten auf, Heiligtümer zu sein, und wurden zu unbekannten Lebenswelten von unkontrollierten Bestien. Je mehr Menschen innerhalb selbstgemachter Umgebungen leben, desto stärker ist ihre Angst vor der Natur gewachsen. Die Ökobewegung, die Renaissance der Stadtflucht und die neue Romantik sind nur einige der Anzeichen dafür, daß wir begonnen haben, eine Wiedervereinigung mit unserer ursprünglichen Welt zu vollziehen. Typisch für das einundzwanzigste Jahrhundert wird vielleicht eine größere Zentralisierung bei gleichzeitiger Stadtflucht sein. Wenn wir dann auch angemessenere Technologien verwenden, können wir vielleicht das Vertrauen zurückgewinnen, daß unsere natürliche Matrix, unser Erdkörper, eine sichere Stütze ist, sofern wir für sie sorgen. Wir könnten die Weisheit der Primitiven wiederentdecken, die von Häuptling Stehender Bär, einem Ogalala-Sioux, so treffend ausgesprochen wurde:

> Wir betrachten die großen, weiten Ebenen, die schönen Gebirgsketten und die sich windenden Ströme nicht als „wild". Nur für den weißen Mann war die Natur eine Wildnis, und nur für ihn war das Land von wilden Tieren und primitiven Menschen verseucht. Für uns war es zahm. Die Erde war großzügig, und wir waren von den Segnungen des Großen Geheimnisses umgeben[4].

DER MYSTISCHE KÖRPER: FRAGMENTE EINER EROTISCHEN METAPHYSIK

Der mystische Körper bildet die siebte Schicht im Körper des Liebenden. Hier nimmt die Liebe die Form radikalen Vertrauens und des metaphysischen Spielens an.

Alles, was wir sind, ist Bestandteil des Geheimnisses des Sein-Werdens selbst. Daher verbleibt alles Wissen (Gnosis) innerhalb der Wiege des Nichtwissens (Agnostizismus). Verwickelt, wie unsere Ökosphäre ist, gibt es eine noch umfassendere Realität, die elementare Fassung für die Kamee der menschlichen Identität. Das Geheimnis, aus dem und in das alle Dinge fließen, läßt sich niemals benennen, nur durch spielerische, poetische Worte und Gleichnisse andeuten. Doch wir müssen uns dem Geheimnis hingeben oder uns von ihm zurückziehen, wir müssen entscheiden, ob wir ihm trauen oder mißtrauen wollen.

Wie wir zu Beginn unserer Pilgerfahrt sagten, haben wir keine andere Wahl, als ein Bruchstück der Erfahrung aufzugreifen und es als eine Hilfe bei der Interpretation des unergründlichen mystischen Körpers des Sein-Werdens selbst zu verwenden. Man kann die Psyche nicht ohne Rückgriff auf Metaphysik definieren. Unsere Vision des mystischen Körpers bestimmt unsere Ver-körperung.

Ein Liebender zu werden, kann eine hohe Berufung oder das sentimentale Streben nach einer romantischen Illusion sein. Ist der Kontext, der das menschliche Leben trägt, gleichgültig, dann wäre es töricht anzunehmen, daß uns die Natur als fürsorgliche Tiere geplant hat. Was wir auch sonst sein mögen, wir sind Spiegel des uns umgebenden Kosmos; Mikrokosmen des Makrokosmos. Wenn wir die Welt als ein Schlachtfeld sehen, werden wir Krieger. Ist sie ein Zufallsprodukt, dann sind wir selbst Zufälle. Ist sie ein erotischer Tanz von Partikeln, die getrieben werden, sich zu vereinigen und immer reichere Kombinationen von Molekülen und Organismen hervorzubringen, dann ist die Liebe möglicherweise fest in unserem Wesen verankert.

Unsere letzte Aufgabe beim Entwurf der Lebensweise eines Liebenden besteht darin, mit der Erfahrung der Liebe zu spielen und zu sehen, ob wir aus den Bruchstücken eine erotische Metaphysik aufbauen können.

DIE EPISTEMOLOGIE DER LIEBE: EVIDENZ UND INTIMITÄT

Bevor wir uns in das metaphysische Spiel stürzen können, müssen wir einige der einzigartigen Probleme untersuchen, die mit dem Wissen über Liebe zusammenhängen. Wer strebt nach Liebe? Mit welchen Mitteln? Wessen Zeugnis erkennen wir an? Müssen Belege für das Vorhandensein von Liebe für unvoreingenommene Beobachter überzeugend sein? (Haben Masters und Johnson wirklich Intimität und Zärtlichkeit untersucht, etwas, das *nur* ausgetauscht wird, wenn keine Beobachter dabei sind?) Beim Studium der Liebe haben wir es offensichtlich mit einzigartigen erkenntnistheoretischen Problemen zu tun.

Der Beweis für Liebe hat seine Besonderheit darin, daß sie unwiederholbar, nicht quantifizierbar und nur innerhalb eines Umkreises der Intimität erkennbar ist, der keine Beobachter duldet. Die Anzeichen sind für den wissenschaftlichen Blick unsichtbar.

In einem überfüllten Raum tauschen Liebende einen Blick aus. Er rollt mit den Augen und verzieht die Lippen für einen Moment.

Sie wiederholt die Geste. Nur sie allein wissen, daß sich beide an einen Augenblick zwei Stunden vor der Party erinnern, als sie sich beim Umkleiden voller Erregung auf das Bett warfen und liebten.

Der Liebes-Beweis ist in einer Beziehung zwischen intim Vertrauten bekannt; und es ist die Beziehung, welche die Intimität erzeugt, welche die Beweise hervorbringt, die ... Das klingt zirkulär und ist es auch. Nur in einer Beziehung, in der meine Einmaligkeit von einem anderen anerkannt wird, kenne ich mich als einmaliges und wertvolles Individuum. Es gibt kein Ich ohne ein Du. Individualität wird durch Beziehung erzeugt. Liebe ist eine Beziehung, die ihre eigenen Bedingungen schafft. Daraus folgt, daß die Beweise für eine freundliche Absicht des Universums gegenüber dem Individuum nur im Gerichtssaal der intimsten individuellen Beziehungen zusammengetragen und bewertet werden können. Ich kann einem neutralen Gerichtshof der objektiven Vernunft oder einem wissenschaftlichen Untersuchungsausschuß niemals beweisen, daß ich frei bin, ein Schicksal habe, daß sich die Geschehnisse meines Lebens zu einem Muster verweben, einer Geschichte, die *mein* Leben mit einem Gefühl der freundlichen Zweckbestimmung erfüllt. Aber ich kann es so erfahren. Von dem privilegierten Zugang meines Geistes aus kann ich mein Leben als ein Geschenk, meine Arbeit als eine Berufung, meine Familie und meine Freunde als das Medium empfinden, durch welches ich von Gott oder dem Sein geliebt werde.

METAPHYSISCHES LIEBES-SPIELEN

Die Frage des Liebenden bildet das Zentrum der Religion und ist die Grundlage für eine Metaphysik des Mitgefühls: Ist Liebe ein psychologisches Phänomen oder ein ontologischer Strom? Sind die Zeichen der Liebe, die wir in zwischenmenschlichen Beziehungen beobachten, auch auf die Beziehung zwischen dem Selbst und seiner Welt anwendbar? Ist die tiefste, befriedigendste menschliche Erfahrung eine Linse, durch die wir zu Recht auf den Kosmos blicken dürfen? Spiegelt der Mikrokosmos den Makrokosmos wider? Besteht eine Analogie zwischen menschlicher und nichtmenschlicher Realität? Wie gleicht das Leben einer Liebesaffäre?

Es war einmal eine Zeit, da glaubten Philosophen und Wissenschaftler, die Realität sei aus unteilbaren Atomen aufgebaut, die zusammenstießen wie Kugeln auf einem Billardtisch. Zufall und das Gesetz von Ursache und Wirkung schufen eine komplexe Welt. Heutzutage meinen die Physiker, wie die wildäugigen Mystiker und die altmodischen Idealisten vor ihnen, das Bewußtsein könne alles durchdringen. Alfred North Whitehead sagte (und Bells Theorem scheint das zu belegen), daß das Universum ein System von wechselseitig einander erfassenden Einzelwesen ist. In der ganzen Welt gibt es nichts Losgelöstes oder Unbeteiligtes; nichts, was teilnahmslos, unbeweglich oder unberührt wäre. Es scheint, als befänden wir uns in einem hochkomplexen, gedankenreichen Organismus, der eine Evolution in Richtung auf einen unfaßbaren Zustand maximalen Bewußtseins durchläuft. Da die menschliche Wahrnehmung des Ganzen immer durch den begrenzten Nervenapparat des Gehirns gefiltert wird, sind unsere besten Visionen unausweichlich bruchstückhaft oder voreingenommen. Jeder Beleg für eine Metaphysik des Mitgefühls muß notwendigerweise spekulativ – oder spielerisch – sein, er bleibt eine Sache des Denkens im Konjunktiv.

Wenn alles bewußt ist, sind wir Glieder in einem Netzwerk der Erkenntnis. Realität ist Mit-Wissen. Und da Erkenntnis immer ein gewisses Maß an Empfinden einschließt, ist alles in einem mitfühlenden System verknüpft. Der Kosmos ist eine *ménage ad infinitum*. Die Wissenschaft belauscht eine verwickelte Liebesaffäre, sie spürt der unbeweisbaren Liaison zwischen Quarks und schwarzen Löchern nach und erforscht die Sitten der Partikel. Bis vor kurzem begnügten sich die Wissenschaftler damit, Voyeure zu sein; aber Heisenberg zeigte, daß das lüsterne Interesse der Forscher das erotische Verhalten ihrer Gegenstände beeinflußte. Sobald man beginnt, ein subatomares Partikel zu beobachten, spielt es für die Kamera etwas vor. Jetzt müssen die Wissenschaftler also vor aller Forschung anerkennen, daß ihre Begierden die Reichweite der Beobachtungen einschränken. Daraus ergibt sich eine interessante Möglichkeit. Vielleicht sind nur die mitfühlendsten Wissenschaftler in der Lage, das Mitgefühl der Partikel zu entdecken. Mystische Physiker spüren überall Bewußtsein auf. Eine vollends erotische

Generation von Wissenschaftlern könnte herausfinden, daß der Kosmos durch Lust bewegt wird. Wenn das als zu weit hergeholt erscheint, müssen wir nur daran erinnern, daß die Wissenschaftler, als sie noch in eine Liebesaffäre mit den Maschinen verstrickt waren, ein mechanistisches Weltbild schufen. Physik, die vom Herzen kommt, könnte die Vision einer herzlichen Welt hervorbringen.

Wir wollen für einen Moment über die wildeste Folgerung unserer erotischen Metapher nachdenken. Was, wenn der mystische Körper des Sein-Werdens selbst, eine Inkarnation im Kosmos, seinerseits der Höhepunkt eines Liebesakts – ein Orgasmus – ist?

Eines Tages, als ich durch San Francisco lief, stieß ich auf ein Gebäude, an das jemand geschrieben hatte: *The World is coming* (*DIE WELT KOMMT*). Ich stellte mir vor, daß irgendein frustrierter Jesus-Freak gerade verhaftet wurde, als er noch schreiben wollte: *to an end* (*ZU IHREM ENDE*). (Für den apokalyptischen Geist ist die Geschichte ein *coitus interruptus,* ein unvollendeter Akt, der auf einen Höhepunkt wartet, der niemals kommt. Heute hört die Welt auf; morgen kommt sie zum zweiten Mal. Nichts als Verheißungen. Fundamentalisten und Kapitalisten stellen die Befriedigung immer zurück. Beide glauben, das Ziel, welches das Leben sinnvoll macht, liege in der Zukunft. Eines Tages, nach einem Jahrtausend moralischen Verhaltens und harter Arbeit, werden wir in ein Reich des Müßiggangs und der Freude eingelassen. Der eventuelle Orgasmus ist die versprochene Belohnung für Fleiß und die Anwendung der richtigen Techniken. Das Reich kommt – morgen. Inzwischen arbeiten und kämpfen wir.)

Diesen Morgen kam es mir so vor, als könne DIE WELT KOMMT eine metaphysische Maxime sein, von irgendeinem kosmopolitisch Liebenden allen zur Kenntnis hingemalt, und gar nicht die Warnung eines frustrierten Endzeitpropheten. Vielleicht spricht irgendein erotischer Visionär eine gewagte Vermutung aus: Die Welt ist ein Orgasmus; der Kosmos ist ein Zusammenkommen von getrennten Einzelwesen, eine freudige Vereinigung von Partikeln.

Die Idee ist wild genug, um interessant zu sein, wollüstig genug, um orthodoxe Theologen, Wissenschaftler, Krieger und ernsthafte

Denker zu schockieren. Sie ist es offenbar wert, weiterverfolgt, oder vielleicht sollte ich sagen, herausgekitzelt zu werden. Aber was könnten denn eigentlich harte Fakten zu einer solchen Weltanschauung beitragen? Beginnen wir mit einem einzelnen Atom. Das Phänomen ist hinreichend neutral, so will es scheinen. Bis wir genauer hinsehen. Unter dem Mikroskop sieht das Atom eher aus wie ein Liebesnest und nicht wie eine Maschinenwerkstatt. Der männliche Kern sitzt im Zentrum eines Königreichs und sendet eine positive, moschusartige Ladung aus. Elektronen wirbeln wie tanzende Mädchen herum, necken orbital und halten durch negative Ladung ihren Abstand. Eindeutig bindet die Lust sie in einem Liebestanz aneinander. Wissenschaftler, die nicht annehmen wollen, daß unter den Elementarteilchen etwas Pornographisches vor sich geht, haben sich diskret darauf geeinigt, die Gemeinschaft der Partikel mit einem einzigen Namen zu belegen – Atom. In Wahrheit gibt es Adam nicht ohne Eva, Plus nicht ohne Minus, Yin nicht ohne Yang. Das kleinste uns bekannte Partikel ist bereits ein organisiertes Stück Energie, das sich im aktiven Verkehr mit anderen Partikeln befindet.

Man denke an das Molekül. Benzol ist der gängige Name für eine Liebesbeziehung zwischen Wasserstoff- und Kohlenstoffatomen. H_2O ist eine *ménage à trois*. H_2SO_4 ist eine multiple Ehe mit gefährlichen Möglichkeiten.

Und wer bin ich? Natürlich ein Individuum. Niemand hat dieselben Fingerabdrücke oder denselben Namen wie ich. Ich bin einmalig. Oft fühle ich mich einsam. Dann fällt mir ein, daß ich ein Wir bin. Innerhalb meiner durchlässigen Haut leben eine Billion Zellen, organisiert in komplizierten Gemeinschaften, die Herz, Leber, Knochen und Gehirn genannt werden. Wenn die Flut bei Vollmond anschwillt, ist mein Schlaf unruhig, weil irgendeine Woge, die Sterne und Atome verbindet, wie die Flut durch meinen Körper spült. Und Pflanzen, Katzen und andere Lebewesen stimmen sich auf die Schwingungen ein, die ich aussende, und blühen, schnurren oder verkriechen sich vor meiner feindseligen Absicht. Nur wenn ich vergesse, wie porös ich für die fließende Welt bin, gebe ich vor, ein einzelnes Selbst zu sein. Wenn ich auf den

Rhythmus meiner Inspiration und Exspiration eingestimmt bin, besinne ich mich darauf, das Zusammenkommen einer Gemeinschaft von Atomen zu sein. Ich bin eine kleine Welt, ein Mikrokosmos. Alles, was irgendwo in der Welt geschieht, passiert in mir. Der Mond geht in meinem Blut auf; der Flieder blüht in meiner Nase; in den Atomen, die meine Substanz bilden, werden Sonnen geboren und explodieren wieder. Ich und die Welt sind ein Körper. Und was ist die Welt? Explosionen innerhalb von Explosionen innerhalb von Explosionen. Eine Reihe von Höhepunkten. Es kommt schon. Jeder Anfang ist ein Ende. Jedes Sein ist ein Werden – ein Urknall. Der Kosmos ist ein göttlicher Orgasmus. Hegel sagte es: Das Wesen der Dinge ist das göttliche Subjekt; Stoff ist Geist; Materie ist Bewußtsein; die Welt ist das Leben Gottes; der Kosmos ist Liebe, die sich selbst genügt. Jedes Selbst ist eine Gemeinschaft von Atomen und Zellen, die sich auf ungehörte Harmonien zu bewegen. Was geschieht, ist Beziehung. Dieser Augenblick ist das Produkt des Zusammenkommens getrennter Partikel, *ad infinitum*.

Hier und jetzt enden die Dinge. Heute ist der Höhepunkt. Die Welt kommt. Schöpfung oder Fortpflanzung; stets kommen Dinge zusammen, um neue Dinge hervorzubringen. Mit jedem neuen Ding wird eine neue Hoffnung geboren. Der Augenblick ist eine Manifestation der Liebe oder der Beziehung.

Wir wollen die Spekulation über Physik beiseiteschieben und aufhören, mit verschiedenen Welten zu spielen, als könnten wir einen Himbeer-Kosmos anstelle eines mit Maschinenöl überzogenen wählen, und zur Grundlage zurückkehren – der rohen menschlichen Erfahrung.

Im Anfang ist die Gabe. Wir werden in eine Welt geboren, wo es bereits Mütter und Väter, Eichen und Eichelhäher gibt. In der Philosophie sagt man, das Denken müsse mit einem Datum (die lateinische Wurzel ist „Gabe") anfangen. Sprechen wir davon, mit harten Daten (nur die *Fakten,* bitte) zu beginnen, so sind wir versucht zu vergessen, daß die Welt, in die hinein jedes menschliche Wesen kommt, schon großzügig mit lebenserhaltenden Nahrungsmitteln ausgestattet ist. Die menschenfeindlichsten Kritiker an Mutter Natur können nur die Brust beißen, die sie stillt. Wir werden versorgt. Unsere berechtigten Klagen über das Universum werden durch eine Spezies ausgeglichen, die von der Gnade fast unlimitierter Kreditkarten lebt. Wenn wir ein verkrüppeltes Kind sehen, verfluchen wir den Kosmos, aber wir können nur deshalb anklagen, weil wir schon so viele gesunde Kinder gesehen haben. Die Anwesenheit des Bösen kann uns das Herz brechen, aber sie beweist nicht, daß der Kosmos ein liebloser Ort ist. Im Gegenteil, das Sakrileg hilft uns, das Heilige zu lokalisieren, weil wir, mit Qual oder Entweihung konfrontiert, *wissen*, daß das Leben *nicht* vergewaltigt werden *sollte*. Gerade weil wir ein Vorgefühl haben, daß die uns ausersehene Erfüllung in der Liebe liegt, reagieren wir mit Entsetzen auf die brutalsten Fälle von Lieblosigkeit.

Die überwältigende Ordnung und Gesundheit, die eine kaleidoskopische Vielfalt des Lebens erhält und nährt, öffnet uns die Perspektive, aus der wir Unordnung und mangelnde Gerechtigkeit bekämpfen können. Nur ein relativ geordnetes Universum konnte ein menschliches Bewußtsein hervorbringen und erhalten, dem es möglich war, mit der Idee zu spielen, das Universum sei ein Zufallsprodukt. Nur ein Gott weiß die Ironie zu schätzen, daß sich unsere edelsten Geister vor dem Bild einer Maschine verbeugen, das sie zu ihrem eigenen Amusement schufen. (Maschinen wurden ursprünglich als Spielzeuge, nicht als Ersatz für Sklaven erfunden.) Verlagern wir die Aufmerksamkeit von dem absoluten Gegebensein des Kosmos als ganzem auf die intimere Welt, in die jeder von uns geboren wurde, dann sehen wir, daß die ganze Landschaft von Geburt und Kindheit mit Zeichen der Liebe übersät ist. Wir werden durch wechselseitige Lust gezeugt, von einer Matrix absoluter Fürsorge umschlossen und in eine Welt geboren, wo wir so wichtig sind, daß wir nur überleben, wenn wir eine Zeitlang im Mittelpunkt der Aufmerksamkeit stehen. Ein Baby nimmt, wie ein Liebender, ohne einen Schatten des Zweifels an, daß es der Brennpunkt ist, in dem alle Wohltaten zusammenfließen. Die Umwelt ist eine Kombination aus Brust und Zirkus, zu unserer Ernährung und Unterhaltung angelegt. Alles muß probiert und genossen werden. Durch mächtige Ausdrucksmittel – Lächeln und Tränen – beweist das Baby die Grundannahme, daß die Welt auf seine Bedürfnisse und Wünsche reagiert.

Moralisten und Entwicklungspsychologen zeigen (mit einem fast hörbaren Seufzer der Erleichterung), daß der illusorische Zustand infantiler Egozentrik bald überwunden wird. Der kleine König oder die kleine Königin wird entthront. Der Prätendent lernt die schmerzhafte Lektion, daß Mutter andere Interessen hat und daß Stühle, Hündchen und Brüder nicht immer tun, was sie sollen. Und wenn dann in Kürze das Zeitalter der Vernunft aufdämmert, lernt das Kind die harte Lektion, daß die Welt von universellen Gesetzen beherrscht ist, die sich individuellen Bedürfnissen nicht einfach beugen oder anpassen. Aber bevor wir uns über das Ende der Unschuld und den Verlust der intimen Welt der Kindheit freuen, könnten wir auf die seltsame Tatsache aufmerksam werden, daß jeder von uns nur geboren wurde und überlebte, weil er die notwendige Illusion hatte, selbst im Mittelpunkt zu stehen. Die erste Wahrheit: Es ist mein Geburtsrecht, geliebt zu werden. Der Mund ist darauf programmiert, die Brust zu empfangen; die Haut hat ein natürliches Recht, berührt zu werden; das Herz wird nur beruhigt, wenn es im Einklang mit einem anderen schlägt; die Hände greifen nach einer Welt, die als freundlich vorausgesetzt wird. Jeder von uns nimmt an, daß dieser Ort auf uns vorbereitet war, uns willkommen heißt und sich an unserem Werden freut. Genau im Verhältnis zu unserem Vertrauen werden wir stark. Manchmal verhärtet, verdichtet sich der Kontext, in dem wir leben, uns bewegen und unser Dasein fristen, wird neutral oder sogar feindlich. Werden wir reifer, so lehrt man uns, daß der Kosmos eher von Gesetzmäßigkeit oder Chaos als von Liebe beherrscht wird. Kurz, wir werden erwachsen, legen unsere kindliche Egozentrik ab und entwickeln uns zu Kriegern, die von der perversen Egozentrik der Paranoia beseelt sind.

Schwer zu sagen, was aus dieser universellen menschlichen Geschichte zu machen ist. Welche Zeit ist die realste? Der ursprüngliche Garten der Liebe oder die achtlose, an die wir uns anzupassen lernen? Was ist Weisheit? Kindliche Dinge abzulegen oder wie ein Kind zu werden? Oder beides? Vieles von dem, was wir über Liebe denken, von ihr erhoffen oder wie wir an ihr verzweifeln, scheint dadurch bestimmt zu sein, wie wir die Kindheit sehen. Liebe scheint nur da zu gedeihen, wo etwas von der magischen und anmutigen Welt der Kindheit erhalten bleibt. Liebende Erwachsene sind schrecklich verwundbar, ja sogar närrisch. Sie machen ständig Fehler, bitten um Verzeihung, drehen durch, und sie scheinen sich nie darum zu kümmern, was andere über sie denken. Sie nehmen einfach an, daß sie vom Leben begünstigt wurden. Aber dafür liefern sie keinen Beweis, außer ihrer ungebrochenen Begeisterung und ihrer verrückten Hoffnung. Erwachsene Liebende scheinen, wie Kinder, ein Urvertrauen zu besitzen und sich für etwas Besonderes zu halten.

An meinen besten Tagen glaube ich zu wissen, was es bedeutet, ein Liebender zu sein. Sie kennen diese besonderen Tage, die ich meine. Die Ampeln springen auf Grün, wenn ich mich ihnen nähere; Parkplätze werden frei; ich treffe ganz unerwartet einen alten Freund, den ich schon seit Jahren nicht mehr gesehen habe; meine geheimen und schwierigen Gedanken bekommen Flügel und steigen auf; der ganze Lebensstrom scheint mit Ebbe und Flut meiner persönlichen Gezeiten synchron zu sein.

Es gibt ehrenwerte philosophische Namen für solche Daseinszustände: Koinzidenz, Glück, Gleichzeitigkeit, Zufall. Strenge Denker würden darauf beharren, daß alle scheinbar magischen Geschehnisse mit solchen natürlichen Kategorien erklärbar sind. Für den Skeptiker ist es irgendwie tröstlich, ein seltsames und bedeutungsvolles Zusammentreffen unerwarteter Elemente mit einem Wort wie „Zufall" etikettieren zu können und es durch die Gesetze der Wahrscheinlichkeit zu erklären. Zweifellos stehen in einem unendlichen Meer von Möglichkeiten in einer unendlichen Zeit die Chancen für das Unmögliche ganz gut. Aber ich hatte immer den Verdacht, daß die Begriffe Zufall, Koinzidenz oder gar Gleichzeitigkeit fadenscheinige philosophische Konstruktionen sind, die, in aller Eile erdacht, dazu dienen sollen, eine peinliche Lücke im Panzer der Denker zu schließen, die sich entschlossen haben, um jeden Preis erwachsen und vernünftig zu sein. Schließlich bedeutet „Ko-inzidenz" nur, daß zwei Dinge gleichzeitig passieren – oder zusammentreffen. Und das Zusammentreffen kann ebensogut ein Zeichen für mystische Harmonie wie die Folge kosmischer Gleichgültigkeit sein. Bleiben wir auf der Erfahrungsebene, dann scheinen seltsame Gleichzeitigkeiten das Resultat einer besonderen Gnade zu sein.

Vor mehreren Jahren, als ich an der Ostküste der USA lebte, flog ich nach San Francisco, mietete einen Wagen und fuhr nach Big Sur. Meine alte Freundin lebte in Seaside, und ich wollte sie besuchen, hatte ihr aber nicht geschrieben, weil ich nicht wußte, ob ich genügend Zeit haben würde. Als ich durch Monterey fuhr, hielt ich an, um zu telefonieren. Es meldete sich niemand. Ich ging aus der Telefonzelle zu einer Werkstatt hinüber, die dreißig Meter entfernt war; dort kam mir Jane aus der Türe entgegen. Koinzidenz? Zufall? Was bedeutete das? Es *schien, als sei* das Zusammentreffen arrangiert gewesen. Wie? Von wem? Warum? Ich finde keine Antwort. Nur beharre ich darauf, nahe bei den Gefühlen der Erfahrung zu bleiben, so kindisch das auch sein mag. Ich vermute, daß solche Erfahrungen, auch wenn sie nicht täglich auftreten, für das Leben der meisten Menschen so gewöhnlich sind wie Gewitter oder Vergißmeinnicht. Unsere Verlegenheit bei ungewöhnlichen Erfahrungen und unsere Manie, „reif" zu sein und in einer wissenschaftlich abgesicherten Welt zu leben, läßt uns solche Vorkommnisse unterdrücken und als Zufall abschreiben. Wir sprechen nicht gerne über okkulte Vorfälle, weil sie unsere sicheren Verstandeskategorien zertrümmern und uns das Gefühl geben, wir lebten noch in der magischen Welt der Kindheit. Unser erwachsenes Ich weiß sehr wohl, daß unsere mühsam aufgebauten und leidenschaftlich verteidigten Modelle der „Realität" in Gefahr geraten, sobald wir anfangen, seltsame und wunderliche Geschehnisse ins Bewußtsein eindringen zu lassen. Eine einzige authentische Gleichzeitigkeit kann die Welt des Rationalisten erschüttern und den Zerfall der Persönlichkeit herbeiführen. Und dann kommen die radikalen Fragen: „Einst träumte ich, ich sei ein Schmetterling. Nun weiß ich nicht: war ich da ein Mensch, der träumt, er sei ein Schmetterling, oder bin ich jetzt ein Schmetterling, der träumt, er sei ein Mensch?" So fragt der Philosoph Tschuang-Tse. Kämpfen wir, weil die Welt gefährlich ist, oder ist die Welt gefährlich, weil wir kämpfen? Ist Liebe eine Illusion oder die grundlegende Realität, aufgrund derer sich die Welt dreht und dreht ...?

Soviel weiß ich sicher: Je weniger ich sicher weiß, desto mehr mystische Bestätigung erhalte ich dafür, daß ich (und du und wir) an einem kosmischen Tanz beteiligt sind, in dem jeder einzelne zentral ist. Das Zentrum ist überall. Dieses Universum wurde speziell für jeden Menschen geschaffen. Ist diese Idee zu radikal, dann möchte ich sie umkehren: Eine Person zu sein, bedeutet, in einem Kontext zu leben, in dem man weiß, daß man geplant, erwünscht, erschaffen, versorgt und angesprochen ist. Oder vielleicht ist die Welt, wie das *I Ging*, ein Orakel, das nur dann Bedeutung gewinnt, wenn ich es persönlich nehme. Wenn ich darauf vertraue, daß mir die Welt den täglichen Sinn und die Richtung gibt, die ich zu einem harmonischen Leben brauche, dann erscheinen mir alle gewöhnlichen Ereignisse als Omen, die mich leiten. Es genügt eben nicht, solche Erfahrung zu negieren, indem man sie magisch, oberflächlich oder primitiv nennt.

Solange ich mit der Idee spiele, daß wir eine erotische Beziehung zu der Matrix haben, die unser individuelles Leben umschließt, kann ich auch zugeben, daß es mir so erscheint, als empfingen wir alle kosmische Liebeszeichen. Botschaften, Omen, Stimmen, Rufe, Offenbarungen und Appelle sind in alltäglichen Ereignissen enthalten. Wenn wir nur wüßten, wie wir darauf hören, wie die Zeichen deuten sollen. ... Viele große Liebende bezeugen, daß das Leben eine Berufung ist, daß es ihnen ständig Botschaften in ihr inneres Ohr flüstert.

Paul Tillich sagt:

> Von allen Dingen und allen Menschen werden wir gleichsam mit leiser oder lauter Stimme angerufen. Sie haben das Verlangen, daß wir auf sie hören, sie wünschen, daß wir ihren inneren Anspruch, ihre Seinsberechtigung verstehen. Sie fordern Gerechtigkeit von uns. Aber wir können sie ihnen nur gewähren, wenn wir in der Liebe zuhören[5].

Martin Buber sagt:

> Jeder von uns steckt in einem Panzer, dessen Aufgabe ist, die Zeichen abzuwehren. Zeichen geschehen uns unablässig, leben heißt angeredet werden, wir brauchen uns nur zu stellen, nur zu vernehmen. Aber das Wagnis ist uns zu gefährlich, die lautlosen Donner scheinen uns mit Vernichtung zu bedrohen, und wir vervollkommnen von Geschlecht zu Geschlecht den Schutzapparat. All unsere Wissenschaft versichert uns:

„Sei ruhig, das geschieht eben alles wie es geschehen muß, aber an dich ist nichts gerichtet, du bist nicht gemeint, das ist eben ‚die Welt‘, du kannst sie erleben, wie du willst. ... Was mir widerfährt, ist Anrede an mich"[6].

Niemals könnte ich einem Zuschauer die außerordentliche Bedeutungstiefe und Beruhigung beweisen, die sich oft in einer gewöhnlichen Tatsache enthüllen. Um das Argument vom Erhabenen auf das Lächerliche zu übertragen – wir empfangen auch Botschaften von zufällig mitgehörten Gesprächsfetzen, Liedpassagen oder Träumen. In einem langweiligen Gespräch blitzt plötzlich ein Satz wie mit Neonleuchten auf. Zum Beispiel ging ich eines Tages in Muir Woods spazieren, betrachtete die Bäume und dachte über ein Problem nach, das mich schon lange beschäftigte. Als zwei Männer, in ein Gespräch vertieft, an mir vorbeikamen, hörte ich den einen zum anderen sagen: „Tu nichts. Es ist in neun von zehn Fällen das beste." Das Omen des Tages. Ich halte solche Erfahrungen für normal, aber es ist mir etwas peinlich, darüber zu berichten. Doch meine informelle Forschung hat mir die Gewißheit gegeben, daß die meisten Menschen delphische Orakel aus solchen unwahrscheinlichen Quellen erhalten. Ein Kellner, ein Diskjockey, ein Buchtitel, ein Witz beim Mittagessen, ein Gesicht oder eine Geste, nur sekundenlang beobachtet, können zum Medium werden, das die Bedeutung des Tages offenbart. „Unser tägliches Omen gib uns heute, unsere Synchronizität, unseren Beweis dafür, daß der lebendige Kontext auf uns reagiert."

Gleichzeitigkeiten, magische Zeichen, Omen, persönliche Offenbarungen, Orakel im Alltag – was beweisen diese Erfahrungen? Gewiß können sie nicht über jeden vernünftigen Zweifel erhaben, beweisen, daß die Welt eher einer Liebesaffäre als einem Schlachtfeld gleicht. Es ist durchaus möglich, solche Erfahrungen als schizophrene Mini-Schübe abzutun, als Hinweise auf die pathologische Tendenz zur Ich-Aufblähung. Schizophrene, Mystiker und Liebende haben tatsächlich die gemeinsame Neigung, Ereignisse so zu interpretieren, als seien sie direkt an sie gerichtet. Liebe und Wahnsinn sind verwandt, weil beide in einer supra-rationalen Welt existieren, in der Beweise keine Rolle mehr spielen. Zu lieben oder sich der Wahrnehmung zu öffnen, daß man geliebt wird, ist immer ein Risiko. Liebe und Beweis bilden die entgegengesetzten Enden der Skala. In der Liebe geht es nicht um Verifizierung, sondern um Schöpfung. Liebe ist eine Sache der Zukunft, nicht der Vergangenheit.

Eine erotische Metaphysik ist, wie die Liebe selbst, ein Risiko, das man in der Hoffnung auf sich nimmt, etwas zu erzeugen. Bei dem Spiel „Die Welt ist eine Liebesaffäre" stimmen wir darin überein, daß wir in einer Welt leben, wo Spiel, Freiheit, Kreativität und Liebe Realitäten sind. Sich darauf zu einigen, daß man das Spiel spielt, ist der erste Akt innerhalb des Spiels. Das Spielen des Spiels „Wir wollen so tun, als ob" beweist, daß das Spiel möglich ist. Die Metaphysik ist ihre eigene Verifizierung. Daß wir die Freiheit haben, das Physische zu überschreiten und mit verschiedenen Interpretationen des Gegebenen zu spielen, ist der Beweis dafür, daß wir notwendigerweise frei sind. Und wir können wählen, ob wir Kriegs- oder Liebesspiele spielen wollen.

Was, wenn ich mich entscheide, im Konjunktiv zu leben, und der Welt erlaube, mit mir zu spielen, mich zu liebkosen und anzusprechen, als wäre ich ihr Liebhaber? Das würde einen großen Glaubenssprung voraussetzen. Ich müßte mich entwaffnen und auf kritisches Urteil verzichten. Liebe gedeiht nicht in der Atmosphäre der Kritik. Nur durch den Sprung in radikale Offenheit könnte ich die fantastische Hypothese überprüfen, daß die Welt wie eine Liebesaffäre ist. Zu tun, *als ob,* verwandelt Tatsachen in Fiktion und läßt die Frage aufkommen: Wer ist der Autor meines Lebens, welche Autorität bestimmt, wie ich die Welt erfahre? Lieben bedeutet, daß man die Macht gewinnt, Tatsachen in Fiktion zu verwandeln. Die Unterscheidung zwischen Tatsache und Fiktion ist selber ein schlechtes Stück Fiktion – pseudowissenschaftliche Prosa aus einem Melodrama des neunzehnten Jahrhunderts.

Es gibt noch einen letzten Beleg für diese freie, fantastische und erotische Hypothese. Je mehr ich handle, als sei ich der Nexus einer liebevollen Verschwörung, desto mehr Botschaften erhalte ich, desto mehr Gleichzeitigkeiten treten auf, desto mehr komme ich mit meiner kosmischen Umgebung zusammen und verliere mein Gefühl, ein entfremdetes Atom in einem Billardkugeluniversum zu sein, desto poröser werde ich für die Wellen-Schwingungen-Einmischungen-Einladungen anderer Menschen, Tiere, Pflanzen und Mineralien, die gemeinsam mit mir auf diesem Planeten existieren. Kurz gesagt, je mehr ich annehme, daß ich intim mit einem unendlichen Gemeinwesen mitfühlenden Bewußtseins verwachsen bin, desto mehr zerfällt die alte Idee, daß ich ein hermetisch abgeschlossenes Individuum mit einem geistigen Computer bin, der einem vorgegebenen genetischen oder sozialen Programm folgt. Je mehr ich handle, als gehöre die Fähigkeit der Empathie zum menschlichen Wesen, desto mehr gleicht mein altes amerikanisches/weißes/angelsächsisches/protestantisches/männliches/modernes/kritisches Selbst einer Illusion. Wenn die Wiederentdeckung des Mitgefühls zur allermenschlichsten Möglichkeit wird, dann sieht das Machtstreben allmählich wie die Ursache unserer Krankheit aus. Spüren Sie die Mischung aus Furcht und Erregung in der Magengrube? Es ist immer so, wenn wir auf des Messers Schneide stehen und die atemberaubenden Möglichkeiten der menschlichen Freiheit erahnen. Wir zittern vor unserer ungeheuren Macht, die wir haben, um eine Welt zu schaffen.

Die schreckliche und verheißungsvolle Schlußfolgerung, die wir ziehen müssen, lautet, daß wir eine Welt schaffen werden, die uns Beweise für die Metaphern liefert, auf deren Grundlage wir leben. Metaphysik oder Analogien beherrschen unsere Wahrnehmung und unser Streben nach Beweisen. Die Welt eines Kriegers ist voll von Verbündeten und Feinden, überall gibt es Hinweise auf Verschwörungen und böse Absichten. Macht ist darin die einzige Sicherheit, und ein großer Teil der Energie fließt in „Abwehr"-Systeme. Ein Liebender wird immer mehr Beweise dafür finden, daß er oder sie willkommen, geliebt, versorgt und persönlich anerkannt ist. Die Welt wird von potentiellen Freunden bevölkert sein. Ein Liebender zu werden, bedeutet, die Logik des Mitgefühls zu erkunden. In einer gefährlichen Welt, die noch gefährlicher wird durch die Krieger, denen daran liegt, jedermann zur Beteiligung am Feindspiel zu überreden, ist der Liebende eine seltene und verwundbare Figur. Ja, er ist ein Narr. Wenn Paranoia an der Tagesordnung ist, erscheint Mitgefühl wie Selbstmord oder eine schreckliche Torheit. Aber bis heute hat das paranoide Spiel die

Feindseligkeit und Entfremdung bis an den Punkt getrieben, an dem das Überleben unserer Art in Frage steht.

Einstein sagte, jeder von uns müsse sich die elementare Frage stellen: „Ist das Universum freundlich?"

Im Augenblick stehen wir vor der Möglichkeit der willentlichen Auslöschung des Lebens. Die Geschichte gleicht einer Tragödie oder einem von einem Idioten erzählten Märchen, in dem schließlich das Böse triumphiert. Gewiß können wir nicht behaupten, daß das Universum freundlich genug ist, um Leid und Übel abgeschafft zu haben. Aber es ist immerhin so wohlwollend, eine Kreatur hervorgebracht zu haben, in der es Bewußtsein, Gewissen und Mitgefühl gibt. Also müssen wir Einsteins Frage umkehren. Unser Überleben hängt jetzt davon ab, ob *wir* freundlich sind. Wenn es ein einundzwanzigstes Jahrhundert geben sollte, dann nur deshalb, weil wir es schließlich gelernt haben werden, freundlich zueinander zu sein, als eine Familie zu existieren.

Angesichts der Drohung, daß uns das Böse jederzeit überwältigen und dem Tod erlauben kann, seine endgültige Herrschaft anzutreten, verbleibt uns nur noch ein einziger hoffnungsvoller Weg: Wir müssen aufhören, uns nur mit dem nackten Überleben zu beschäftigen, wir müssen die bewaffnete Festung der Kriegerpsyche aufgeben, unsere Berufung als Heilende annehmen und uns auf die Reise machen, die weder Anfang noch Ende hat. Es kann sein, daß wir die Verheißung, die menschliche Wesen beseelt, nur dann entdecken, wenn wir es wagen, Liebende zu werden.

Bon voyage.

Übersicht

	Kind-Sein	Das rebellische Temperament	Die erwachsene Persönlichkeit	Das Selbst des Gesetzlosen	Der Geist des Liebenden
	Abhängig Selbst-los	Gegen-abhängig Selbst-bewußt	Mit-abhängig Vom mythischen Gruppenkonsens geprägt	Unabhängig Zeuge seiner selbst	Inter-abhängig Selbsttranszendierendes mystisches Bewußtsein
Primäre Motivationen und Liebesformen	1. Bindung *mit* der Matrix 2. Von der Patrix umschlossen sein, sorgfältig eingeführt in die Tabus, Gebote und Riten von Familie und Stamm. 3. Spielerische Sinnlichkeit und Erkundung.	1. Rebellieren *gegen* die Autoritäten, Ausbrechen aus Matrix und Patrix, Bilderstürmerei. 2. Bewußte Identifikation *mit* einer neuen Gruppe von Gleichgesinnten, neuen Helden, Idealen, Freunden. 3. Romanze, Anbetung idealisierter Geliebter.	1. Mitgliedschaft, Zugehörigkeit, Anpassung, Kooperation. 2. Eine Rolle spielen, seine Pflicht tun. 3. Gelübde ablegen, gemeinsames Versprechen, Fortpflanzung, Heim und Familie, Sorgen für die Jungen.	1. Individualität und das Streben nach Autonomie. 2. Zerstörung der Persona, von Mythen, Masken, Rollen, Abwehrmechanismen, Charakter, Ego, die im früheren Leben konstruiert wurden. 3. Selbstliebe. Versöhnung der Gegensätze – männlich und weiblich, gut und böse; Liebe zum fleischlichen Selbst.	1. Der vereinigende Blick, das Zentrum ist überall. 2. Polymorphe Erotik. 3. Die Verkörperung der Liebe im fleischlichen Körper, in der Familie, Freundschaft, der Politik, dem technologischen Körper, dem ökologischen Körper, dem mystischen Körper.
Typische Merkmale der Gesundheit	Urvertrauen; Abhängigkeit; Offenheit; Staunen; „Ja-Sagen"; Freude an der Intimität; Neugier.	Fähigkeit zu zweifeln und zu kritisieren; Setzen von Grenzen und Schranken durch „Nein-Sagen"; Ausdruck von Empörung, Wut und Aggression; Kampf mit Autoritäten; Freundschaft; romantischer Rausch.	Verantwortung; Loyalität gegenüber Institutionen; die Disziplin, zu warten, der Zukunft zu opfern; Entscheiden, Handeln, Mäßigung; Folgerichtigkeit; Berechenbarkeit; Gesetzestreue; Respekt vor Gewissen und Autorität.	Metanoia, Wiederaneignung des Schattens; Reue; Entmythisierung des Selbst; transmoralisches Gewissen; jenseits von Gut und Böse; Sinn für Abenteuer und Experiment; Mut, Desillusionierung und Zerfall des Alten hinzunehmen; Zulassen	Empathie; radikales Vertrauen; Vergebung; zweite Unschuld; freudiges Annehmen des Wirklichen; die Fähigkeit, freiwillig zu leiden (ein Ende des neurotischen Leidens); weise Torheit; Verletzlichkeit; Riskieren von Entwaff-

			nung und offenem Leben; die Vereinigung von Bewußtsein, Mitgefühl und Gewissen.	von Angst und Schuldgefühlen beim Brechen sozialer Tabus; Freude am schöpferischen Kampf; Gleichgültigkeit gegenüber dem Druck der öffentlichen Meinung; Mut, „künstlich" und linkisch zu sein, neu zu empfinden und zu handeln; Erkundung des Exzesses, der zur Weisheit führt.	
Perversionen	Das Versprechen der Kindheit wird pervertiert, und wir bleiben in dem Maße kindlich, wie Bindung, Initiation und Mutwilligkeit fehlen oder übertrieben werden. Das führt zu verschiedenen Formen der gehemmten Entwicklung: Anhedonia, die Bindung an den Schmerz, Besitzgier, Sucht; das besessene Streben nach Anerkennung.	Das Versprechen der Jugend wird pervertiert, und wir bleiben ewig Jugendliche, wenn wir nicht das Risiko der Rebellion auf uns nehmen oder uns in einer antagonistischen Haltung verrennen. Das führt zu verschiedenen Formen der gehemmten Entwicklung: Ressentiment, Feindseligkeit, das Schuld-Spiel, passive Abhängigkeit, Sentimentalität, pathologische Nettigkeit, unheilbarer Romantizismus und Idealismus, das Spiel von Playboy und Playgirl.	Normalität ist insofern eine Perversion der menschlichen Verheißung, als sie in der Paranoia des Konsenses wurzelt; sie schafft Feinde, Propaganda, Ideologie, führt zur Ablösung und Projektion des Schattens. Normale Abwehrmechanismen und Repressionen führen zur Verkümmerung des Eros, zu Krieg zwischen Stämmen, Nationen, den Geschlechtern, innerhalb des Selbst; das erschöpft die Energien des Körpers und der Gemeinschaft; Folge ist chronische Langeweile, Depression und Gewalttätigkeit.	Der Impuls des Gesetzlosen wird pervers, wenn das Individuum versucht, sich selbst genug zu sein, stolz wird auf prometheischen Widerstand, in den Bann von Macht und Kontrolle gerät.	Der Geist des Liebenden ist das Ziel der Psyche, die Norm, nach der letztlich die Gesundheit beurteilt wird. Ein Liebender ist töricht, aber nicht pervers, verwundbar, aber nicht naiv, waffenlos, aber nicht ohnmächtig, hoffnungsvoll, aber nicht optimistisch, mystisch, aber nicht körperfeindlich.

Anmerkungen

I. KAPITEL

1 Friedrich Nietzsche, *Jenseits von Gut und Böse*, in: Werke in drei Bänden, München 1966, Band II, S. 626.
2 *San Francisco Bay Guardian*, 10. Juni 1981.
3 Robert Brain, *Friends and Lovers*, New York 1976, S. 222.
4 Joseph Campbell, *The Masks of God – Creative Mythology*, New York 1966, S. 59.
5 Gabriel Marcel, *Being and Having (Etre et Avoir)*, Westminster, England. S. 167.

II. KAPITEL

1 Friedrich Nietzsche, *Also sprach Zarathustra*, a.a.O., S. 294.
2 Susan Griffin, *Pornography and Silence*, New York 1981, S. 253.
3 Joseph Chilton Pearce, *The Magical Child*, New York 1977, S. 53.

III. KAPITEL

1 Richard Restak, „The Origins of Pleasure", in: *Saturday Review*, 12. Mai 1979; James Prescott, „Body Pleasures and the Origins of Violence", in: *The Futurist*, April 1975.
2 James Prescott, zitiert in *ibid.*, S. 19.
3 *Ibid.*
4 Selma Fraiberg, *Die magischen Jahre in der Persönlichkeitsentwicklung des Vorschulkindes*, Reinbek bei Hamburg 1983, S. 46.

IV. KAPITEL

1 Selma Fraiberg, a.a.O., S. 52f.

V. KAPITEL

1 Erik Erikson, *Gandhis Truth*, New York 1961, S. 37.
2 Norman Cameron, *Personality Development and Psychopathology*, Boston 1963, S. 113.
3 Mircea Eliade, *Das Heilige und das Profane*, Hamburg 1957, S. 20.
4 Donald Symons, *The Evolution of Human Sexuality*, New York 1979, S. 57.
5 Ernest Becker, *Escape from Evil*, New York 1975, S. 4.

VII. KAPITEL

1 Ernest Becker, *Escape from Evil*, S. 124.
2 Gilbert Derdt, *Guardians of the Flutes*, New York 1981, S. 160.
3 Robert Stoller, „Sexual Excitement", in: *Archives of General Psychiatry*, August 1976.
4 *The Sacramento Bee*, 16. Januar 1982.
5 Albert Ellis, *Sex and the Single Man*, Secaucus 1963, S. 39.
6 *Ibid.*, S. 56.
7 Helen Gurley Brown, *Sex and the Single Girl*, New York 1962, S. 74 und 76.
8 *Ibid.*
9 Friedrich Nietzsche, a.a.O., S. 626.

VIII. KAPITEL

1 Norman O. Brown, *Love's Body*, München 1977, S. 158.
2 Hannah Arendt, *The Human Condition* (modifizierte deutsche Fassung: *Vita Activa*, Stuttgart 1960), New York 1958, S. 154.
3 Friedrich Nietzsche, a.a.O., S. 603.
4 Donald Symons, a.a.O., S. 175.

IX. KAPITEL

1 Hannah Arendt, a.a.O., S. 154.
2 Paul Ehrlich, „An Ecologist Stands up Among the Social Scientists", in: *Co-Evolution Quarterly*, Frühjahr 1981.
3 Friedrich Nietzsche, *Der Wille zur Macht*, in: Gesammelte Werke, Band 19, S. 259–261.
4 Thomas Merton, *The New Man*, New York 1981, S. 13–25.

X. KAPITEL

1 Albert Einstein, zitiert nach Michael Nagler, *America Without Violence*, Covelo 1982, S. 11.
2 Søren Kierkegaard, *Furcht und Zittern*, Werke III, Hamburg 1961, S. 36.
3 Albert Camus, *Der Mensch in der Revolte*, Hamburg 1953, S. 307f.
4 Luther Stehender Bär, *Land of the Spotted Eagle*, Lincoln 1978, S. 133.
5 Paul Tillich, *Liebe, Macht, Gerechtigkeit*, in: Gesammelte Werke, Band XI, Stuttgart 1969, S. 197.
6 Martin Buber, *Das dialogische Prinzip*, Heidelberg 1973, S. 153f.

Namen- und Sachregister